영혼을 돌보는 목자

세계복음화문제연구소
(The World Evangelization Research Center)는
한국 교회가
세계의 복음화를 위하여
한 모퉁이를 담당해야 된다는 사명으로
주후 1994년 4월 16일에 탄생되었습니다.

세계복음화문제연구소는
이러한 정신으로
다음과 같은 사역을 담당하고자 합니다.

1. 교 육 사 업
2. 출 판 사 업
3. 선 교 사 업
4. 국제교류사업

세계복음화문제연구소에 관한 문의는
아래의 주소로 하실 수 있습니다.
서울특별시 종로구 낙원동 284-6 낙원빌딩 340호
T. (02) 659-5822, 747-3991
F. (02) 659-9669

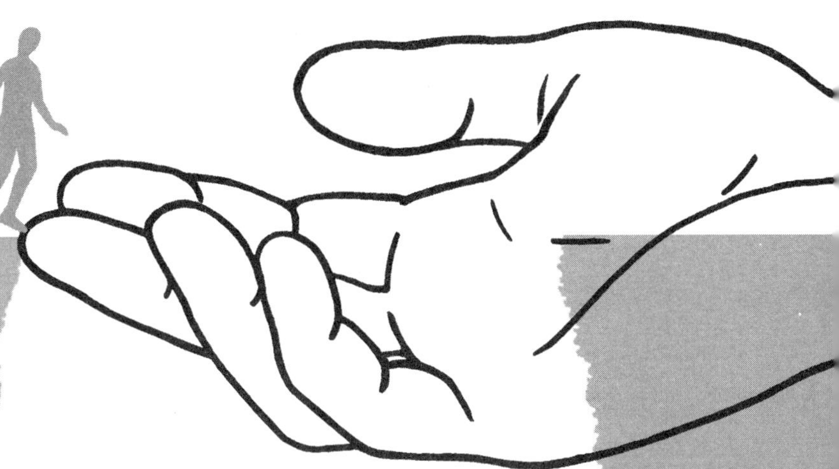

영혼을 돌보는 목자

캐롤 와이즈 / 존 힝클 지음
이기승 옮김

도서출판 세 복

The Meaning of Pastoral Care

CARROLL A. WISE

With Revisions and Additions by
John E. Hinkle, Jr.

Originally Published in the U. S. A.
under the title
The Meaning of Pastoral Care
Copyright© 1989 by The Meyer-Stone Books
Bloomington, Indiana

차   례

초판 서문

  지난 40년간, 삶의 자리가 교구이든 병원이든 혹은 신학교이든, 목회적 돌봄에 관련된 문제들이 계속 속출하였다. 추측컨대 지금까지 논의된 핵심적인 문제는 바로 이것이다: 목회적 돌봄은 과연 사람들에게 무엇을 제공할 것이며 또한 어떻게 목회적 돌봄이 제공되는가? 종교의 지성적(知性的), 예전적(禮典的) 그리고 교회론적(敎會論的) 구조(構造)를 어떤 환경 속에 제공하는 가치에 대해 실제적인 질문이 있어왔던 것은 사실이며, 또한 그에 대한 해답도 찬부양론(贊否兩論)이었다. 일부 신학자들은 목회적 돌봄의 한 부분인 신학적 개념들을 제공하는 것은 가치가 있다고 주장하는 목회자들 편에 서기도 하였다. 그러나 실제적인 질문은 여전히 남아있다. 어떻게 그리고 어떤 조건 하에서 종교의 다양한 구조들이 인간에게 의미를 부여하는가 하는 질문이다.

  이 책은 결코 종교의 구조들을 제거하려는 시도가 아니다. 분명히 밝히지만, 그와 같은 행위는 어리석다. 이 책은 종교의 구조들이 하나의 깊은 요소, 즉 종종 영(靈)이라 불리는 요소에 의해 지지를 받는 것을 보여주고자 하는 시도이다. 이 책은 어떤 전통적인 접근방식을 초월하면서 목회적 돌봄의 본질적 기초가 관계라는 확신을 상술한다. 바로 이 면은 그간 무시되어온 차원이지만, 관계야말로 답하기 힘든 어떤 질문들을 다루는데 기초가 되는 것이 분명하다. 비록 관계가 간헐적으로 언급된 다음 쉽게 망각되어버리기는 하지만, 실상 관계는 인간의 절박한 욕구이자 또한 복음의 진수(眞髓)이다. 만일 우리가 신앙의 구조와 신앙 내부의 관계 사이의 특징을 끊임없이 의식하지 않는다면, 그리고 우리가 하는 사고(思考)의 수준을 이해하지 못한다면, 목회적 돌봄에 관련된 질문들을 좀처럼 이해할 수 없다. 본서는 복음 전달의 기초가 되는 목회적 관계의 의미에 강조점을 두고 있다. 뿐만 아니라 목회적 돌봄의 신학적 차원을 개인적 차원과 연결시키려는 하나의 시도이기도 하다. 여기에 관련된 문제들이 지닌 성격 때문에 우리는 언어적 틀이란 장벽을 갖는다. 나는 그 한계를 초월한다고 주장하고 싶지 않다. 그러나 나는 형식과 정신이 실현될 수 있고 작용될 수 있는 통일성을 발견할 때 두 차원의 어떤 실제적인 통합이 일어난다는 생각을 강조하고 싶다.

　이 책은 목회적 돌봄의 기술에 관한 책이 아니다. 반대로, 영혼을 돌보는 목자로서의 목회적 돌봄의 의미를 해석하고 목회적 돌봄을 복음의 상황 속에 두려는 시도이다. 이 책은 실제적인 문제들과 과정들을 포함하는 한도 내에서 기술을 평가할 근거를 마련해 줄 것이다. 강조점은 행위보다는 인격적인 의미와 관련된 존재와 지식의 차원에 있다.

여기에 서술된 영혼을 돌보는 목자의 개념은 인생의 위기 순간에 처한 사람을 다루는 것에 목회적 돌봄을 한정하는 통상적인 개념보다 한층 더 포괄적이다. 본서는 인간의 성장과 관련된 목회적 돌봄 그리고 목회적 돌봄과 관련된 성장의 심리학적 국면에 관심을 두고 있다. 오늘의 세계에서 순수한 목회적 돌봄은 결코 삶과 동떨어진 것이 될 수 없다.

본서는 내가 의식적으로 어느 순간 떠올릴 수 있는 사람들보다 더 많은 사람들의 도움을 받았다. 교수들, 동료들 그리고 심지어 학생들까지도 많은 도움을 주었다. 무엇보다도, 나와 목회 관계에 있는 사람들의 도움이 컸다. 본서의 어느 부분이 목회자들의 모임과 신학교 그리고 평신도 그룹을 위한 강의안으로 사용된 것은 나의 특권이 아닐 수 없다. 나는 그들의 반응과 논평을 통해 많은 유익을 얻었다. 나는 특별히 개렛신학교(Garrett Theological Seminary)의 교수진과 가진 만남과 교제에 대해 심심한 감사의 뜻을 표하는 바이다. 그들과 함께 살고 연구하면서 가진 자극적인 교제는 마치 어느 전문가의 지성(知性)에서 화분을 취하여 다른 지성인에게 옮김으로써 모두를 부유하게 만드는 탐구적인 학도들이 갖는 문화적 교류와 같았다. 나의 동료 윌리엄 호던(William Hordern) 박사와 모리스 타갓(Morris Taggart) 박사가 원고를 읽고 유익한 제안을 많이 해 주었다.

특별히 감사를 표하고 싶은 사람은 안톤 보이슨(Anton T. Boisen) 박사인데, 비록 그럴 가능성도 없지는 않지만, 그가 이 책에 담긴 몇몇 생각들을 제공해 주었기 때문이 아니라, 나로 하여금 오랜 임상목회 훈련 경험을 시작하도록 도와주었기 때문이다. 그는 그에게서 배우는 학생들이 인간에 관한 문서들을 읽는 법을 배운다고 늘 말했다.

원고 정리에 힘을 기울여 준 메릴린 버트(Marilyn Butt)양에게 감사를 드린다. 그리고 끊임없이 영감을 주고 후원을 아끼지 않은 나의 아내 아딘 와이즈(Addiene G. Wise)에게 감사드린다.

케롤 A. 와이즈
1968년 4월

개정판 서문

와이즈가 『영혼을 돌보는 목자』(The Meaning of Pastoral Care)라는 원저를 낸 이래 심원한 문화적, 사회적 그리고 기술적 변혁이 인류와 지성을 휩쓸었다. 요셉 캠벨(Joseph Campbell)은 이 역사적 시기를 "우리의 외면적 본성 뿐 아니라 우리 자신의 심층에 있는 내면적 신비에 관한 지식으로 인간 정신이 비약하는 시기에 우리가 참여하는" 기간으로 묘사한다.1) 외면적 변화는 반응에 의한 내면적 변화에 대한 필요를 시사한다. 예수는 영적 각성에 핵심적 요소인 시대의 징조를 분별할 필요에 대해 말씀하셨다. 시대의 징조를 분별하지 못한 자들은 책망을 받았다. 종말론에 관한 신약성경의 주제인 예수께서 지시하는 새 시대의 도래(到來)는 오늘의 현대 이후(post-modern) 시대에도 적용된다. 이런 시대에 우리가 갖는 과제 가운데 하나는 하나님께서 행하시는 것을 이해하기 위해 시대의 징조를 분별하는 것이다. 와이즈의 저서를 재출판하는 이유는 그의 사상을 현대 이후 세계의 상황에 적용시켜 보려는 시도이다.

와이즈는 변혁의 시기에 이 책을 쓰고 있었다. 그의 사고(思考)는 사회 과학과 인성 과학(personality science)에 적용 가능한 새로운 지식의 조명을 받지 못한 전통적인 접근 방법을 과감히 탈피하고 있었다. 그는 인성 과학에서 빌어온 새로운 지식을 목회적

돌봄과 상담에 대한 신학적 목회적 이해와 통합시키는 운동의 최첨
단에 있었다. 그는 임상적인 조명을 받은, 신학적인 기초를 갖춘,
그리고 목회적으로 동기 부여를 받은 교수로서 책을 썼다. 그는 목
회적 돌봄의 신학적-심리학적 핵심에 초점을 맞추었다. 그 결과가
바로 목회적 돌봄에 관한 이 고전적인 저서이다.

아무리 고전적인 저술이라 할지라도 새로운 상황에 부응하기 위
해서는 약간의 수정을 거쳐 재출판되어야 한다. 원본에 담긴 지성
과 사상은 원래의 형태로 빛을 발하여 그 빛에서 독자들과의 만남
이 이뤄져야 한다. 그러므로 이 책에 담긴 와이즈의 지성과 사상은,
성(性)을 지시하는 대명사에 특별한 관심을 갖고 언어를 사용하는
현대적인 용어의 관례를 따라 수정되었다. 동시에 위에서 언급한 문
화적 사회적 변혁 부분 또한 중요한 요소로서 무시될 수 없었다.

그런데 내가 사용한 전략은 와이즈의 사고 그대로를 견지하는 것
이지만, 독자들이 필요로 하는 방향을 제시하고 오늘날 독자 자신
들이 처해 있는 상황과 그들이 갖는 관심의 견지에서 자료를 개정
하는 장(章)을 추가하였다. 그 장에서 나는 와이즈의 마지막 메시
지를 견지하는 반면, 목회적 돌봄에 대한 와이즈의 모델 개정을 위한
가능성을 제시하는 성경적, 사회 문화적, 심리학적 그리고 목회적 돌
봄의 문제들을 재고한다. 그 장을 위한 참고 도서 목록은 다소 광범

위한데, 어떤 부분은 참고 도서 목록을 갱신하기 위한 노력의 일환이기도 하다. 마지막 장에 숨어있는 의도는 와이즈가 강조한 관계를 "강력한 다원 문화적 구조"의 상황에서 목회적 돌봄에 대한 핵심적 열쇠로 삼는 것이다.[2] 오순절의 다원 문화적 상황은 성경적 이미지를 확장하고 신학적 주제를 넓히기 위해 개인적이며 공동체적인 구조에 추가된다. 오순절의 다원 문화적, 포괄적 그리고 신비적인 차원들은 오늘의 세계에서 발생하고 있는 전대미문(前代未聞)의 인간 정신의 확장이라는 상황 안에서 와이즈가 쓴 저작의 여러 면모를 유지시켜 주는 타당한 근거를 제공해 준다.

본서에서 와이즈가 던지고 있는 질문은 20년전, 아마도 그보다 훨씬 이전과 마찬가지로 지금도 막대한 영향력을 지닌다. 그의 사고를 이끄는 질문은 "어떻게 그리고 어떤 조건 하에서 종교의 다양한 구조들이 인간에게 의미를 주는가?" 하는 것이다. 모이어(Moyer)는 켐벨에게 "당신은 인생의 의미 탐구에 관해 말하고 있습니까?"라고 물었을 때, 켐벨은 "아니오, 그렇지 않습니다…살아있는 존재의 *경험*에 관한 것입니다"라고 응수한다.[3] 와이즈는 켐벨에게 동의하지만, 그리스도 안에서 살아있는 존재라는 말을 추가한다. 초점은 경험에 있다. 와이즈가 서문에서 쓴 것처럼, "본서의 강조점은 복음 전달을 위한 근거인 목회적 관계의 의미이다". 질문은 바뀌지 않았다. 상황이 변한 것이다. 이 개정판은 와이즈가 제시한 목회적 돌봄의 모델을 개정 확대하고 비평하는 방법으로 상황 문제를 다루려고 했다. 만일 독자들이 목회적 돌봄에 관한 와이즈의 사상을 자신들이 처한 목회 또는 영혼을 돌보는 "상황 속에 적용하는" 과정에 참여한다면 본서는 그 목적에 기여할 것이다.

이 구상을 시작하게끔 격려해 준 데이빗 메이어(David Meyer)에게 감사의 말씀을 드린다. 아딘 와이즈(Adiene Wise)는 인용권과 계약 문제에 관대함을 보여주었다. 존 이글슨(John Eagleson)은 이 개정판을 위해 유익한 제안을 제공해 주고 힘을 북돋아 주었다. 팜 홀리맨(Pam Holliman)과 그랙 힝클(Greg Hinkle)은 마지막 장을 읽고서 내용이 향상되도록 도움을 주었다. 폴 헤서트(Paul Hessert)가 끼친 영향이 여러 곳에 배어있다. 복음의 생생한 본질을 경험하면서 국내외적으로 나와 사랑의 관계를 나누어 온 많은 사람들에게 감사의 말씀을 드린다. 특히 필리핀에 사는 필리핀 교구 신자들과 동료들을 기억하지 않을 수 없는데, 그들은 타문화권에서 사랑의 복음이 지닌 의미를 오랫동안 나에게 가르쳐주었다. 와이즈가 말한 대로, 복음의 내적 의미는 말보다 더 깊은 경험의 차원에서 사랑의 관계를 통해 전달된다. 이 경험들은 문화적/언어적 관습의 영향을 받지만 그 어떤 문화권 안에서도 알려질 수 있

다. 그러나 문화적 장벽을 초월하는 사랑의 경험은 사마리아 수가
성 우물 가의 여인의 증인이 보여주듯이 특히 감동적이다. 끝으로
이 책을 그와 같은 경험을 하고 복음의 의미를 아는 자들이나 혹은
자신들의 삶을 위해 의미있는 인간 존재의 심원한 차원을 추구하는
자들에게 바친다.

존 E. 힝클
1988년 11월

주 (註)

1) Joseph Campbell, *The Power of Myth*, ed. Betty Sue
Flowers (New York: Doubleday, 1988), p. 18.
2) Ibid.
3) Ibid., p. 16.

1

목회적 돌봄의 성경적 기초

그리스도인 사역에서 목회적 돌봄의 생생한 모델은 복음서에서 계시된 예수의 인격과 사역이다. 영혼을 돌보는 일에 대한 추상적 개념들은 "목회 신학"(pastoral theology)과 같은 명칭 아래 수세기 동안 발전되었으나, 이런 개념들은 효과적인 목자들을 양성하지 못했다. 목자들은 자신들의 인격과 사람들과의 생생한 관계에서 그리스도의 계시로 말미암아 발견되는 존재의 특질을 전달하는 자들이다. 이 존재의 특질은 하나님의 영원한 본성에 있는 특질을 말하며, 하나님께서 인간들에게 수여하시는 "살아있는 관계"를 말한다. 그것이 인류에게 주신 하나님의 선물이기 때문에, 인간의 삶에 나타난 특질은 수여자를 말한다. 이와 같이 살아있는 관계에는 화해, 용서 그리고 치료가 있는데, 이런 것들은 인간적 갈등을 지나 우리의 심금(心琴) 속으로 파고든다. 이러한 관계로부터 매일의 삶을 위한 통찰력과 능력이 나온다. 이러한 살아있는 관계야말로 성령께서 자신을 나타내시는 상황이다. 성령의 임재만이 목자로 하여금 예수께서 제시하신 모델을 기계적으로 모방하는 일—그와 같은 모방은 늘 파괴적이다—에서 보호해주실 것이다.

우리는 여기에서 목회적 돌봄의 기독교적 개념을 뒷받침해 주는 신약성경에 있는 모든 자료들을 재고할 수는 없다.[1] 예수께서 제자들에게 선교 사명을 지워 파송하시기 전 그들에게 주신 명령은 너무나 분명하다(마 9:35-10:16). 제자들은 예수의 이름으로 파송받았고, 예수의 권위를 지니고 예수의 선교와 사역을 수행해야 했다. 그들은 하나님의 나라가 인간의 삶 속에 실현되기 위해 기다리고 있는 현재적 잠재력이었음을 선포해야 했다. 그들은 병자를 치유하고, 죽은자를 살리며, 문둥병자를 깨끗하게 하며, 귀신들을 추방해야 했다. 즉, 그들은 예수께서 인간 존재의 심원한 필요를 다루신 것처럼 그 필요를 다루어야 했다. 그들이 거저 받았던 것처럼, 그들 역시 아무 대가를 바라지 않고 주인의 심령으로 주어야만 했다. 여기에 내포된 원리는 대단히 중요하다. 영혼을 돌보는 목자들은 먼저 받지 않고는 줄 수 없다. 실상, 주는 것과 받는 것은 동시적인 경험이며 목회적 돌봄은 상호간의 깊이있는 교류이다.

목양(牧羊)에 대한 고대의 기술에 나타난 목회적 개념의 기원은 잘 알려진 바이다. 요한복음 10장에서 예수는 자신의 사역과 결과적으로 그가 보내신 제자들의 사역을 해석하는 수단으로 상징을 사용하신 것이 나온다. 시워드 힐트너(Seward Hiltner)는 이 개념을 상술하였다.[2] 그렇지만 오늘날 이 상징은 1세기에 있었던 힘을 가질 수 없다. 현대인의 지성에 보다 더 설득력 있는 다른 상징들이 있다. 예수께서 사용하셨던 상징의 힘을 인식하면서 우리는 본 연구에 상징을 많이 사용하지는 않겠지만, 사람들을 돌보는 목자의 돌봄 사역에 관련된 실재들을 다루도록 시도할 것이다. 현대 지성에 대해 상징이 갖는 위험들 가운데 하나는, 신약성경에서의 목회적 돌봄은 돌봄을 받는 자들이 하나님과 갖는 관계처럼 하나님과 동일한 관계 속에 서 있는 자들의 사역인데 반하여, 이 상징은 목자들이 "양"들 보다 더 낫다는 생각을 교묘히 그러나 힘있게 전달할 수 있다는 것이다.

오늘날 사람들에게 더 의미있고 힘있는 상징은 바울이 고린도후서 5장에서 사용한 것이다. 여기에서 강조점은 화해의 경험에 있다. 그리스도를 통하여 하나님께서는 우리를 자신과 화목하게 하시고 우리에게 화목하게 하는 직책을 주셨다. 오늘날 사람들은 여러 차원, 곧 인격적, 사회적, 사상적, 정치적 차원에서 갈등을 느끼면서 화해의 필요를 절감하고 있다. 실상, 하나의 전문 직업이 발전하였는데, 심리 치료(psychotherapy)는 사람들로 하여금 내면의 갈등을 해소하므로 적어도 자신뿐만 아니라 다른 사람들과 화해히도록 돕는 것을 목표로 한다. 이 책 전반에 걸쳐 우리는 화해의 목표를 목회적 돌봄의 궁극적 기반으로 강조할 것이다.

우리가 주의를 환기시키고자 하는 마지막 신약성경 구절은 고린도전서 12장 4절부터 13장 13절까지의 말씀이다. 여기에서 논지(論旨)는 무엇보다도 목회 사역의 카리스마적 성격이다. 목회 사역은 성령을 통한 은사의 실천이며, 은사의 종류를 말하자면 교회 안에서 채워져야 할 필요가 있는 여러 다른 기능들에 부합하는 은사들이 있다. 그러나 성령은 오직 하나이며, 주도 같으며 "모든 것을 모든 사람들 가운데 역사하시는" 하나님도 같다. 통상 사람들은 고린도전서 13장을 목회 사역에 대한 바울의 논의의 총체적인 부분으로 보지 않는다. 그러나 장(章)이나 절(節)을 기계적으로 보지 않고 전체로 읽는다면, 바울은 목회 사역의 그 어느 형태에도 필요불가결한 더 고상한 은사를 지시하고 있음이 분명해지는데, 바로 그것은 사랑의 은사이다. 이런 분석이 석의(exegesis)이든 아니면 자기 해석(eisegesis)이든, 신약성경 학자들이 결정해야 할 것이다. 앞으로도 강조하겠지만 사랑은 그리스도인 사역의 실재이다. 왜냐하면 우리가 설교를 하든지, 가르치는 사역을 하든지, 교회 행사에 참여하든지, 혹은 여타 목회 활동에 참여하든지 만일 우리가 사랑하지 않는다면 우리의 사역은 아무 것도 아니다. 이것은 오늘날의 목회 사역의 중심 문제이다.

신약성경에 기록된 주님의 사역은 깊고, 포괄적이고, 그리고 다양성이 풍부하다. 이런 이유 때문에 예수님의 사역을 해석하기에 충분한 하나의 상징은 존재하지 않는다. 최근에 하나님의 말씀으로서 그리스도를 크게 강조함으로써 결국은 말씀 사역까지 강조하게 되었다. 말씀 설교는 자주 행해진다. 그러나 하나님의 말씀인 그리스도는 설교보다 훨씬 그 이상의 것을 의미한다. 하나님 말씀으로서의 그리스도는 하나님에 대한 깊은 신앙과 인간을 향해 자신을 내어주는 헌신적 사랑에 근거한 삶에서 드러난 메시지를 가리킨다. 그것은 말보다 훨씬 더 깊은 존재의 차원에서 실현된 하나님과 인간의 의사소통이었다. 말씀 사역은 설교 사역이라기 보다는 목회 사역이다. 목회 사역은 말 이상의 것이다. 이 사역은 목자들이 다른 사람들과 생생한 만남 속으로 들어갈 때 바로 목자들의 삶에서 나타날 수도 있고 좌절될 수도 있다.

영혼을 돌보는 목회 사역의 중심은 말하거나 설교하는 데 있지 않고 듣는 데 있다. 그러나 이해하는 사랑으로 경청하는 것은 강대상에서 하나님의 사랑을 외치는 것이 아니라 사랑의 말씀 사역이다. 실상, 언어의 장애가 있는 사람들을 제외하면 설교는 깊은 필요에 직면하고 있는 개인들을 위한 사역보다 훨씬 쉬운 반면에 인격적인 강조가 약하다. 이것이 바로 왜 그렇게도 많은 "설교자들"이 사역에 결실을 거두지 못하고 개인에게 의미있는 사역을 하지 못하는가에 대한 한 이유이다. 예수님이 이해하는 사랑으로 많은 사람들을 경청하고 들은 것을 깊이 숙고하신 것을 보지 못한다면, 그분이 왜 그렇게 비유를 많이 창안하셨는지를 깨닫지 못할 것이다. 그 비유들을 통해서 사람들은 마치 거울 앞에 선 것처럼 하나님께서 자신들을 보시는 대로의 자신들을 볼 수 있었다.

목회적 돌봄에 관한 교과서인 복음서의 기록은 완전하기도 하고 불완전하기도 하다. 의심할 나위 없이 예수께서 말씀하시고 행하신 것의 대부분이 빠져 있고, 우리가 가지고 있는 것들은 대부분이 축약된 것이며 전승 과정에서 많이 왜곡되었다. 확실히 복음서는 문자상의 의미에 있어서 목회적 돌봄에 관한 교과서로 간수될 수 없다. 목회적 돌봄에 있어서 직면하는 문제들에 관하여 복음서들은 직접적인 언급을 하지 않는다.

다른 의미에서 복음서는 목회적 돌봄의 의미에 대한 완전한 계시이다. 그 이유는 복음서들은 인간과 인간의 필요에 관련하여 예수의 정신을 계시해 주기 때문이다. 또한 이 정신은 본질상 하나님의 성령의 나타나심이기 때문이다. 예수는 사람들을 향한 자신의 사랑 안에서 하나님의 사랑을 나타내시는 일에 자신을 바치셨다. "아버지께서 나를 보내신 것같이 나도 너희를 보내노라"(요 20:21)는 말씀은 그의 제자들에게 주신 명령이었다. 예수의 명령을 수용하는 자로서 오로지 이 사역을 함께 나누는 자들만이 사랑을 주는 사역의 한 부분을 갖게 될 것이다.

예수님이 지닌 목회 사역의 방향은 사역의 자원만큼이나 명약관화(明若觀火)하다. 예수님의 사역은 사람이 지닌 필요를 지향했다. 이 사역이 갖는 깊은 의미는 많은 반성과 성찰을 필요로 한다.

예수님은 수많은 현대 목회자들이 지고 있는 짐들, 즉 조직을 유지해 나가는 업무나 교회 행정 같은 짐들로부터 완전히 자유로우셨다. 수많은 현대 목사들이 빠지는 착각 가운데 하나는 그들이 사람들을 돕기 위한 사역에 뛰어들지만, 결국 자신들은 사람을 돕기보다는 사람들을 활용하는 기계적인 제도(制度)의 일부라는 것을 발견할 수밖에 없다는 것이다. 목사를 "목회 감독자"로 묘사한 리차드 니버(Richard Niebuhr)의 설명은 오늘날 많은 목사들의 직업 의식에 나타나는 정신분열증적 혼란을 지적하는 것이다.3) 목사로서 그들 개인의 정체성은 결코 건전하다고 말할 수 없다. 그러나 예수님께는 그렇지 않다. 예수님은 아무런 장애 없이 사람들을 위해 사역하셨다. 오늘날 사람들의 복리를 위해 어떻게 교회를 활용할 것인지, 그리고 개인들은 교회의 친교를 통해 어떻게 도움을 받을 것인지를 배우려 하고, 교회 그 자체를 섬김 받기보다는 섬겨야 하는 제도로 보려는 운동들이 있다. 진실한 목자를 움직이는 성령은 항시 제도에 영광을 돌리고 그 자체를 목적으로 삼으려는 정신과 갈등 관계 속에 있다.

예수님은 또한 영혼을 돌보는 현대 목자가 지닌 역할 문제로부터 완전히 자유로우시다.4) 이 역할에 대한 의식, 갈등 의식과 역할 혼동, 어떤 역할이 언제 실행되어야 하는 가에 대한 불확실성은 또다시 목자들의 직업 의식 안에 잠재된 병리적(病理的) 표지이다. 그들은 자신들이 누구인지 모른다. 그러므로 그들은 어떤 역할을 수행해야 할지 모른다. 역할을 수행하므로써 문제가 해결될 수는 없다. 그러나 어떤 역할이든 그것을 알려주시는 성령을 통해서만 문제는 해결될 수 있다. 우리가 무엇보다 우선적으로 사람을 위한 목사가 되는 일에 관심을 갖고 어떤 역할이든지 바로 이 목적을 위한 수단으로 간주할 때, 우리는 성령과 형식이 서로 올바른 관계 가운데 있게 할 수 있다. 예수님은 그 당시의 "역할 이행자들"과 실제적인 문제를 가지고 계셨으나, 일상적인 사건들이 부과하는 특별한 역할과 상관없이 그의 직무는 하나님의 구속적 사랑을 인간들에게 계시하는 것이었다. 예배와 같은 명백한 "종교적" 논의조차도 예수께서 말씀하시는 대상인 남녀가 지닌 깊은 필요를 충족시키는 데 가장 마음을 쓰셨다. 어느 경우에 그분은 길 위에 있는 사람들이 지닌 것보다 더욱 더 절박한 필요를 지닌 사람을 나무에서 내려오게 하는 것과 같은 비정통적인 일도 행하셨다. 내면적인 영(靈)의 문제와 사역의 목적 문제에 대해 분명한 입장을 지닌 목자들이라면, 역할에 관하여는 문제가 없다.

예수님은 사람들을 위한 구속 사역에 있어서 내적으로 완전히 자유로우셨다. 이는 대단히 중요한 사안이었다. 예수님은 구속 사역을 율법과 선지자의 완성으로 보셨지만, 만일 그것들이 인간이 지닌 필요를 방해한다면 율법의 적용을 거부하셨다. 사람들이 주리거나 치유를 받아야 할 필요가 있다면, 예수님은 안식일과 관련된 율법을 어기셨다. 예수님은 신분 상징보다도 도움받는 사람들이 훨씬 더 소중했다. 그분은 공회원들과 죄인들과도 자리를 함께 하셨고, 매춘부도 용서하셨고, 니고데모와 거듭남의 필요성에 대해서도 담화하셨다. 삶에 대한 예수님의 접근 방식은 그 어떤 인간 소외의 현실보다 깊었고, 심지어 자신을 향해 마음의 문을 닫은 자들까지도 용서하시며 십자가 위에서 죽으셨다. 여기에 진정 사랑을 받을만한 가치가 없는 자들을 진실로 사랑하신 자가 계셨다. 이는 화해의 사역이었고, 이는 곧 목자들이 하도록 부름받은 사역이다. 그러나 다른 모든 가치 위에 인간의 가치를 두는 구속적 사랑 안에서 사람을 만나는 일은 내적 자유를 필요로 한다. 그런 내적 자유를 갖는 것은 결코 쉬운 일이 아니다.

자신에게 막대한 대가를 지불하면서, 예수님은 자기를 미워하고 죽였던 자들을 위해서도 구속 사역을 하시는 자유를 쟁취하셨다. 인간들이 당하는 고통과 소외가 고난의 심도(深度)를 더하다 해도, 예수님은 그 깊이 속으로 뛰어드셨다. 그분은 "나의 하나님, 나의 하나님, 어찌하여 나를 버리셨나이까?"라는 절규로 고통의 극한 소외를 나타내셨다. 그분은 이 고통의 소외를 기꺼이 따르며 믿음으로 하나님과의 재결합을 경험하면서 "내 영혼을 아버지의 손에 부탁하나이다"라고 말할 수 있었다. 목회적 돌봄의 의미는 우리가 돕고자 하는 사람들 속으로 들어가 그들과 함께 아파할 수 있어야 하는 것이다. 만일 다른 사람들을 돕고자 하는 우리들의 관심이 우리 편에서 지불할 작은 희생을 요구하는 사람들에게서 끝난다고 하면 우리는 많은 사람들을 도울 수 없을 것이다. 영혼을 돌보는 자로서 우리는 우리들에게 짐을 지우는 사람들에게로 나아가 그들이 당하는 고통을 우리들 자신의 고통으로 삼아야 한다. 우리가 그들의 고통을 제거해 주는 것이 아니라, 그들과 함께 고통을 당하며 그들로 하여금 사랑 안에서 구속적 해답을 찾도록 도운다. 만일 우리가 그들의 고통을 우리의 것으로 삼지 않는 한, 십자가의 말씀의 선포는 하나의 허망한 제스처에 불과하다. 이는 곧 깊은 감정이입(感情移入)을 가지고 다른 사람들 속에 들어가는 능력을 의미하며, 그들의 고통과 불안과 죄책과 증오를 함께 느끼는 것을 의미하며, 신뢰와 사랑 안에서 자아의 통전성(通典性)을 유지하는 것을 의미한다.

예수님이 행하신 사역에서 우리는 이용(利用)하고 조종(操縱)하려는 인간적 경향으로부터 예수께서 완전히 자유로우신 것을 본다.

예수님은 모든 것에 대해 개방적이시고 모든 것에 대해 투명하셔서 사람들로 하여금 자기 자신을 볼 수 있게 하시고, 자신들이 무엇이 되어가고 있는지 그리고 무엇이 되어야 할지를 볼 수 있게 하셨다. 그와 같은 개방성은 실로 어떤 사람들에게는 충격적이었고 또 충격을 받은 자들은 예수님의 적이 되었는데, 그 이유는 자신들이 포기할 준비를 하지 않은 것들을 예수님이 파괴하는 것을 보았기 때문이었다. 예수님의 친구들은 예수님의 친근성을 자기들 나름대로 조종하여 자기들에게 맞는 예수 상(象)을 만들었다. 이는 시몬 베드로의 문제였다. 그러나 베드로 안에서 이런 조종성(操縱性)은 결국 깊고도 구원하는 실재에 의해 처리되었다. 예수님의 정체성은 하나님의 고난받는 종으로서 구체적으로 다른 사람들을 섬기는 사명, 곧 인간의 필요의 심층에 도달하여 인격적으로나 영적으로 그들에게 도움을 주시는 것이었다. 이는 곧 영혼을 돌보는 사역을 위해 현대 목자들이 강화해야 할 정체성이다.

끝으로, 이 사역은 우리의 사역이 아니라 우리들 안에서 그의 성령을 통하여 하시는 그리스도의 사역의 연장이다. 영혼을 돌보는 목회 사역에 동기를 부여하는 힘은, 비록 이런 요소들을 완전히 제거할 수는 없지만 우리들 자신의 문제나 욕구가 되어서는 안된다. 사역에 있어서 다양한 자아 욕구를 충족시키고자 하고, 위장된 성적(性的) 표현이나 적대적인 충동을 찾으려 하고, 우리 자신의 불안이나 죄책을 다른 사람들에게 투사하려고 하는 시험은 매우 교묘하고 광범위하고 힘이 있다. 그 시험이 특히 위험한 이유는 무의식적으로 작용하기 때문이다. 목자가 섬기는 회중뿐만 아니라 목자들의 인격 내부에는 어떤 욕구를 의식에서부터 떼어놓고자 하는 강한 힘이 작용하고 있다.

목자들이 그들 내부에 있는 문제를 처리할 수 있는 방법은, 영혼을 돌보는 목회 사역은 자신의 개인적인 일이 아니라 그를 통하여 하시는 그리스도의 사역이라는 사실을 끊임없이 기억하는 것이다. 목자들이 사역하고 있는 구체적인 사람들과 관련해서, 사복음서에 계시된 그리스도의 영에 비춘 끊임없는 자기 성찰이야만로 통찰력과 성장의 근원이 되어야 한다. 그리스도의 이름으로 다른 사람을 만나는 것은 단순히 형식적 관계도 아니며 행해야 될 역할도 아니다. "지극히 적은 소자 하나에게 한 것이 곧 내게 한 것이니라"는 말씀은 목회 사역을 위해 심원한 영적 의미를 갖는다. 목사를 위한 모델은 우리가 모방하거나 문자 그대로 추종할 수 있는 형식적인 것이 아니다. 그것은 영(靈)의 살아있는 모델이며, 그것은 그리스도의 영이다. 영혼을 돌보는 진실한 목자들이 그들의 소명을 성취하는 것은 바로 이 영 안에서이다.

주 (註)

1) James D. Smart, *The Rebirth of the Ministry* (Philadelphia: Westminster Press, 1960).

2) Seward Hiltner, *Preface to Pastoral Theology* (New York: Abingdon Press, 1958).

3) Richard Niebuhr, *The Purpose of the Church and Its Ministry* (New York: Harper & Row, 1956).

4) Samuel W. Blizzard, "The Parish Minister's Self-Image of His Master Role," in *Pastoral Psychology*, December 1958, and also "The Parish Minister's Self-Image and Variability in Community Culture," in *Pastoral Psychology*, October 1959.

2

목회적 돌봄의 의미

목회적 돌봄은 복음의 내적 의미를 필요에 직면해 있는 사람들에게 전달하는 기술이다. 그러므로 목회적 돌봄은 비록 신학이나 성경 해석학 같은 학문의 뒷받침을 받을 수는 있지만, 신학적인 학문은 아니다. 목회적 돌봄은 "목회 신학"이 아닌데, 특히 이 용어가 특수한 행동을 위한 일련의 원리를 나타낼 때 그렇다. 목회적 돌봄은 하나의 활동 이상인 기능이며, 하나의 이론이나 해석이라기 보다는 살아있는 관계이며, 행위의 문제라기 보다는 존재의 문제이다. 목회적 돌봄은 개인적이든 집단적이든 목자와 사람들 사이의 관계에서 시현(示顯)되는 삶의 질(質)로서, 그것은 하나님 사랑의 실현을 지향하며 또 그것을 위한 경험의 근거를 제공한다. 목자의 사랑은 목자가 연약하고 불완전하며 유한하다는 점에서 하나님의 사랑과 동일시되지 않는다. 그러나 목자는 하나님의 무한하신 사랑의 실재와 그 사랑의 의미를 제공하는 방식으로 사람과 "함께"할 수 있거나, 아니면 그 의미 실현을 정지시킬 수도 있다. 어느 면에서, 어떤 순수한 인간적 사랑은 하나님 사랑의 구체적 표현인데, 왜냐하면 그것은 성령을 통하여 우리 마음 속에 부어지는 하나님의 선물이기 때문이다.

"목회적 돌봄"(pastoral care)이란 말에서 "돌봄"(care)이란 말은 관심을 표현하며, "목회적"(pastoral)이란 말은 그 관심의 깊이와 방향을 제시한다. 그러므로 목회적 돌봄은 "의학적 치료"와는 현저히 다르다. 우리는 앞에서 목자의 관심은 복음에 뿌리를 내리고 있음을 지적하였다. 그리스도인으로서 우리는 하나님께서 그리스도 안에서 우리를 사랑하신 것처럼 다른 사람들을 사랑하도록 부름받았다. 그리스도인 목자들로서 우리는 특별한 의무와 책임을 가지고 있다. 그래서 우리는 우리가 해야 할 사역을 위한 자질을 갖추기 위해 특별한 훈련을 받아야 한다. 더더욱 우리는 자신을 내어주는 헌신적 사랑의 능력을 계발하는 경험을 필요로 한다.

비단 복음이 목회 사역의 시작이자 끝이지만, 목자들은 그 복음에 대한 인간의 이해와 응답을 지배하거나 그것들에게 영향을 미치는 인간적 요인들에 관심을 쏟아야 한다. 어떤 인간도 순박한 눈과 영혼을 갖고 바로 복음을 받아들이거나 복음에 대해 반응하지 않을뿐더러, 교회 안에서 오랜 경험을 가졌다고 해서 복음을 쉽게 받아들이거나 복음에 대해 반응하지는 않는다. 오히려 우리는 신약성경에서 볼 수 있는 것처럼 우리로 하여금 그리스도의 이미지와 그리스도에 대한 해석을 쉽사리 받아들이거나, 배척하거나, 혹은 왜곡시키게 하는 개념들, 느낌들, 그리고 인격 구조의 배경에 거슬려서 복음을 받아들인다. 이런 선편향적(先偏向的) 요인들은 우리들의 가족과 문화적 관계 안에 있는 다른 사람들과 갖는 경험에서, 그리고 이 관계에 대한 우리들의 반응에서 성장한다. 이런 설명들은 뒤에 가서 좀더 자세히 다루어질 것이다. 여기서 우리는, 순수한 목자들은 죄에 대한 일반화된 개념에 근거하여 복음을 배척하고 왜곡하

는 것을 비난하는 것으로 만족해서는 안된다는 원리를 강조해야만
한다. 그들은 태도를 갖게 되는 개인 내부의 특수한 과정들에만 관
심을 갖고 있고, 최소한 파괴적인 경험들과 관계들이 미치는 일부
영향은 창조적이고 구속적(救贖的)인 관계와 과정들에 의해 극복
될 수 있다는 것을 이해한다. 순수한 목자들은 자신들을 형벌의 매
체로 보다는 치료의 매체로 간주한다.

복음 전달의 의미

우리는 목회적 돌봄을 필요에 직면해 있는 사람들에게 복음을 전
하는 것으로 정의해왔다. 이 개념을 논의함에 있어서 두 가지 명확
한 질문이 제기된다: 전해야 할 복음은 무엇인가? 그리고 그 복음
은 어떻게 전달되는가? 효과적인 전달은 전달되어야 할 실재를 구
체화할 수 있는 수단을 통해서만 가능하다.

복음은 무엇인가? 복음의 내용에 대한 충분한 논의는 여기서는
불가능하다. 그리스도인 목자들은 철저한 성경적, 신학적, 그리고
역사적인 훈련을 받아야 하는데, 그런 훈련을 받음으로써 이 질문
에 대한 명쾌한 해답이 가능할 것이다. 우리는 여기서 목회적 돌봄
에 필요한 의사소통과 관계되는 복음의 성격에 관심이 있다.

복음은 예수 그리스도 안에 계시된 하나님의 구속적 사랑에 관한
좋은 소식이다. 텔레비전으로 방영되는 최신 뉴스에 몰입되어 있는
현대 지성(知性)은, 복음을 입이나 기계적인 수단으로 전달될 수
있는 것으로 간주하는 것 같다. 그러나 복음의 실재는 이것보다 훨
씬 더 깊은 것이다. 알란 리차드슨(Alan Richardson)이 말한 것
처럼, "예수의 죽음과 부활 후에 복음의 내용은 사도 교회가 이해한

바대로 그리스도 자신이다."1) 복음은 인격(a Person)이며, 이 인격을 통한 하나님과의 살아있는 관계이다. 복음은 한 인격 안에 구체화되었고, 이 인격과 사람들과의 관계는 하나님께서 모든 사람들에게 주시는 구속적 화해의 관계를 드러낸다. 예수 그리스도 안에서 하나님은 이 관계를 제공하고 증명하는 일을 시작하셨고, 예수 안에서 그 관계는 수용되고 경험되었다. 인간이 사랑과 믿음 안에서 그리스도에 대하여 반응해 왔고 지금도 여전히 반응하고 있는 것처럼, 우리는 구속(救贖) 혹은 하나님과의 화해를 경험한다. 우리는 더 이상 분리되거나 소외된 잃어버린 영혼이 아니다. 우리는 우리를 아들과 딸로 받아주시는 하나님 수용의 내적 실재를 경험한다. 이 새로운 관계는 우리로 하여금 우리가 지닌 잠재력을 발견하기 위해, 그리고 잠재력을 지닌 사람이 되기 위해 앞으로 추진해 나아가게 하는 존재에 대한 새로운 감각을 부여한다. 그리스도의 고난은 우리 자신이 겪는 깊은 고난, 하나님으로부터 소외됨으로써 발생하는 불안의 차원에까지 이르는 하나님의 본성의 일면을 말한다. 복음은 그리스도 자신이며, 그리스도를 통하여 하나님께서 인류에게 제공하시는 새로운 관계의 힘이다.

그리스도의 인격과 사역에서 구체화된 살아있는 관계인 복음에 대한 이 강조는 신약성경에 일목요연하게 드러나 있다. "하나님께서 그리스도 안에 계시사 세상을 자기와 화목하게 하시며"(고후 5:19)라는 바울의 진술이 그 표현이며, 다른 것은 "말씀이 육신이 되어 우리 가운데 거하시매"(요 1:14)라는 요한의 진술이다. 하나님의 구속적 사랑에 관하여 인간에게 주시는 하나님의 메시지는 말로 표현될 수 있지만, 인간에게 주시는 하나님의 사랑을 전달하는 가장 깊고 충분히 타당한 수단은 한 인격 안에 이루어진 성육신이

며, 역사의 무대 위에서 그 인격이 다른 사람들과 갖는 관계의 표현
이다. 성육신의 개념은 그리스도의 의미를 해석하는 수단일 뿐만
아니라 인간과 의사소통하시기 위해 하나님께서 사용하시는 가장
효과적인 수단을 묘사한다. 성육신은 말보다 더 깊은 차원의 발현
이며, 존재를 통한 의사소통이다. 그리스도는 실상 "하나님의 말씀"
이시나, 우리는 가끔 그리스도에 관한 우리의 말과 그리스도 자신
의 실재를 혼동하는 인간적 오류에 빠진다. 또한 하나님의 말씀은
복음에 관한 쉬운 형식적 문구가 아니라 인간 존재 내부에 성육하
시는 그리스도의 영(靈)인 바, 이는 오늘날 가장 깊고 효과적인 복
음 전달의 형식이다. 의사소통의 이 차원은 목회적 돌봄의 핵심이
며 영혼을 돌보는 제반 활동을 통하여 표현되어야 한다.

목회적 돌봄에 관하여 우리가 사용하는 개념에 함축된 의사소통
의 원리는, 단순히 어떤 실재의 본성은 그 본성이 전달되는 방식을
결정한다는 것이다. 수학적 실재가 그러한데, 수학적 실재는 비인
격적인 상징을 통해 전달될 수 있다. 다른 한 편, 하나님의 사랑인
구속적 실재는 깊이 인격적이다. 그 사랑의 구속적 실재는 우리 자
신의 존재와 우리 자신의 문제들로서 우리에게 다가온다. 그것은
각 인격에 관심을 갖는데 우리가 궁극적 실존과 연관되어 있기 때
문이다. 인격적 존재인 우리는 깨어진 관계 때문에 고통을 받는다.
우리는 우리를 그것이(It) 아닌 인격인 너(Thou)라고 부르며, 목
적과 의미를 지닌 인격적 결합의 관계로 우리를 회복시키는 사람을
통하여 치료한다. 사람들은 우리에게 입으로 말할 수 있고, 우리의
존재, 우리의 의식적(意識的), 지적(知的) 과정의 표면에 이를 수
있다. 우리 실존의 깊은 차원은 우리와 관계를 갖는 사람들의 인격
을 통해서만, 그리고 그들을 인격으로 대하는 우리의 개방성과 신

뢰를 통해서만 도달된다. 그리스도 안에서 하나님은 현 존재 (being)와 되어져 가는 존재(becoming) 사이에서 갈등하는 우리에게 자신을 계시하셨다. 목자는 말로는 하나님의 사랑을 선포할 수 있을지 모르지만, 만일 목자가 사랑과 이해 속으로, 하나님의 성령의 능력 속으로, 개개인의 고통과 소외 속으로 들어가지 않는다면 사랑의 실재는 전달되지 않는다. 비록 어마어마한 큰 회중에게 설교한다 하여도 만일 설교자의 말의 배후에 있는 그 무엇이 설교를 듣는 바로 그 존재 안에서 하나의 적극적인 반응을 일으켜 성장이나 치료 과정이 시작되지 않는다면 실제적인 의사소통은 일어나지 않는다.

예수님의 삶에는 우리의 해석을 특별히 강화해 주는 사건이 있다. 그 사건은 예수가 바알세불을 힘입어 귀신을 쫓아낸다고 비난 당한 사건이다(눅 11:14-23). 스스로 나누어진 천국은 설 수 없음을 지적하시고 난 후, 예수님은 계속 말씀하셨다. "내가 하나님의 손을 힘입어 귀신을 쫓아내는 것이면, 하나님의 나라가 너희에게 이미 임하였느니라". 즉, 귀신들린 사람을 치유하는 과정은 그 자체가 하나님 나라의 선포라는 것이다. 그런 치유에서 예수님과 환자 사이에 무언가 심원한 것, 그 환자를 둘러싸고 있는 사람들이 볼 수 없는 일이 일어났다. 오직 결과만 볼 수밖에 없어서 그들은 믿지 못했다. 치유의 사건을 지켜본 자들은 지금 일어난 사건이 그들의 이해 범주를 능가했고 더 깊은 통찰력을 받아들이지 못했기 때문에 놀랐다. 그러므로 치유 사건은 악한 일이어야만 했던 것이다. 그러나 예수님은 하나님의 나라가 귀신들렸던 사람 자신의 면전에서, 그리고 그 결과로 일어난 치유 안에서 실제로 임한 것임을 강조하셨다.

수많은 목자들은 목자로서의 자신들에 대한 제한되고 겁에 질린 견해를 가지고 있고, 바로 이런 견해가 목회의 효율성을 심각하게 제한시킨다. 그들은 자신을 내어주는 고통스런 사랑이 갖는 치유의 힘을 발견하기보다는 "이탈하지 않는 것"에 관심을 더 둔다. 어린아이가 지닌 두려움을 치유하는 것이든지, 청소년들이 지닌 죄책을 치유하는 것이든지, 혹은 어른들이 가진 무가치 및 무의미성을 치유하는 것이든지, 치유와 성장을 고무하는 행위 자체가 강대상에서 하는 설교보다 더욱 하나님의 나라를 선포할 수 있고 더욱 확실하게 하나님의 나라를 실현할 수 있다. 사람들이 갖는 일상적인 영적 욕구를 충족시켜 줌으로써 성장을 가능하게 하는 사랑의 관계의 특질 안에 하나님의 나라는 구체적인 증거를 가지고 선포된다. 목회적 돌봄은 목회 사역의 부속물이 아니라 바로 핵심이다.

초대 교회는 구술적(口述的) 의사소통(verbal communication)의 두 종류인 케리그마(kerygma)와 디다케(didache)를 구분하였다. 전자는 교회의 핵심적인 선포로서 그리스도 안에서 행하신 하나님의 사역, 특히 십자가와 부활에서 계시된 하나님의 사역이었다. 디다케는 사람들이 복음의 메시지를 받아들인 이후 행하는 윤리적인 가르침이었다. 그러나 신약성경, 특히 복음서를 읽으면서 의사소통의 제 삼의 깊은 차원을 발견하지 못하기란 쉽지 않다. 케리그마와 디다케는 하나님께서 인간에게 제공하신 관계라는 개념의 틀을 짜고 조직화하고 정교화한다. 그러나 깊은 화해가 경험되는 이런 살아있는 관계는 언어적 공식을 통해서만 알려지거나 전달될 수 없다. 그것은 초대 그리스도인들에게 예수님의 인격을 통해 알려졌다: 케리그마와 디다케가 다음 세대에 알려질 때는 비언어적인 차원에서 그것을 선포할 수 있는 사람들을 통해 이루어졌다. 이것은 목회적 돌봄에 관한 신학적인 진술과 치료의 사랑이 선포되는 살아있는 관계인 목회적 돌봄과의 차이이다. 신약성경에서 이 살아 있는 관계로서의 목회적 돌봄은 인간의 영에 도달하는 성령, 그리스도 안에 계신 하나님의 영의 사역으로 이해되고 있다. 목자는 명확한 방법으로 다른 사람들을 사랑함으로써 히나님의 구속적인 사랑을 지시하는 그리스도의 사역을 계승하는 자이다.

여기에서 발전된 목회적 돌봄의 개념은 오로지 말로써만 선포되는 모든 신학을 초월한다. 그것은 복음서에 계시된 역사적 예수, 그 자신의 말을 삶으로 확증함으로써 다른 사람들로 하여금 그의 존재를 경험하게 하였던 한 인격을 지시한다. 그는 권위에 대해 배우는 자가 아니라 권위를 가진 자로서 말씀하셨다. 그에 관해서 이렇게 기록되었다: "우리가 그의 영광을 보니 아버지의 독생자의 영광이요"(요 1:14). "그의 충만한데서 받으니 은혜 위에 은혜러라"(요 1:16). 예수님의 인격에 대한 그와 같은 해석은, 그들의 삶을 신뢰로 예수님에게 개방하면서 느꼈던 능력과 은혜의 뿌리에 근거하고 있다.

신학자들은 이 점에 관해 몇 가지 지지하는 관점을 제시한다. 폴 알타우스(Paul Althaus)는 불트만(Bultmann)의 입장에 관해 군터 보른캄(Gunter Bornkamm)이 한 언급을 인용한다: "예수는 하나의 단순한 구원의 사실이 되었고 더 이상 한 인격이 아니다."2) 알타우스는 계속 말한다.

> 그와 같은 예수의 인격 (그의 구체적인 인격에 관해 불트만의 말처럼 우리는 "이제 실제적으로 아무 것도 알지 못한다")이 *케리그마*에 아무런 자리를 갖지 못하고 있는 사실은 매우 심각한 신학적

결과로 이끈다. 우리의 불신앙을 지배하고자 하는 복음의 능력은, *케리그마*가 예수님에 관한 구체적인 상(象)을 복음서에 포함시키고 있다는 사실에 의존한다. 인간 예수님의 상에서 우리는 하나님의 본성을 붙잡으며, 예수의 영적 용모에서 우리는 하나님의 얼굴을 본다. 복음서에서 한 인간의 살아있는 눈동자들이 우리를 응시하며 우리의 신앙을 추진시킨다. 만일 우리가 복음서가 묘사하는 예수님의 살아있는 상을 충분히 볼 수 없다면, *케리그마*는 한갓 진술, 독단에 불과하다.

그리고 우리는, 순수한 목회적 돌봄에는 다른 부가적인 요인, 즉 목자와 다른 사람의 관계를 통하여 표현되는 복음이 지닌 의미의 비언어적 표현이 있다는 사실을 제시하고 있다.

복음 자체뿐 아니라 목회적 경험은 분명히 목자와 다른 사람의 상호적 관련의 필요성을 지적한다. 이 관련성 안에서 목자는 타인(아버지, 어머니, 친구)이 아니라, 하나님의 은혜의 메시지의 살아있는 본질을 증명하는 자이다. 즉 필요에 직면해 있는 사람을 만나는 효과적인 목회적 돌봄은 목자가 다른 사람들의 존재 바로 그 자체와 궁지, 그들이 갖고 있는 긴장, 고통, 의미, 가치, 기쁨에 관련되어야 함을 요구한다. 이 관련은 오로지 깊은 감정이입적 경험을 통해서만 일어날 수 있다. 목자들은 멀리 동떨어져서 관망하는 자들이 아니다. 우리는 다른 사람들을 향해 지배와 조종의 관계를 가져서는 안 되며, 다른 사람들 역시 우리에게 이런 태도를 갖도록 허락해서도 안 된다. 가끔 동일시라고 불리는 목회적 관련(pastoral involvement)은, 목자가 겉치레하는 자가 아니라 다른 사람들에게 순수한 자신을 나타낼 것을 요구한다. 우리가 다른 사람과 같은 처지에 있을 경우, 우리가 그에 대해서 느끼는 바를 솔직히 시인하면서 그를 이해하도록 힘써야 한다. 우리는 다른 사람들의 가치 체계와 경험에 부여하는 의미를 신중히 취함으로써 다른 사람들의 요구, 목표와 목적을 이해하려고 힘써야 한다. 이런 동일시는 결코 완전하지 않다. 목자들은 항상 다른 사람들의 정체성과 구별되는 자신의 정체성에 대한 분명한 감각을 유지해 나가아 한나.

그와 같은 관련은 다른 사람들을 위해 무엇을 행하기보다는 그들과 함께 그들의 경험에 참여하는 것을 요구한다. 그와 같은 관련은 순수하게 자기를 포기하는 사랑, 다른 사람의 자기 실현을 돕는데 필요한 것을 행하거나 되어주는 내적 자유를 요구한다. 그와 같은 관련성 안에서 영혼을 돌보는 목자들은 다른 사람들이 자신의 해답을 발견하도록 돕는 일에 관심을 가지며, 그들 자신이 그 해답의 일부분이 되고자 하는 경향을 통제할 수 있도록 항상 신중해야 한다. 영혼을 돌보는 목자들은 또한 복음, 그리스도와 자신들을 동일시하며, 그리스도의 이름으로 사역하며 교회를 위해 일하지만, 이 동일시는 목자들이 그리스도께서 위하여 죽은 자들과 자기 자신을 동일시하는 일을 강화시켜 주어야만 한다.

동일시와 감정이입에 기반을 두고 있는 이 관련은 지시들을 따름으로써 가능한 것이 아니다. 그것은 목자의 정서적 성숙의 차원에 달려있다. 만일 목자들이 정서적으로 미성숙하면, 그들이 무엇을 행하고 있는지 알지도 못하면서 다른 사람들과 미성숙한 관계를 발전시킬 것이다. 의존, 수동성, 조종, 그리고 다른 사람들에 대한 지배와 같은 여러 미성숙한 특성들은 정서적으로 미성숙한 목자들의 관계에서 드러나게 될 것이다. 더욱 성숙한 사람들은 그러한 특질들을 간파할 것이고 따라서 그런 목자들과는 깊은 관계를 회피할 것이다. 순수한 목자들은 어느 때이든지 그들 자신의 인격적 통전성을 유지해나가야 한다. 그렇지 않으면 아무도 그들을 도울 수 없다.

그와 같은 감정이입적 관련(empathic involvement)은 우리가 편승하고 있는 문화 안에 살고 있는 사람들이 쉽게 받아들이지 않는다. 실상, 문제들의 원천은 일부 목자들이 다른 사람들에게 자신들을 개방하는 능력이 부족하다는 것이다. 절대적 신뢰는 돕는 자가 갖출 필수적인 자질이다. 목자들은 신뢰받을 수 있는 친절한 자들이 되어 다른 사람들, 특히 상처를 입고 고통 속에 있는 자들이 자기들 존재의 실재를 나누도록 목자들을 초대할 수 있어야 한다. 그와 같은 신뢰와 개방성은 어떤 특출한 신학을 갖고 있기 때문이 아니라, 순수하게 사랑하고 신뢰하는 자들이기 때문에 목자들에게 찾아올 수 있다. 또한 목자들은 여러 인간적 상황 안에서 무엇이 진실로 돕는 것이며 무엇이 해(害)가 되는지를 아는 지혜를 가져야만 한다. 그러나 목자들은 모든 사람이 호의를 가지고 반응할 것이라는 기대를 가져서는 안된다.

목회적 관계에 있어서 목자가 추구하는 관련은, 비단 목자의 삶의 개인적 차원이 결코 배제되지는 않을지라도, 타인으로서가 아니라 근본적으로 구속적 사랑의 사역을 가져다 주는 하나님의 종으로서의 관련이다. 많은 전문가들이 다른 사람들을 위해 "무언가를 하는" 반면, 목자의 직무는 행하는 영역이 아니라 존재의 영역이다. 그것은 다른 사람들로 하여금 하나님과의 진실한 관계를 발견하도록 돕는 부류의 사람의 존재에 관한 문제이며 - 그들은 하나님의 은혜 안에서 어떤 존재도 될 수 있다 - 동시에 목자 자신들과 다른 사람들과의 관련성 안에서 타당하게 행하는 기능의 문제이다.

이런 수준의 의사소통은 계시의 특질을 지닌다. 그것은 항시 쌍방 과정이다. 만일 우리가 우리 자신을 드러내지 않는다면 우리는 다른 사람들을 이해할 수 없다. 목회적 관계에서 일반적으로 사람들은 목자들이 그들 자신을 드러내기를 기다린다. 그들의 자기 노출은 목자들이 목자 자신에 관하여 노출하는 그 질(質)에 의해 지배받는다. 실제적으로 다른 사람들에 대한 어떤 반응도 자기 계시의 형태이다. 반응하는 것은 자신에 관해 무엇인가를 나타내는 것이다. 반응은 방어성이나 개방성, 두려움이나 용기, 혹은 어떤 인격적인 특질을 나타낼 수 있다. 하나님은 하나님 자신의 자기 계시를 통하여 인간에게 자신을 나타내셨다.

우리는 상담 경험에서 사람들이 다른 사람들에게 자기를 나타내는 것은 역시 자기 발견을 성취하는 것임을 끊임없이 보고 있다. 실상, 치료 과정의 본질적인 요소는 사람들로 하여금 "통찰력", 즉 자기를 발견하도록 돕는 것인데, 자기 발견은 실제로 계시를 수용하고 이해하는 경험을 통해 성취된다. 그와 같은 의사소통은 비록 말을 포함하지만 근본적으로 말로 하는 문제가 아니다. 그러나 더 깊은 감정과 노력은 드러내야만 한다. 만일 우리가 우리들의 관계를 지속적으로 깊이 있게 해서 하나님 앞에서 서로를 아는 상호 관계를 형성한다면, 계시에 관한 기독교 교리는 목회적 돌봄과 깊은 관련을 갖는다. 우리 가운데 많은 사람들은 자신을 나타내지 못하므로 하나님이 나타내시는 계시를 이해하거나 수용하지 못한다.

아무런 관련이 없고, 계시와 자기 발견도 없는 공허한 의사소통에 관한 기사가 "시카고 데일리 뉴스"에 다음과 같이 게재되었다 (Chicago Daily News, 1964년 1월 27일):

제리 홀린스(Jerry Hollins)를 위한 자리가 없다

우리가 사는 도시는 거대하고, 부유하고, 들뜬 도시다. 도심에

있는 상점들은 여러 상품들을 쌓아놓고 있고, 거리는 화려한 차들로 가득 차 있다. 극장과 음식점들은 고객으로 가득하다. 그리고 제리 홀린스도 있다.

제리 홀린스는 루이지애나에서 태어나, 25년간 거기서 살았다. 그러나 그가 흑인이기에 루이지애나에서는 그런 남자를 위한 미래는 없었다. 사람들에게 전해 내려오는 말은 북부 지역, 특히 시카고에는 좋은 일이 아주 많다는 것이다.

이 년 전 제리 홀린스는 일자리를 얻기 위해 시카고에 왔다. 좀처럼 일자리를 찾지 못하다가, 가까스로 찾았지만 그리 오래 가지 못했다.

최근에 그는 그레이 하운드 버스 정류장에서 서성거리고 있었다. 순경 한 사람이 왜 정류장에서 빈둥거리고 있느냐고 묻자, 그는 타당한 이유를 대지 못하여 질서 교란 죄목으로 체포당하고 말았다.

그래서 판사는 벌금 백 달라를 부과하였다. 홀린스는 그만한 돈이 없었다. 사실 그에게는 돈이 한 푼도 없었다.

그는 벌금 대신 교도소에서 형을 살면서 세탁소 일을 했다. 아무도 그를 찾아오지 않았고, 그에 대한 기록에는 '무연고자'라고 적혀 있었다.

목요일 아침 아홉 시에 그는 교도소에서 나와 오후 한 시 반에 미국 법정 7층 원형 건물의 돌출 부분으로 기어나와 매달려 있었다.

소방관들이 그물망을 가지고 와서 대기하였고, 홀린스가 뛰어내리자, 소방관들이 그물망을 갖다 대었으나 결국 추락하고 말았다. 골반이 부서지고, 갈비뼈가 부러지고 기타 심각한 부상을 입었다.

홀린스가 뛰어내리기 전에 한 목사가 이런 말로 그의 시선을 끌었다. "하나님은 당신을 사랑하십니다." 목사는 말했다.

홀린스가 물었다. "하나님이 누구죠?"
그 누구도 제리 홀린스에게 답변을 주지 못한 것 같다.

이 이야기는 목회적 돌봄에서 무엇이 얼마만큼 잘못되었는지를 지적해 준다. 이러한 목회적 돌봄은 안전한 곳으로 뒤로 멀찍이 물러나 있을 뿐이다. 거기에는 사람과의 관련, 계시와 자기 발견이 없고, 하나님에 대한 발견도 없다. "하나님은 누구인가?"라는 질문은 계시와 자기 발견의 동시적인 경험의 관계 안에서만 답변되어질 수 있는 질문이다.

지금까지 언급한 이런 종류의 관련은 예수께서 만났던 사람들과 가지셨던 관계의 특성이다. 제임스 스마트(James D. Smart)는 이렇게 말한다:

> 제자들 그리고 다른 사람들과 가지셨던 예수님의 목회 관계는 무조건적으로 그들에게 자신을 여시는 관계, 사랑과 이해를 가지고 그들의 상황에 들어가시는 관계였고, 그들의 죄와 고통과 불안의 짐을 자신이 지는 관계였다. 예수님은 자신을 감상적인 방법으로가 아니라 그들과 자신을 동일시하시는 방법으로 자신을 내어주셨다. 예수님이 그들 한 사람 한 사람을 자신과 동일시하시므로, 그들은 외모로 판단받는다고 생각지 않았고, 내면으로부터 이해를 받고 있다고 생각했다.[3]

목회적 돌봄에 대한 이 견해는 어떤 신학적인 견해, 특히 "은총의 지배"의 교리와 갈등을 일으킬 수도 있겠다. 이 교리를 점검하기 전에 일반적으로 인간 경험과 교리와의 관계에 대하여 몇 마디 언급하는 것이 필요하겠다.

목자들은 근본적으로 사상이나 교리들을 다루지 않고 사람들을 다룬다. 그렇기 때문에 우리는, 모든 신학자들이 다 그런 것은 아니지만, 아이디어에 몰두하고 이론적으로 사람들에 대해 관심을 갖는 신학자들과는 현저히 다르다. 그러나 목자들은 자신들을 뭔가 지적인 부류의 사람들로 치부함으로써 안전을 추구하려는 유혹을 피할 필요가 있다. 이런 일들이 목자들에게서 발생할 때, 목자들은 다른 사람들을 동일한 교리적인 틀 속에 가두려고 할 것이다.

근본적으로 교리적인 접근 방식의 취약점은 인간 삶의 역동적 과정들을 구속복(미친 사람, 광포한 죄수에게 입히는 옷) 안에 통제하고 조종하고 가둠으로써 필경 인간에게 상처를 입히는 것이다. 인간의 경험에는 지나치게 딱딱한 교리적 접근 방식으로는 억압할 수 없는, 혹은 기독교 신앙 전체를 거부하도록 동기를 부여할 수 있는 동시성(同時性)의 요소, 자율성과 자기 결정을 향한 동인(動因)이 있다. 다른 한편, 사람들은 자율성의 책임을 회피하기 위해 교리적인 안전을 추구할 수 있다는 사실도 번번이 지적되어 왔다. 이런 일들이 최근 몇 년 동안 목회적 돌봄과 상담 영역에서 발생했다는 증거들이 얼마든지 있다.

지적 체계는 어떤 전제로 시작할 수 있고, 모든 모순되는 개념들을 거부함으로 발전된다. 그러나 삶 자체가 어떤 체계로 한정될 수 없는 이유는 삶이 역동적이고, 항상 움직이고, 내부로부터 개방되며, 혹은 퇴조할 수 있기 때문이다. 사람들은 기계가 아니며 어떤 논리와 수학적인 방식으로 완전히 미래를 예견할 수 있는 존재도 아니다. 지적 체계가 삶의 목적에 기여할지는 모르겠으나, 삶이 그 체계의 목적에 기여할 수는 없다. 즉 삶을 지적 체계 내에 둘 수 없다. 유한한 지성은 무오하고 완전히 파악 가능한 지적 체계를 여지껏 만들어 내지 못했다. 그러므로 체계는 항시 유연해야 한다 - 즉 삶의 경험에서 우러나는 개개의 새로운 통찰력과 더불어 성숙하고 변해야만 한다. 이 사실은 특히 영적인 삶의 깊은 차원을 다루는 목자들에게 해당되는 진리이다. 아마도 이런 진술은 성령의 사역이 그렇게도 등한시되어 왔다는 사실, 즉 성령은 인간의 지적 체계에 제한될 수 없다는 것을 설명해 준다.

개혁자들로부터 유증되어 온 은총의 지배와 충만의 교리는, 창조적이든지 아니면 제한적인 방식으로든지 둘 중 하나의 방식으로 사용될 수 있는 종교적 통찰력에 대한 좋은 예이다. 제한적인 방식으로 사용하는 일례를 조지 헨드리(George Hendry)가 말한다;

> 풍부한 은총은 인간 편에서 갖는 어떤 것과 더불어 상호 관계에 대한 욕구의 여지를 남기지 않았으나, 인간의 전적인 무능력을 의미하기도 하였다.... 개혁자들은 성급히 인간 영혼에 대한 관심을 잃어버렸고, 그것은 하나의 뚜렷한 이유 때문이었다: 복음에 대한 새로운 각성의 충만한 힘이 신학적으로 전개되었을 때, 그것은 인간의 영을 말살시키고 돌이나 나무처럼 영혼이 없는 물체의 수준으로 격하시킨 것 같았다.4)

혹은 칼빈의 말대로, "인간은 도저히 노력조차 할 수 없는 본성을 가지고 죄의 종이 되었거나, 선한 것을 향한 열망조차도 없는 존재가 되었다."5)

헨드리는 이 은총의 지배와 충만이라는 견해를 거부하는 철학적, 성경적, 신학적 태도를 제시하였다. 우리는 이 견해를 여기서 요약하지 않겠다. 지금 우리는 특히 목자들과 관련된 문제들이 지닌 두 국면을 구분하는 일에 더 많은 관심을 갖는다. 기독교적 헌신이란 견해에서 볼 때, 목자들은 하나님의 궁극적 본성과 인간의 유한한 본성을 이해한다. 하나님의 궁극적인 본성에 있어서 하나님은 어떤 방식으로든 인간 존재를 의지하지 않으신다. 그러나 인간에게 계시하시는 하나님은 하나님 자신을 인간의 반응에 의존시키셨다. 그렇지 않다면 인간은 자동 장치이거나 꼭두각시이지, 자유로운 영이 아니다. 목회적 돌봄과 관련하여 살피면, 인간은 스스로 무엇을 행할 능력이 없다는 것이 창조 경험에 의해, 심지어는 심대한 정신적 질병 상태에 있는 자들에 의해 잘못 전해졌다. 우리는 우리 자신의 능력에 의해서가 아니라 관계 안에서 반응한다는 사실 역시 명백히 증명되었다. 인간적 차원에서 우리에게 주어진 것에 대한 우리 자신의 반응을 통제하는 것을 배울 능력을 우리가 가지고 있다는 사실에는 의심의 여지가 없다. 우리는 하나님에 대한 우리 자신의 반응을 결정할 힘을 소유하고 있다는 사실 또한 의심할 여지가 없다. 인간에게 은혜롭게 접근하시는 하나님은 결코 우호적인 반응을 하도록 강요하시지 않으신다.

목자가 지녀야 할 본질 가운데 하나는 인간의 삶에서 차지하는 창조의 역할에 대한 분명한 이해이다. 우리 자신의 운명을 포함하여 우리가 지닌 자유와 결단에 도달하는 능력이 우리 자신의 힘으로 된다고 주장하는 것은 오류이다. 인간은 창조 행위 안에서 어떤 선물과 은혜를 부여받은 존재이다. 만일 우리가 자유를 지녔다면, 그것은 창조주 하나님의 은혜로우신 행위로 우리에게 주어진 것이다. 우리는 우리 자신의 자유를 창조하지는 않으나, 그 자유의 실현에 능동적으로 참여한다. 이런 사실은 최소한 인간은 하나님의 형상으로 창조되었다는 통찰력이 지닌 의미의 일부이다. 예수 그리스도 안에서 행하신 하나님의 은혜로우신 구속 활동은 하나님이 이미 창조하신 인간 존재를 지향한다. 그러나 구속은 우리에게 강요되지 않는다. 우리의 협동이 필수적이다. 그러므로 창조와 구속은 동일한 동전의 양면이다. 만일 우리가 우리 자신을 위하여 무엇을 행할 수 있는 힘을 지녔다고 하면, 그것은 우리 자신의 노력의 산물이 아니라 하나님의 창조의 선물이다. 그리고 우리가 행한 어떤 것은 우리 홀로 한 것이 아니라 항시 관계의 산물이다. 이것이 바로 충만한 은총이라는 개념에 들어있는 본질적인 진리이다. 은총은 관계 가운데서 부여된다.

선행은총에 대한 존 웨슬리(John Wesley)의 개념은 목회적 경험의 핵심에 근접한다. 그는 말한다:

단순한 본성의 상태에 있는 인간은 존재하지 않는다. 성령을 소멸하지 않는 한, 하나님의 은혜가 전적으로 결여된 인간은 없다. 자연적 양심을 완전히 결여한 인간은 없다. 그러나 이 양심은 자연적인 것이 아니다. 그것은 좀더 정확히 말하자면 선행 은총이다. 모든 인간은 다소의 차이가 있을지언정 이 은총을 소유하고 있는데, 이 은총은 인간이 부를 때까지 기다려 주는 은총이 아니다. 이르든 늦든, 모든 인간은 선한 욕구를 갖는다. 비록 인간의 보편성이 그 선한 욕구를 질식시켜 뿌리를 내리고 결실을 못 맺게 한다 할지라도…. 인간은 은총이 없어서 죄를 짓는 것이 아니라, 그가 지닌 은총을 활용하지 않기 때문에 죄를 짓는다.6)

목회적 돌봄에 있어서 은총이 사람들에게 유용하다고 말하는 것만으로는 충분하지 않다. 오히려 은혜를 경험할 수 있도록 자신이 그들에게 때로는 힘, 용기, 그리고 희망을 줄 수 있는 통로가 되어야 한다. 상담자들이 고통당하는 사람의 속에 있는 힘의 양(量)을 생각할 때, 우리가 그렇게 부르든 부르지 않든 우리는 선행은총

(prevenient grace)이란 관점에서 생각하고 있다.

우리가 지닌 문제의 핵심은 인간 본성에 놓여 있다. 우리는 궁극적인 창조자이시며 구속자이신 하나님 안에서 살고 움직이며 우리의 존재를 갖는다. 하나님이 행하시는 구속 과정은 인간 창조를 유지하고 또 인간 창조를 완성하신다. 그러나 인간 존재는 유한적 차원에 있고 인간은 궁극적, 최종적인 관계, 그리고 인간 본성과 존재의 유한적인 면이 지닌 요구와 의미 사이에서 갈등을 일으키는 긴장을 해결하는데 어려움을 겪는다. 학자들은 다양한 방법으로 이 문제를 규명하였다. 실존주의의 관점에서 구원의 문제를 해결한 틸리히(Paul Tillich)의 방법은 잘 알려져 있다.7) 본회퍼(Dietrich Bonhoeffer)를 추종한 손튼(Thornton)은 이 문제와 씨름하면서 "궁극"(ultimate)이란 용어와 "피널티메이트"(penultimate)란 용어를 사용한다.8) 이 문제와 해답을 위해 목자들이 어떤 용어를 사용하든, 그들은 인격에 함축된 활성적인 역동성을 이해할 필요가 있다. 우리가 이렇게 말하는 것은 삶의 근접한 차원, 특히 인간 관계에서 갖는 경험들이야 말로 개인이 하나님과 그리스도를 인식하고 또 반응하는데 결정적 요인이라는 뜻이다. 많은 경우, 사람들이 하나님에 대해 반항하는 것은 실제로 인간 부모에 대한 반항이다. 유능한 목자들은 그와 같은 사람들이 인간 차원에서 발전된 파괴적인 감정들을 하나님께 대한 관계와 하나님께 반응하는 일과 관련된 문제들을 해결하는 수단으로 삼을 수 있는 통찰력을 갖도록 도울 것이다. 이런 이유 때문에 말로써 문제를 해결하는 공식은 비록 기술적인 면에서 약간의 도움이 될지는 모르지만 충분하지는 않다. 종교적 의미에 대한 언어적 공식(verbal formulation)은 개인의 인식과 반응에 내재한 역동적 요인들을 변화시킬 수 없다. 많은 사람들은 삶의 실존적인 문제와 어려움에 직면해 있고, 반응할 수 있는 능력이 외면적 내면적 억압에 의해 둔화되어 있어서 좀처럼 궁극적인 의미에 관심을 기울이지 못한다. 그들을 죄인으로 저주하거나 혹은 그와 비슷한 말로 묘사하는 것은 목회적 관심에 구속적(救贖的)인 목적이 없음을 의미한다. 목자는 사람들을 영적으로 무기력하게 만드는 외면적 내면적 조건들을 제거하는 일에 관심을 기울여야 한다.

한 예를 들어보자. 최근에 한 학생이 그리스도인의 사랑에 대한 토의식 강의 후 면담을 위해 찾아왔다. 교사가 강조한 요점은, 그리스도인의 사랑은 자신을 다른 사람들과 나누는 일을 포함한다는 것이었다. 그 아이디어에 매력을 느낀 학생은 자신의 삶에도 그리스도인의 사랑을 적용할 수 있다는 가능성을 볼 수 있었다. 그런데 자신을 다른 사람들과 나누는 것은 그가 할 수 없는 일이었다. 그는 자신의 주변에 담을 쌓았고, 다른 사람들에게 자신을 여는 일이 매우 어렵다는 사실을 알았다. 그는 최근에 자신의 친구라고 생각한 다른 학생에게 자신을 열었으나 오히려 그 일이 곧 심한 죄책감과 좌절감을 갖게 되는 데까지 발전하였다. 그래서 그는 다시 뒷걸음질을 쳤고, 누구에게도 자신을 여는 일을 더욱 두려워하게 되었다. 강의의 결과는 극심한 죄책과 좌절감이었다. 사랑에 대한 그의 경험은 오로지 구술적인 의사소통의 차원에 머물고 만 것이다. 그의 생각은 처참한 결론에 도달하였다: 문제는 그대로 남았다. "어떻게 나는 두려움을 극복하고 다른 사람들에게 자신을 열 수 있는 데까지 도달할 수 있을까?" 그는 신학적 차원에서 문제에 관해 말할 수 있었지만, 막상 자신에게서 하나님이 원하시는 자신의 모습을 볼 수 없었을 때 더 깊은 불안감에 빠지게 되었다. 기본적 태도의 관점에서 자신과의 직면은 매우 깊었다. 그 태도들의 뿌리를 이해하고 그 태도들이 자신을 더 이상 통제하지 못하는 관점에서 본다면, 지금까지 아무런 것도 성취되지 않았다. 순수한 사랑과 이해로 한 인격체와 오랜 관계를 형성하는 일, 그래서 두려움을 극복하고 신뢰 속에 반응하게 하는 일이 목회적 돌봄의 실제 사역이다. 그 학생은 다른 사람과 맺는 사랑의 궁극적 관계를 확립하기 이전에 근본적으로 자기 자신과 갖는 인간적 차원의 문제를 먼저 해결하도록 도움을 받아야만 했다. 하나님의 사랑이 갖는 의미가 자신의 것이 될 수 있기 위해서는 한 인격의 중재가 필요했다. 이런 일은 말로써만 되지 않는다.

은종의 지배와 충만 사상은 신약성경뿐 아니라 실제 삶에서 모듯이 인간의 자유와 책임과 균형을 이루어야 한다. 인간이 하나님을 통제하거나 조종할 능력이 없다는 사실은 명약관화하다. 하나님이 인간을 자동 기계 장치, 꼭두각시로 만드시지 않았다는 사실 또한 분명하다. 하나님의 은총에 대한 우리의 반응은 우리들 내부에서 통제된다. 우리가 항상 긴장 속에 있는 이유는 우리 자신의 힘으로 되지 않는 힘이 우리 안에서 작용하고 있기 때문이며, 우리들 개인의 경험과 관련이 있는 한 우리는 결과에 대해 자유와 책임을 갖는다. 우리는 또한 우리가 내린 결단의 결과를 우리들 내부에서 경험해야 한다.

우리들이 긴장하는 또 다른 차원이 존재한다. 우리가 갖는 자유와 자율성은, 자유를 활용하는 방식을 결정하는 많은 것들이 우리 안에 있다는 사실에 의해 위협당한다. 자율성을 향한 동인(動因)은 한 인간의 삶의 초기에 그 자체를 표현하기 시작하지만, 그것을 불안하게 만드는 부모들에 의해 위협당하고 부정당할 수 있다. 인간 관계는 그렇게 복잡해서 개인이 성숙해 감에 따라서 자율성의 힘을 점차적으로 상실해 간다. 이런 말은 곧 사람들이 병들 수 있다는 것, 즉 인간으로서 제 기능을 발휘할 수 없다는 것을 의미한다. 만일 질병이 극에 도달하면, 사람들은 모든 인간적 책임과 결단으로부터 벗어나게 된다. 회복이나 치유는 순수한 사랑과 이해를 갖는 사람과의 오랜 관계를 필요로 하게 된다.9) 그러나 무엇보다도 그와 같은 비극을 피하려면, 성장의 전 과정에 걸쳐 건설적인 가치의 틀 안에서 사랑과 이해의 관계가 필요하다.

진실로 창조적인 목회적 돌봄은 인간적 삶의 다양한 차원들을 고려하며 거기에 합당한 배려를 아끼지 않는다. 은혜의 경험이나 자유의 경험, 그리고 인간적 삶에 결정적으로 영향을 미치는 것들 가운데 어느 한 면만 강조하는 것은 왜곡된 접근 방법이다. 인간의 전적인 무능과 같은 신학적 개념들은 자기 비하를 조장하는 죄책의 힘을 표현할 수도 있다. 다른 한 편, 하나님과 갖는 살아있는 관계를 떠나서 자신을 구원할 수 있다는 인간의 능력에 대한 과신은 인간의 자만과 방어 기재를 표현할 수도 있다. 요약하자면, 목자들은 인간의 무능과 과신을 신학적인 측면에서 뿐 아니라 죄책과 방어기재와 같은 인간의 반응 방식의 관점에서도 볼 수 있어야 한다.

인간의 삶 속에서 직접 작용하시는 하나님의 능력에 관한 의문은 항상 이런 관점에 도달했다. 하나님께서 인간의 삶 속에서 직접 역사하시는 힘을 갖고 계시다는 점은 문제시되지 않는다. 우리가 묻는 질문은 하나님께서 과연 인간의 삶 속에 들어오셔서 우리의 의지를 말살시키시는가이다. 하나님은 우리의 자유를 폐지하시고 어떤 특출한 행위를 하도록 강요하시는 때가 있는가? 아니면 인간과 맺으시는 하나님의 모든 관계는 자유로운 반응, 심지어는 거부까지도 허용하시는 은총의 특징을 갖는가?

인간의 삶 속에 직접적으로 역사하시는 하나님의 활동, 즉, 인간의 자유와 상관 없이 활동하시는 하나님의 활동에 대한 질문은 다른 각도에서 이루어질 검증을 요구한다. 목자들은 이런 자유와 상관 없는 하나님의 활동이 그들에게서 이뤄졌다는 것을 확신하는 사람들을 만난다. 항상은 아니더라도 간혹 이런 사람들은 정신 병원에 있다. 그들은 정신병적 상태에 처해 있는 희생자들인 바, 그들 자신의 의식의 산물은 하나님의 음성과 행위와 동일시되고 있다. 그러한 경험에는 많은 발작 증세가 따른다. 즉, 그와 같은 사람들은 어떤 확실한 방법으로 사고하거나 행동하도록 강요받고 있다는 느낌을 갖고서 하나님이 그린 일을 행하도록 강요한나고 믿을 수 있다. 조금 덜 하기는 하지만, 이와 비슷한 경험들이 거의 모든 종교 사회에서 발생할 수 있다. 이런 경험들은 깊은 신비감을 전달해 주고 있고, 우리는 우리 자신이 이런 신비의 경험에 의해 오도(誤導)되고 있다는 것을 부정한다. 우리는 다른 사람들의 해석을 공개적으로 논박해서는 안되는 반면, 그 해석에 동의하여 환자라는 사실을 인정하는 일을 피해야 한다.

하나님께서 인간의 삶 속에 활동하신다는 것은 기독교 신앙이 갖는 깊은 확신이다. 우리 존재의 모든 것은 하나님의 사랑과 능력에 의해 창조되고 유지된다. 이는 창조의 교리와 웨슬리가 갖는 선행 은총의 개념이 지니는 의미의 일부이다. 그러나 의식적 각성의 차원에서 볼 때, 하나님은 은혜롭고 사랑스런 관계를 통해 역사하시고 그에 대한 인간의 협력은 능동적인 요소이다. 기도와 예배는 그와 같은 의식적 각성과 협력이 인간 편에서 발전될 수 있는 경험들이다. 혹은 의식적 각성과 협력은 정반대의 결과로 활용될 수도 있다. 하나님께서 인간의 삶 속에서 일하시지만, "개성"과 책임이라는 틀 안에서 이루어지는 자율적 결단의 능력이 지닌 기본적인 의미를 없애는 방법으로 일하시지는 않는다.

그런데 인간은 궁극자와 연관된 존재로서 의미와 관계를 경험하는 능력을 지닌 유한한 피조물이다. 유한한 피조물로서 우리는 창조주 하나님을 알 수 있다. 이는 인간이 지닌 영화(榮華)의 특징인 바 인간은 궁극적인 목표와 목적과 직접적인 관계를 맺을 수 있고 하나님과 인격적인 관계를 경험할 수 있는 능력을 가진 인격체이다. 그리스도 안에서 행하신 하나님의 자기 계시는 인격적 관계 안에서의 의사소통이다. 궁극적 목적, 목표, 그리고 궁극적 관계에 대한 통찰력은 직접성(the immediate)과 유한성(the finite)의 차원에서 활용되어야 한다. 그렇지 않으면 그 통찰력들은 우리들 삶의 유한적인 국면들, 종교 안에 존재해 온 상황에 대해 아무런 의미를 지니지 못할 것이다. 인간의 삶의 직접성과 유한성의 두 국면들이 역동적으로 연관될 때 비로소 우리는 성취감을 갖게 된다.

목회적 돌봄은 근본적으로 관계의 차원에서 이루어지는 의사소통이기 때문에, 성육신의 원리가 모든 목회 관계에서 시행되어야 한다. 그렇지 않으면 목자들은 믿음의 실재를 전달하지 못한 채 믿음의 언어만 떠들게 될 뿐이다. 이 말은 은총의 지배와 충만을 제한하는 것이 아니라 은총이 실재화되는 기초를 설명하는 것이다. 만일 은총이 삶의 직접적이고 근접한 차원에서 실재화되지 않는다면, 그리고 인간들이 기쁨, 갈등, 그리고 삶의 고통을 겪을 때 은총을 받고 있다는 생각을 갖게 하지 못한다면, 종교는 막연히 내세(來世)에 대한 병적 환상이 될 따름이다. 우리는 이미 이런 단계에 깊숙히 들어섰는지도 모른다.

성육신의 원리는 목자를 포함할 뿐 아니라 전체 그리스도인 공동체도 포함한다. 히브리적 기독교 신앙의 초기부터 하나님은 신실한 신앙 공동체를 선택하여 그들을 통해 일하셨다. 이 공동체가 항상 신실하지 않았다는 사실이 하나님의 목적을 파괴하지는 않았지만, 그것은 그들의 성취를 분명히 방해하였다. 하나님은 살아있는 교회 공동체가 존재하는 곳에서 그 공동체를 통하여 역사하신다. 어떤 교회들은 영적으로 죽어 있어서 그 공동체 안에서 자라난 사람들이 이 진리를 모르는 것은 전혀 놀랄 일이 아니다. 그들은 자기들이 경험하지 못한 것을 이해할 수 없다.

영적인 차원에서 실재를 전달하는 유일한 의사소통 방법은 경험을 통해서이다. 모든 사람들은 목자를 필요로 하고, 그리스도인 신앙 안에서 성장하기를 원하는 모든 사람들은 하나님의 부적절함 때문이 아니라 우리들이 경험하지 못한 것을 이해할 능력이 없는 우리의 무능력 때문에 은혜가 나타나게 되는 믿음의 공동체를 필요로 한다. 모든 신자를 제사장으로 삼는 만인 제사장직 교리가 지닌 중요성은, 우리가 우리 자신을 하나님께 정직하게 열기 전에, 먼저 하나님 대신 서 있는 사람들에게 우리 자신을 여는 일을 배우는 일이 필요하다는 사실에 있다. 만일 우리가 인간적인 차원의 사랑을 모른다면, 우리는 하나님의 사랑의 진정한 의미를 이해할 수 없다. 그렇다면 우리는 모자라는듯한 유아적인 요술적 환상의 관점에서 하나님의 사랑을 말로만 전하는 메시지에 반응할 것이며, 우리가 갖는 종교적인 경험은 아무런 깊이 있는 의지적인 만족이 없는 아주 감정적인 경험이 될 것이다. 혹은 하나님의 사랑의 내적인 실재를 경험할 수 없기 때문에 하나님의 사랑을 배척할 것이다. 혹은 하나님의 사랑의 실재나 의미에 대한 아무런 깊은 감각도 없이 하나님의 사랑이라는 개념을 수용하기 위해 고투할지도 모른다. 사랑은 사랑에 관한 말을 통해서가 아니라 오로지 사랑하는 관계를 통해서만 실재가 된다.

이런 해석은 목자로 하여금 "하나님 행세를 하도록"("play God") 조장할 것이라는 사실을 거부할지도 모르겠다. 이것은 사역의 전문적인 난제 가운데 하나를 발생시킨다. 그런 문제들은 주로 두 가지 배경을 두고 커진다. 하나는 우월한 사람이라는 생각으로 반응하는 것을 거슬리는 목자 속에 있는 열등감이다. 다른 하나는 설교자와 제사장으로서 목자들이 감당해야 하는 책임 바로 그것이다. 이것은 목자들을 하나님의 자리에 서서 하나님을 위해서 말해야 하는 사람의 입장에 놓이게 한다. 목자들이 직면하는 큰 어려운 시험은 점진적으로 그리고 무의식적으로 하나님을 대표하는 자로서의 역할로부터 그들 자신을 하나님으로 생각하는 무의식적인 환상으로 나아가는 것이다. 그래서 목자들은 하나님 역할을 하기 시작한다: 권위적이고, 독재적이고, 독단적이고, 징벌하는 자가 된다. 그리고 그들의 지혜와 신학의 우월성을 주장한다. 또한 이런 입장에서 다른 사람들을 압도하려고 한다. 우리는 이런 현상들이 하나님이 그리스도 안에 나타나신 것과 같은 하나님의 특성을 의미한다고 하는 것이 아니다. 분명히 그것은 그렇지 않다. 그것들은 인간 자아가 하나님의 역할을 하려고 할 때 나타나는 특성들이다.

그들이 다른 사람들과 그리고 하나님과 맺는 관계의 의미를 이해하는 것은 목자들이 "하나님 행세"를 하려는 유혹을 피하게 할 것이다. 왜냐하면 목자들이 자신들을 중보자로 볼 때, 즉 근접한 것(the proximate)과 궁극적인 것(the ultimate), 인간적인 것과 신적인 것 이 두 차원에서 다른 사람들과 의미 있는 관계를 맺는 자로 생각할 때, 목자들은 겸손해져야만 하기 때문이다. 실상 우리가 성육신적 경험에 대한 바울의 해석을 정확히 이해한다면, 그것은 교만한 자신을 비우는 겸손이 포함된다. "그는 근본 하나님의 본체시나 하나님과 동등됨을 취할 것으로 여기지 아니하시고, 오히려 자기를 비어 종의 형체를 가져 사람들과 같이 되었고 사람의 모양으로 나타나셨으매"(빌 2:1-11). 이 설명이 예수님께만 해당되고 우리들에게는 적용되지 않는다고 반박할지 모른다. 그리고 이것은 어떤 면에서 맞는 말이다. 그러나 다른 의미에서 이 해석은 예수님께 한정되지 않는다. 목자들은 이처럼 그들 자신의 존재를 하나님 자신의 영광을 나타내는 도구로, 그리고 인간들을 하나님과 화해시키는 도구로 받아들이면서 "자신들을 비어 종의 형체를 *가져*"야 한다. 하나님은 독재적인 지도자이거나 우리의 의지를 조종하는 분이 아니라, 십자가 위에서 자신을 내어주시는 사랑(self-giving love)으로 인간의 고통을 함께 나누심으로 자신을 계시하시는 분이시다. 만일 사람들에게 이 사랑의 실재를 전달하려면, 하나님의 일꾼들은 자신의 지성이나 능력에 대한 자만심을 자기를 내어주는 고통받는 사랑으로 변형해서 전달하는 길 외에 다른 길이 없다. 순수한 목회적 관계는 겸손으로 이루어지는 경험이다.

그러므로 목자는 하나님의 사랑이 인간 관계 가운데 실현되는 통로이다. 이 관계 안에서 목자의 사랑은 보다 큰 하나님의 사랑을 대변한다. 목자는 중보자의 역할을 하는 자라고 제안함에 있어서, 우리는 "하나님과 사람 사이에 중보자도 한 분이시니 곧 사람이신 그리스도 예수라"(딤전 2:5)는 신약성경의 말씀을 잘 알고 있다. 그리스도의 중보 사역의 유일성을 받아들이면서, 우리는 예수님이 제자들에게 성령 안에서 그의 일을 수행할 것을 지시하셨고, 또한 제자들이 필요로 하는 능력을 그들에게 주셨다는 사실을 다시 강조하지 않을 수 없다. 루터가 말한 것처럼, 우리의 직무는 "우리의 이웃에게 작은 그리스도"가 되는 것이다.10) 혹은 현대 신학자들의 표현대로, "하나님의 은총이 그리스도 안에서 완전히 드러났기 때문에, 은총 그 자체는 다른 사람들 안에서 불완전하게 드러날 수 있다."11) 하나님의 은총이 다른 인간의 불완전한 사랑을 통하여 인간의 경험속에 들어와서 그 자체를 충분히 알릴 수 있다는 것은 실로 기적이다. 그와 같은 중보는 창조와 구속(救贖)을 통한 하나님의 주도권에 기반을 두고 있다. 중보는 하나님과의 교통을 방해하기 보다는 증진시킨다. 그것은 목자로 하여금 하나님과 다른 사람과 살아있는 관계를 갖게 한다. 즉, 하나님께서 그리스도 안에서 우리를 사랑하시는 것처럼 우리가 섬기는 자들을 사랑하게 한다. 우리는 이러한 차원의 의사소통을 목자에게만 한정시키고자 하지 않는다. 그것은 또한 평신도의 책임이기도 하다. 그러나 진정한 목회적 돌봄과 단순한 목회 활동을 구분하는 것은 이러한 차원이라고 말하는 것이다. 목자는 대부분의 평신도들이 성취하는 것 이상으로 영혼을 돌보는 목회 영역에서 훈련과 지혜의 수준을 견지해야 한다.

목회적 돌봄과 성령

복음 전달에 있어서 관계가 차지하는 비중과 그리고 순수한 그리스도인의 관계가 갖는 성육신적 본질을 강조하면서, 우리는 분명히 성육신의 확장(extension of the incarnation)이란 주제에 접근하고 있다. 기독교 사상은 아마도 예수 그리스도의 인격의 유일성을 보존하기 위하여 대체로 이 개념을 거부하였다. 그렇게 하는 것이 구조적으로나 신학적으로 건전할 수 있는 반면, 삶의 공식보다는 삶의 과정을 끊임없이 다루는 목자들은 사람들 사이에서와 사람들 내부에서 일어나는 경험에 관심의 초점을 모아야 한다. 기독교 사상에서 이것은 성육신의 확장이란 개념에서 성령이란 개념으로 옮겨감을 의미한다. 신약성경에서 성령은 제자들에게 주신 그리스도의 선물이다. 성령은 제자들의 경험과 두 세 사람이 함께 모인 곳에 임재하시는 그리스도의 현존이다. 그러므로 우리는 목회적 돌봄과 성령의 역사 사이의 관계를 숙고해야 한다.

인간의 영과 성령, 그리고 이 양자의 관계가 갖는 의미에 관하여 근본적인 문제가 있다. 이 문제를 길게 부연하는 것은 우리의 본 의도가 아니다.12) 그러나 우리는 인간의 영이나 인격의 가치를 떨어뜨리는 신학적 견해를 받아들일 수 없다. 목자는 가장 최악의 상황 하에서도 성장과 치유를 위한 인간의 영의 엄청난 잠재력을 볼 수 있는 수많은 기회를 갖는다. 우리는 인간의 영과 성령의 활동 사이에 선을 그으려는 시도를 하지 않는다. 왜냐하면 성령은 질적인 관계를 통하여 인간에게 나타나는데, 인간의 영과 성령의 활동 사이에 긋는 그러한 선들은 극도로 인위적이며 오도(誤導)되게 만들기 때문이다. 그러나 신경적으로 아주 수동적 의존성으로 인하여 고통을 받는 사람들 안에서만 인간의 영은 완전히 수동적인데, 이러한 경우에서조차 활동의 가능성은 있는 것이다. 그와 같은 병리적인 상태를 기독교 신앙의 규범으로 삼는 것은 오류이다.

인간 영의 가치를 격하시키는 견해는 현대 심리학적 결정론에 배타적으로 고착하는 것만큼이나 창조적인 목회적 돌봄에 치명적이다. 실상, 그와 같은 고착은 진실로 인간의 영이 지닌 창조적이며, 자발적이며, 책임있는 국면들을 인정하지 않고 거부하는 것이다.

영에 대한 개념은 마술, 귀신 그리고 도깨비의 영역에서 분리될 필요가 있으며, 우리가 이해할 수 없는 것을 허탄한 방법으로 설명하는데 사용되어서는 안 되며, 또한 어떤 책임을 덜려고 우리 자신을 변명하는데 사용되어서도 안된다.

아놀드 콤(Arnold B. Come)은 그의 저서 『인간의 영과 성령』(Human Spirit and Holy Spirit)에서 키에르케고르(Kierkegaard)를 추종하며 "인간으로서의 인간(man qua man)은 몸과 영이라는 용어로 표현되거나 현대적 용어로 '자아' 혹은 '인격'으로 표현되는 영혼 단일체이다. 그리고 인간은 '나'를 자아, 인격, 영이라고 말한다"고 주장한다.13) 이 말은 영의 나타남을 정확히 인격적 관계의 틀 속에 둔다: 영 혹은 자아로서의 인간은 다른 자아들과 궁극적으로 지고한 자아(Supreme Self)인 하나님과의 관계 속으로 부름을 받는다. 하나님은 하나님의 영의 나타남을 통하여 인간과 대화하시며, 산 인격을 통하여 유한한 인간들과 관계를 맺으신다. 목회적 돌봄의 사역에서, 목자의 영 혹은 자아는 성령께서 자신을 나타내시는 통로이다.

인간의 영 혹은 자아는 소외나 고독을 경험할 때 연약하다. 영이 성장하고 행복하기 위해서는 다른 사람에 대한 사랑, 후원 그리고 양육의 형태로 은혜를 받을 수 있는 관계가 필요하다. 그와 같은 관계는 인간적 차원에서 이루어질 수 있다. 인간 관계는 항상 모호한 요소들을 포함하며, 사람들이 목자와 갖는 관계 안에는 유익을 끼칠 수도 해를 끼칠 수도 있는 가능성이 항상 존재하고 있다. 자율(自律)을 위한 잠재력 개발에 필수적인 신뢰가 없는 인간 관계는 무의미하다. 그러므로 신뢰하는 인간은 신뢰없는 인간이 도저히 갖지 못하는 "신앙의 도약"을 갖는다. 목자들은 자기들이 다른 사람들을 해치는 교묘한 방법을 인식해야 할 필요가 있다. 그러한 모호성과 양면 가치로부터 자유케 하시는 분은 오직 성령이시다.

그러나 그와 같은 은총의 경험들은 개인의 이기적인 목적을 위한 것이 아니다. 얻은 것을 활용하지 않고 마냥 유지하고자 집착하는 자는 얻은 그것을 상실할 것이다. 은혜는 다시 나누어 주기 위해서 주어지는 것이다. 우리가 받았을 때, 받은 것처럼 또한 주는 것이 변함없는 삶의 법칙이다. 인간의 영 혹은 자아는 다른 사람들과 맺는 은혜로운 관계에 의해 풍성하게 되고, 의미없는 관계에 의해 시들고 그 결과 왜곡되어지고 만다. 인간의 영은 받은 것을 다시 준다. 사랑을 받을 때, 우리는 사랑하는 것을 배운다. 은혜 안에서 용납될 때, 우리는 다른 사람들을 은혜로 받아들인다. 우리는 빈곤한 영에서가 아니라 풍성한 영으로서 주는 일을 한다.

딜리스톤(Dillistone)은 성령의 활동의 결과를 연합된 생명, 능력의 선물, 질서의 확립, 그리고 예수 그리스도 안에 나타난 하나님의 의미와 영광에 대한 통찰력으로 묘사한다.14) 목회적 돌봄을 위한 이런 활동들이 지니는 중요성은 명백해야 한다. 그러나 이런 활동들 하나 하나는 인격적인 관계 속에 나타나져야 한다. 이런 활동들은 사람들과 함께 하시는 하나님의 임재의 나타남이다. 부분적인 의미로는, 그 활동들은 한 인간이 다른 인간과 함께 하고 연대하는 의존의 결과이기도 하다. 근자에 인간에 대한 하나님의 관계를 설명하기 위해, 또한 다른 사람들에 대한 목자의 관계를 해석하기 위해 두 가지 말이 사용되어 왔다. 그것들은 "만남"과 "직면"이란 군사적인 용어이다. 이 단어들은 한 편이 다른 편을 공격적으로 지배하는 무장 전투 경험에서 비롯된 것이다. 이런 전투적인 용어는 오늘을 살아가는 동 시대의 많은 사람들의 깊은 심리적인 욕구를 충족시켰다. 그러나 인간과 함께 하시는 하나님의 존재에 대해 사용하는 성경적인 용어는 우리가 이미 사용해온 "임재"이다. 그것은 은혜의 임재이지만 바로 은혜롭기 때문에 죄책감을 유발시키고 우리를 책임있게 부르시고 결단으로 인도하신다. 다른 사람과 만나서 대화하는 젊은 목자들의 말을 들으면, 사용하는 언어가 적대적이고 공격적이다. 이럴 경우, 복음이나 인간의 영적인 삶의 국면들은 다른 사람들에게 좋은 영향을 줄 수 없다.

반대로, 목회적 돌봄에서 이루어지는 복음 전달은 바울이 묘사한 "성령의 열매"를 통하여 효과를 발휘할 수 있다. 바울은 성령의 열매를 사랑, 희락, 화평, 인내, 자비, 양선, 충성, 온유, 그리고 절제로 열거하는데, 이 모든 특질들은 그리스도의 인격이다. 이런 특질들을 지닌 사람이 의미심장한 관계 안에서 다른 사람들과 교제할 때, 무언가 창조적이고 구속적인 것이 일어날 수 있다. 그러나 이 특질들은 인격의 깊은 차원에서, 한 인간의 내부 혹은 영에서 흘러나온다. 그것들은 관계를 통해 실재가 되며, 받는 사람들로부터 동일한 응답을 불러일으킨다. 그것들은 성숙한 참 자아가 갖는 특질들이다. 그것들은 또한 그리스도 안에 있는 하나님의 인간적 측면, 즉 인간의 삶에서 하나님의 영에 의해 고무된 특질들이다. 그것들은 성령의 열매이며 인간이 가질 수 있는 가장 깊은 동기 부여를 나타낸다. 다른 사람들과 관계를 맺고 있는 목자들은 하나님의 영을 지닌 한, 참 자아가 갖는 특질들을 전달할 수 있다. 성령의 열매들은 단번에 주어지는 것이 아니라, 부분적으로는 하나님과의 의사소통을 통하여 그리고 부분적으로는 인간 관계를 통하여 끊임없이 재창조된다.

복음 전달에 있어서 성령께서 하시는 활동의 다른 측면이 있다.

인간 관계 속에 나타나는 성령의 열매의 중재는 받는 사람의 마음과 영에 깊은 충격을 준다. 한 인간으로서 사랑받고, 용납받고, 대우받는 느낌은 응답의 깊은 현(絃)을 울린다. 귀신들린 사람의 경우처럼(마 8:28-29) 어떤 조건 하에서 이루어지는 성령의 열매의 중재는 강한 두려움과 거부의 반응을 일으키기도 한다. 깊은 정서적 영적 상처 때문에 사랑이나 이해에 대하여 오로지 부정적인 반응만을 완벽하게 보이는 사람들을 우리는 보아왔다. 다른 한편, 그 반대의 경우도 보아왔다. 거부당하고 사랑을 받지 못했다는 강한 느낌을 가진 사람은 미약한 사랑의 표현이라도 얻기 위해 전전긍긍한다. 인간을 돕는 가장 훌륭한 조력가는, 때로는 침묵을 통하여서라도 다른 사람들의 마음 깊은 곳에 말할 수 있는 사람이다.

심리 치료에서 치료가의 무의식은 직접적으로 환자의 무의식에 말한다고 한다. 치료가에 의하면, "심리치료가의 무의식은 환자의 무의식의 열망으로 이전하며, 그 열망의 성취를 환자에게 약속해야 한다."15)

이런 과정은 우리가 비록 인식하지 못할지라도 목회적 돌봄에서 작용한다. 또한 그 외 다른 목회 관계에서도 일어날 수 있을 뿐 아니라 강대상에서 설교하는 목사와 회중석에 앉아 있는 회중들 사이에도 작용할 수 있다. 하나님, 아버지, 그리스도, 사랑, 용서와 같은 구술적 상징들(verbal symbols)을 사용하는 일과 이런 말들이 갖는 영적 실재를 효과적으로 전달하는 일에 있어서, 목자는 치료가보다 더욱 직접적으로 그리고 효과적으로 무의식에 말할 수 있다는 사실 또한 기억해야 한다. 확실히 많은 의식적 의미는 종교적 형식을 통해 전달될 수 있고, 또한 목자의 무의식적 태도도 말없이 전달된다. 이런 진리를 신학적 용어로 바꾼다면, 말을 사용함으로써 그리고 말을 사용하지 않아도 진실로 영이 영에게 말한다고 우리는 말할 수 있다.

이제 성령의 사역에 대한 바울의 해석 가운데 하나로 돌아가 보자:

> 오직 하나님이 성령으로 이것을 우리에게 보이셨으니 성령은 모든 것 곧 하나님의 깊은 것이라도 통달하시느니라. 사람의 사정을 사람의 속에 있는 영 외에는 누가 알리요. 이와 같이 하나님의 사정도 하나님의 영 외에는 아무도 알지 못하느니라. 우리가 세상의 영을 받지 아니하고 오직 하나님께로 온 영을 받았으니, 이는 우리로 하여금 하나님께서 우리에게 은혜로 주신 것들을 알게 하려 하심이라 우리가 이것을 말하거니와 사람의 지혜의 가르친 말로 아니하고 오직 성령의 가르치신 것으로 하니, 신령한 일은 신령한 것으로 분별하느니라 (고전 2:10-13).

우리는 이 구절을 구술적/비구술적 의사소통에 관해 우리가 지금까지 말해 온 관점에서 이해하려고 할 것이다. 사람의 영은 그 사람 안에 든 것 곧 내부 사정을 알며, 다른 사람들이 추구하고 있는 것을 안다. 그러나 의식적 자아는 연약하므로 자신에 관한 진실을 발견하려 하기보다는 은폐하려고 할 수 있다. 그러나 이런 조건 속에서 자기 자신의 영은 고난을 아는 고통과의 직면을 원하지 않고 여전히 고난에 대한 해답을 추구할 것이다. 치료를 받고자 하는 성향은 깊은 정신질환적 상황에 처해 있는 사람들 안에서도 작용할 수 있다. 사람의 영은 사람의 가장 깊은 사고, 감정, 그리고 동기까지 탐구한다. 그리고 하나님의 영은 모든 것, 사람의 속사정과 하나님의 속사정(depth of God)까지도 탐구한다. 목자들이 성령의 열매라는 척도를 갖고서 회중을 만날 때, 의식보다는 깊은 수준에서 뭔가 창조적인 일이 일어날 수 있다. 하나님의 영은 목자의 영을 통하여 깊은 무의식적 욕구에 대하여 말씀하실 수 있고 결국 구속(救

贖)이라는 정점에 이르는 성장 과정을 시작하실 수 있다. 그러나 이 정점은 의식적인 자아를 포함해야만 한다. 감추어진 것은 드러나야 하며, 자아 속으로 수용되든지 혹은 의식적으로 수정되든지, 아니면 포기되어야 한다. 그리스도인의 진정한 구속적인 경험은 의식과 책임있는 이해와 결단을 요구한다. 의식적 자아가 무의식적 충동이나 감정의 지배와 통제를 받는 경험은 신중히 검토되어야 한다. 그러나 신비의 영역에서 이루어지는 인간 경험의 차원들도 있고, 마치 어두운 유리창처럼 희미하게 파악될 수 있는 차원도 있다. 혹자는 바울이 쓴 글은 다메섹 경험 이전과 이후에 있었던 그 자신의 내적 혼란을 일부 반영하는 것이며, 그는 그가 느끼고 그에게서 일어난 모든 일들을 충분히 표현할 수 없어서 그것들을 해석하는데 애를 쓰고 있다고 말한다. 스데반이 돌에 맞았을 때 (행 7:54-8:3), 어떤 강력한 무의식적 의사소통이 일어났고, 성령께서 스데반을 통하여 사울이라 이름하는 젊은이에게 말씀하셨다는 데는 이의가 없다. 현대 목자는 바울이 그랬던 것처럼 무의식을 다루는 종교적 심리학자가 되고 성령에 대해 말하는 신학자가 되어야 한다.

성령은 인간의 삶 속에 거하시는 그리스도의 임재이다. 그 임재는 부분적으로 이해될 수 있는 경험이지만, 또한 신비의 옷을 입고 있다. 그러나 그 경험의 결과는 성령의 열매로 인간의 삶 속에 보여질 수 있다. 하나님과 인간과의 인격적 관계를 이해하는 가장 최선의 유추(類推)는 인간 대 인간의 개인적 관계이다. 인간적 차원에서 이루어지는 사람들과의 관계나 자신들과의 관계는 인간적 영광과 의미의 자원이거나 아니면 인간 황폐화의 자원이다.

그러나 인간 관계는 우리로 하여금 같은 방식으로 그리스도의 현존을 인식하고 거기에 응답하도록 영향을 미친다. 그래서 악령이나 자아에 소유당한 자(마 8:29)가 예수께서 자기를 떠나시기를 간청했다. 목자들은 성령을 조종하거나 통제할 수 없다. 그러나 목자가 사람과 함께 하는 것, 목자들의 영의 질은 성령의 사역을 가로막는 인간적 장애물을 제거할 수도, 만들 수도 있다. 목자들은 어떻게 다른 사람들에게 응답할지, 그리고 다른 사람들이 그들에게 어떻게 응답할지 그 관계를 연구할 필요가 있다. 이 영역은 어느 정도 우리 자신의 자율적 통제와 변화시키는 능력에 달려 있다.

이 장에서 우리는 욕구를 가진 사람들에게 복음을 전달하는 목회적 돌봄의 개념을 소개해 왔다. 우리는 하나님과 인간의 관계가 지닌 내적 실재를 강조했고, 이 내적 실재가 어떻게 전달되는가를 물었다. 관계의 실재는 오로지 경험을 통해서 전달될 수 있다. 이 주장은 의사소통에 대한 성육신적 이론으로, 그래서 결국은 목자의 사역에 대한 성육신적 이론으로 우리를 이끌었다. 보다 더 전통적인 신학적 관점에서 말하자면 경험을 통해 전달되는 관계의 실재(實在)는 영(the Spirit)의 사역, 인간의 영 혹은 자아를 성숙시키기 위해 인간의 영과 함께 하시는 성령의 사역이다.

복음 전달의 성육신적 측면에 대한 증거를 위해 우리는 선교학 분야에서 일하는 학자인 나이다(Eugene A. Nida)의 견해를 듣겠는데, 그는 그의 저서 『메시지와 선교』(Message and Mission)에서 말한다.

> 모든 신적 의사소통이 본질적으로 성육신적인 이유는 그것이 말로써만 되는 것이 아니라 삶으로써 되기 때문이다. 만일 하나의 진리가 오로지 말로써만 전달된다면, 그것이 삶으로 나타나기까지는 그 어떤 실재적 타당성을 갖지 못한다. 그러할 때에만 생명

의 말씀(Word of life)만이 받아들이는 자에게 삶이 되는 것이다. 어떤 면에서 말은 그 자체로서는 아무 것도 아니다. 예수 그리스도 안에서 이루신 하나님의 성육신에서 말씀(the Word; 하나님의 지혜의 표현과 계시)이 육신이 되었다. 이와 동일한 근본적인 원리가 교회 역사를 통하여 이루어져 왔는데, 왜냐하면 하나님은 하나님의 은혜를 증거하기 위하여 말뿐 아니라 인간을, 메시지뿐만 아니라 메시지 전달자를, 성경 뿐만 아니라 교회를 끊임없이 선택해 오셨기 때문이다.16)

주(註)

1) Alan Richardson, *A Theological Word Book of the Bible* (New York: Macmillan Company, 1951), p. 100.

2) Paul Althaus, *The So-Called Kerygma and the Historical Jesus*, David Cairns 역 (London: Oliver and Boyd, 1959), pp. 45-56.

3) James D. Smart, *The Rebirth of the Ministry* (Philadelphia: Westminster Press, 1960), p. 114.

4) George Hendry, *The Holy Spirit in Christian Theology* (Philadelphia: Westminster Press, 1956), p.98.

5) Ibid., p. 99.

6) John Wesley, *Sermon LXXXV, Works* (London: John Mason, 1830), vol. 6, p. 512.

7) Paul Tillich, *Systematic Theology*, vol. 2 (Chicago: University of Chicago Press, 1957).

8) Edward Thornton, "Health and Salvation," in *The Journal of Religion and Health*, vol. 2, no. 3.

9) Dorothy Baruch, *One Little Boy* (New York: Julian Press, 1952), and Gertrud Schwing, *A Way to the Soul of the Mentally Ill*, Rudolph Ekstein and Bernard H. Hall 역 (New York: International University Press, 1954)을 보라.

10) Martin Luther, "Treatise on Christian Liberty," in *Collected*

Works (Philadelphia: A. J. Holman Co., 1951), vol. 2, p. 338.

11) William Hordern, *A Layman's Guide to Protestant Theology* (New York: Macmillan Co., 1957).

12) Hendry, *The Holy Spirit*; F. W. Dillistone, *The Holy Spirit in the Life of Today* (Philadelphia: Westminster Press, 1947); H. Wheeler Robinson, *The Christian Experience of the Holy Spirit* (New York: Harper & Row, 1928); Arnold B. Come, *Human Spirit and Holy Spirit* (Philadelphia: Westminster Press, 1959).

13) Come, *Human Spirit and Holy Spirit*, p. 37.

14) Dillistone, The Holy Spirit in the Life of Today.

15) Gertrud Schwing, *A Way to the Soul of the Mentally Ill*, p. 93.

16) Eugene A. Nida, *Message and Mission* (New York: Harper & Row, 1960), p. 226.

3

인간을 위한 복음: 인간은 누구인가?

우리가 지금까지 전개해 온 **목회적 돌봄의 개념**은 한 개의 중심을 가진 원(圓)을 유추한 것이 아니라, 두 개의 초점을 지닌 타원(橢圓)과 같다. 물론 하나의 초점은 복음이며 다른 초점은 복음이 전달되어야 할 사람이다. 어떤 타원에서도 두 초점 사이에는 항상 역동적인 긴장이 존재한다. 목회적 돌봄에서 긴장은 복음과 인간 사이에 존재한다. 이 초점들 가운데 어느 하나라도 빠뜨리면, 목회적 돌봄은 신속히 그 내용이 변절된 다른 것이 된다. 이 말의 뜻은, 목자들은 복음을 그리고 복음에 관하여 알아야 할 뿐 아니라, 또한 사람들을 그리고 사람들에 관하여도 알아야 한다는 것이다.

성경에서 인간에 대한 구절을 택한다면 우리는 곧 "사람이 무엇이관대 주께서 저를 생각하시나이까?"라는 시편 8편 기자가 제기한 질문을 만나게 된다. 인간이란 무엇인가? 기독교 신학은 이 질문에 대한 답변을 추구해 왔는데, 우리는 여기서 그 해답을 상술할 필요가 없다. 인간은 하나님의 형상으로 만들어진 존재요, 타락한 죄인이며, 그리스도 안에서 하나님께서 주시는 구원을 필요로 하는 위치에 있다. 모든 사람들은 이 모든 요소들을 서로 같이 나눈다. 개인의 경험은 보편적인 진리의 표현이다.

그러나 시편 기자가 질문을 던질 때조차도, 관점이 변한다: "주께서 저를 생각하시며…저를 권고하시나이까?" 이것은 비인칭 "무엇"(what)이 인칭 "누구"(who)로 바뀐 것이다. 군중 가운데 있는 사람들로부터 한 개인으로 바뀐다. 이제 질문은 "이 사람이 누구입니까?"로 바뀐다. 왜냐하면 돌봄의 관계가 소개될 때, 한 사람은 더 이상 군중 속의 한 사람으로 간주되지 않고 한 사람으로 돌보이기 때문이다. *나*로서의 하나님은 언제나 인간을 *너*로 대하시는 것이지, *그것*이나 사물로 대하시지 않는다. 한 개인을 한 사람으로서의 존재로 부르는 것은 이러한 인격적인 관계를 말해 주는 것이다.[1]

한 개인을 한 인격으로 만나시는 하나님의 만남의 경험은 성경에 충분히 예시되어 있다. 성전에서 가졌던 이사야의 계시(6장)는 하나님의 임재의 경험이었다. 하나님의 은혜로운 임재는 이사야를 선교가 내포된 관계 속으로 부르심으로 이사야는 더 위대한 존재가 된 것이다. 여기에서의 질문은 "무엇이 우리를 위하여 갈꼬?"가 아니라 "누가 우리를 위하여 갈꼬?"였다.

우리가 하나님의 임재를 인식하게 될 때, 우리는 한 개인으로서의 우리 자신을 인식하게 된다. 이는 하나님의 임재를 경험했을 때 모세가 제기한 질문이었다. "내가 누구관대 바로에게 가리이까?"(출 3:1-15). 하나님은 자신을 모세에게 밝히기 원하셨을 때, 일련의 신학적인 추상어를 사용하시지 않고 개인적인 관계에서 자신을 드러내셨다. 하나님은 아브라함과 이삭과 야곱의 하나님이셨다. 그리고 사복음서 전체를 통해서 우리는 개인적인 필요를 채워주고 개인적인 관계를 맺으면서 있는 그대로의 사람들을 만나시는 예수님을 볼 수 있다. 예수님은 사람들로 하여금 자기 자신들과의 관계,

다른 사람들과의 관계, 그리고 하나님께서 그들과 맺으시는 개인적인 관계의 질과 대조하여 그들이 하나님과 맺는 관계를 평가하도록 끊임없이 요구하셨다. 하나님에게 그들은 사물이나 그것(it)이 아니라 "누구"(who) 혹은 "너"(thou)였다.

"무엇"보다는 "누구"라는 개념을 가지고 목회적 접근 방법을 규명하는 것이 나의 목적이다. 그러나 우리는 먼저 조금 더 명확하게 그것들을 구별해야겠다. 우리가 "인간이란 무엇인가?"라고 물을 때, 우리는 모든 사람들을 총괄하며 보편적인 특성들에 관하여 묻는 것이다. 그래서 그에 대한 대답은 개인이 상실되어진 일반화된 것에서 찾아진다. "모든 사람이 죄인이다"는 것은 바로 그러한 일반화의 실례이다. 그것은 맞는 말이기도 하지만, 죄에 대한 실제적인 개인적 경험이 갖는 의미는 사라진다. 그와 같은 접근 방식은 한 개인을 어떤 부류의 하나로 취급하여 개인을 사물화하여 격하시키는 것이다. 신학적인 용어로 대답하건 심리학적인 용어로 대답하건, 이런 접근 방식은 결정론적 본성(deterministic nature)의 개념으로 이끈다. 이 방식은 개인의 독특성을 말소시키며 개인의 존재의 질을 손상시킨다. 이런 유의 일반화는 어떤 가치를 갖지만, 그것은 복음의 전달을 위한 기초로서는 전적으로 부적당하다. 왜냐하면 복음은 살아있는 관계에 관심을 가지며, 관계를 통한 보다 깊은 차원에서 전달되기 때문이다.

우리가 "누구"이냐는 질문을 할 때, 우리는 일반적인 것에서 구체적인 것으로, 온 인류로부터 한 인간, 존엄성과 가치를 경험하고 있는 한 구체적인 사람으로 옮아간다. "누구"라는 질문은 결코 추상적으로 설명될 수 없고 오로지 개인적인 관계 안에서만 설명될 수 있다. 예수 그리스도는 "너희는 나를 누구라 하느냐?"라고 물으셨지,

무엇이라 하느냐고 묻지 않으셨다(마 16:13-15). 이 질문에 답하기 위하여 제자들은 예수님과 개인적 관계를 맺어야만 했고, 그 관계를 통하여 또한 그들이 누구인지를 발견했다. 어느 누구도 당신이 누구인지를 말할 수 없으나, 당신이 만나는 각 사람은 당신이 누구인지를 어느 정도까지 참조할 수 있는 무엇을 당신에게 요구한다. 그러므로 어머니와 자녀와의 관계는 서로에게 새로운 자기, 새로운 존재를 가져다 준다. 이와 마찬가지로 친구들 사이의 관계, 남편과 아내, 목자와 신자, 인간과 하나님과의 관계도 그렇다. "누구든지 그리스도 안에 있으면 새로운 피조물이라"(고후 5:17). 그와 같은 관계 안에서 우리는 우리 자신을 선택할 수 있는 자율적인 인간임을 경험하며, 우리가 내린 선택과 결단 안에서 우리는 우리가 아닌 다른 사람이 된다.

우리는 무엇인가와 구분되는 우리는 누구인가의 의미를 생각할 때, "무엇"이란 질문에 대한 집중은 책임으로부터의 도피인 사실을 발견할 수 있다. 왜냐하면 우리는 우리 자신과 다른 사람들을 우리 자신의 경험과 근접되지 않는 곳에서 끝없는 추상으로만 설명할 수 있기 때문이다. 우리 자신을 한 부류에 속한 개인으로 보는 것은 개인적 특이성이나 개별성에 대한 감각에 수반되는 불안을 제거한다. 우리가 편승하고 있는 문화 안에서 경험하는 획일성에 대한 경향이 빈번히 거론되어 왔다. 자신을 다른 모든 사람들처럼 죄인으로 묘사하는 것과, 우리의 삶에서 죄의 실제적 경험을 자각하고, 탕자가 자신의 처지를 인식하고 결단하지 않으면 안 되는 것처럼, 우리도 우리의 처지를 알게 되는 것은 전혀 다른 것이다. 우리 모두는 대중 속에 파묻히고 싶어하지만, 구원은 하나님이 그 지혜 가운데 의도하신대로 개별적인 사람이 될 때 가능하다. 우리는 개인적인 관계에서만 그리스도 안에 계신 하나님을 만나며, 이러한 만남에서 우리는 새로운 인간이 된다. 그러나 우리는 믿음에 대한 지적 개념과 일반화와 "무엇"이란 질문에 대한 답변에 골몰하게 되어 "누구"라는 보다 깊은 책임으로부터 성공적으로 도피해 버린다.

영(靈)으로서의 인간

인간에 대해 "무엇"과 "누구"라고 말함에 있어서, 우리는 한 편으로는 피조물로 다른 한 편으로는 영으로서 인간의 본성에 관한 성경적 통찰을 다루고 있다. 창조에 관한 성경 기사는 인류를 생물학적 창조에 굳게 결속시킨다. 아담의 육체가 먼저 창조되었다. 그 후 하나님이 "생기를 그 코에 불어 넣으시니 사람이 생령이" 되었다 (창2:7). 우리는 육체적이며 생물학적인 수준의 삶을 다른 피조물들과 나눈다. 그러한 존재로서 우리는 출생과 죽음의 과정, 고난과 고통, 그리고 많은 다른 우연의 지배를 받는다. 그러나 인간은 다른 차원의 존재--창세기 기사에 의하면 "하나님의 형상대로" 만들어진 살아있는 영--를 알기 때문에 구별이 된다. 여기에서 "영"은 인간 본성의 궁극적 차원을 표현하는데, 영은 자기 인식과 자기 초월에 대한 능력뿐만 아니라 하나님의 임재에 대한 인식과 우리가 지상 존재의 차원을 능가한 존재라는 의미를 인식하는 능력을 내포한다. 이와 더불어 또한 자율성의 차원에 대한 특이한 능력이 있다. 우리는 하나님의 뜻의 요구, 관계 혹은 의미를 수용하거나 또는 거부할 수 있는 자유를 갖고 있다

그러나 인간은 이중적인 존재가 아니라 단일적 존재이다. 그리고 육과 영의 연합 또는 합성을 "영"이라 부른다. 왜냐하면 "인간에게

불어 넣어진" 것, 즉 관계에서 인간에게 부여된 것은 육체적으로만 아니라 우리 존재의 "영적" 차원을 포괄하기 때문이다. 그리고 우리가 어떻게 관계 안에서 은혜를 수용하고, 동화하고, 은혜에 대하여 독특한 표현을 하는가 하는 것은 존재의 영적 차원을 통해서 뿐만 아니라 물질적 차원을 통해서도 성취된다. 기독교적 관점에서 보면, 정신 신체 통일체(psychosomatic unity: 화학적, 물리적, 정신적, 사회적, 환경적)의 일상적 차원에 최고의 차원(crowning level)인 "영", 인간의 영이 추가되어야 한다. 인간의 영은 의미와 가치와 의무의 관점에서 표현된 우리 자신, 다른 사람, 그리고 하나님과의 관계에 있는 우리의 전 존재의 단일성의 합성(혹은 단일성의 실패)이다. 우리가 그는 누구인가? 그녀는 누구인가? 라고 물을 때, 우리가 실제로 말하고 있는 대상은 인간의 영이다. 우리 개인의 정체성은 인간과 하나님과의 관계를 통해 나타난 것처럼 우리의 전 존재의 합성 또는 역동적 유기체이다. 우리의 정체성은 또한 우리 영의 표현이기도 하다.

영이라 함은 우리 자신 안에서 그리고 다른 사람들과의 관계에서 갖는 역동적 합성과 의미라는 관점에서 자아, 또는 사람을 의미한다.2) 우리가 자아 혹은 영에 속한 것으로 이해하는 초월적 특질이 무엇이건, 우리는 출생에서 시작되는 인간 관계라는 호된 시련에서 건강한 성장이나 왜곡을 이루는 미개발된 잠재력을 보아야 한다. 이것은 경험 심리학이 변화의 과정과 분리된 자아라는 종교적 자아 개념에 적용하는 개선책이다. 자아는 분리된 실재가 아니라 개인의 유기적 연합의 표현이다. 그래서 우리 인간에게 발생하는 모든 것이 우리의 생리적 기능에 영향을 미치는 것처럼, 삶의 물리적 차원에서 발생하는 것은 우리의 자아 혹은 영에 영향을 미친다. 병(病)

에서처럼, 개인의 한 부분이 어떻게 그 개인 전체를 통제하는지, 그리고 자아나 영이 어떻게 한 개인의 부분적인 기능들을 통제하고 재조직하는지에 대한 문제는, 한편으로는 병의 과정과 다른 한편으로는 치유나 돌봄의 과정에 대한 우리의 이해에 의해 설명되어질 수 있다.

이것은 우리로 하여금 인간 내지 자아의 중심적 필요, 곧 목회적 돌봄에서 핵심이 되는 질문에 직면하게 한다. 우리는 이 개념을 매우 단순하게 서술할 수 있다. 우리 자신이 되고자 하는 것, 우리 안에 하나님의 형상을 이루고자 하는 것, 우리 안에 있는 잠재력을 계발하는 것은 우리가 가진 필요이다. 그러나 그같은 성취가 어떤 정적(靜的)인 용어로 설명될 수 없는 이유는, 우리가 끊임없이 움직이고 변하는 삶의 과정을 다루고 있기 때문이다. 그것은 살아있는 관계--개인과 하나님과의 관계, 개인과 타인과의 관계, 그리고 우리 자신과의 관계의 관점에서 서술되어야 한다. 행위의 관점에서보다는 존재의 관점에서, 활동이나 행동의 관점에서보다는 바울이 말한 "성령의 열매"의 관점에서 구체적으로 서술되어야 한다.

목회적 돌봄에서 인간이 지닌 욕구에 대한 개념은 또한 오늘날 경험적 욕구에 대한 이해, 즉 경험에서 학습된 욕구에 대한 고려를 필요로 한다. 심리학자들은 학습된 욕구의 개념을 공식화하였다. 기본적/천부적 욕구들과 대조되는 학습된 욕구에 대한 토의가 어느 정도 진행되어 왔다. 심리학자들은 궁극적 차원을 경시할 수 있다. 그러므로 인간 본성에 대한 심리학자들의 관점은 제한적일 수밖에 없다. 목회적 돌봄은 경험적 차원에서 부상하는 인간의 욕구를 고려해야 한다. 우리는 학습된 욕구를 설명하는 이론적 체계만을 목회적 돌봄에 대한 타당한 이론의 근거로 삼을 수 없고, 인간 존재를 인간의 궁극적 차원에서 보아야 한다. 우리가 의미하는 것이 무엇인지를 보여주는 하나의 예는 사랑에 대한 욕구의 개념이다. 일부 심리학자들은 이 욕구를 인간 본성에 대한 언급 없이 단지 경험의 관점에서 설명할지도 모른다. 그러나 신약성경에서 사랑에 대한 욕구는 하나님과 인간의 본성에 확고히 뿌리를 두고 있으나, 그 욕구는 심리적 용어보다는 종교적 용어로 --경험적으로--설명되기도 한다. 심리학자들은 사랑에 대한 욕구가 어머니의 사랑을 통해 학습된다고 말할지 모르나, 신약성경은 또 다른 차원, 즉 우리가 먼저 하나님의 사랑을 받기 때문에 사랑한다고 말한다.

신학은 인간이 지닌 핵심적인 욕구를 구원으로 생각해왔다. 우리는 구원받아야 할 죄인들이다. 인간의 관점에서 보면 이 개념에는 왜곡된 부분이 있다. 왜냐하면 죄는 관계가 아니라 행위로, 즉 역동적이 아니라 정적으로 설명되어졌기 때문이다. 구원도 역시 고정된 경험--기독교 신앙의 일정한 공식을 받아들이든지, 감정적으로 이끄는 어떤 경험을 한다든지, 어떤 예전적 형태를 붙잡든지--으로 변질되었다. 이 모든 접근 방식은 하나의 형태 내지 율법주의적인 특성을 갖는다. 그러나 이런 접근 방식을 통하여 "구원"을 발견한 많은 사람들은 구원의 성취를 이루지 못했다. 그들은 내적 평안, 도덕주의로부터 자유를 찾지 못하였고, 사랑하는 능력을 체험하지 못하였고, 그들이 경험한 용서는 새롭고 창조적인 관계에서 갖는 죄책감으로부터의 해방이라기 보다는 죄책감을 억압하는 일이었다. 다른 사람들 앞에서 그리고 하나님 앞에서 이루는 자아의 성취로서 구원에 대한 개념은 --혹은 하나님의 형상 가운데 일부분의 실현-- 실존적인 불안을 낳는다. 그런데 이 실존적인 불안은, 정적(靜的)인 이론 체계를 도피처로 삼음으로써 구체적인 구원의 미덕을 갖지 못한 사람들이 갖는 불안이다. 그러나 만일 목회적 돌봄이 순수한 영혼의 치유에 관심을 갖는 것이라면, 그것은 하나님의 창조적 지혜로 말미암아 하나님의 의도하신 존재가 되도록 사람들을 돕는 것을 자체의 기능으로 보아야 한다. 이렇게 하는 것은 단순히 인간의 삶에 대한 청사진을 따라가는 것이 아니라, 신뢰와 사랑의 순수한 관계에서 인격적 존재의 삶을 사는 것이다.

신학과 목회적 돌봄

목회적 돌봄에 대한 신학적 개념들은 목자들과 신학자들이 목회적 돌봄에 충분히 활용되어야 한다고 주장하는 최근에 크게 부상되는 문제에 빛을 던져준다. 목회적 돌봄 운동에서, 어떤 사람들은 지나치리만큼 심리학적인 경향만 강하고 신학적으로 빈약하다는 이유 때문에 비판을 받아왔다. 일부 저술가들은 목회적 돌봄이 실제로 한 개인과 갖는 신학적인 대화인 반면에, 설교는 한 집단과 갖는 신학적 대화라는 아이디어를 진작시켜왔다.3) 지금까지 이 저서들 가운데 그 어느 저서도 목회적 돌봄이 신학적인 교리 주입의 한 형식이 되어야 한다는 것 이외의 관련된 문제들을 실제로 규명하지 못했다. 그러나 우리는 주어진 신학적 혹은 도덕적 입장에서 철두철미하게 교리 주입을 받아서 우리 자신의 영혼을 잃어버릴 수 있고, 교리 주입 자체는 자아 상실에 엄청난 기여를 할 수 있는 사실이 분명치 않은가?

여기에서 하나의 문제가 되는 것은 방법의 혼돈이다. 신학은 그리스도인의 경험을 지적 용어로 해석하는 방법이다. 신학은 보편 타당성있는 용어로 이 해석을 설명한다. 그러므로 신학은 "무엇"이라는 질문에 대답하려고 추구한다. 우리가 신학적 해석의 방법과 목적을·이해하는 한, 그것은 실질적인 가치가 있다. 그러나 과정은 한 방향으로 움직이되 경험에서 해석으로 움직이는 것이지 해석에서 경험으로 움직이는 것이 아님을 기억해야만 한다. 이 변화의 과정에서, 에너지는 상징으로부터가 아니라 상징 쪽으로 흐른다. 기독교 신앙은 관계의 경험이며, 그와 같은 관계 안에는 모든 과정을 내포한다. 많은 사람들은 구원을 발견했다는 해석에 지적으로 동의하고, 신조나 교리, 혹은 제도에 지적으로 동의한다. 이 사람들은 단지 구술적 혹은 율법적 구원만을 발견한 것이다. 왜냐하면 그들은 참 자아가 되게 하는 자유의 복음을 발견하지 못했기 때문이다.

교리 안에 함축된 인격적 관계를 경험하지 못하고 단순히 지적으로만 교리에 동의한다면, 이는 분명히 신학적 신념과 인간 삶의 불연속을 의미한다. 교리에 대해 지적으로 동의하는 사람들은 하나님께서 자신들을 사랑하신다고 지적으로는 믿지만, 그 사실을 인격적인 관계에서 경험하지 못한다. 설령 기독교 신앙을 배운 그대로 교리적으로 받아들인다 하더라도, 그들의 삶은 두려움의 지배를 받는다. 이에 대한 예는 탁월한 지적 능력과 인격적 재질을 가지고 있음에도 불구하고 무력감과 불안을 느낀 한 목자의 말에서 발견된다.

> 내가 하는 일에서 발견하는 어떤 만족감에서 비롯되는 죄책감에 관하여는 두 말할 여지가 없다. 이 싸움은 나 자신 안에 있다. 그 싸움은 그리스도인의 삶과 죄와 구원에 대해 내가 갖는 개념과 관계된다. 나는 여기에서 철학적으로도 신학적으로도 문제가 없다. 나는 하나님의 사랑은 어느 정도 자애(自愛)도 포함한다고 이해한다. 그러나 나의 감정은 이 이해와 조화를 이루지 못한다. 왜 그런지 그 이유를 나는 모른다. 경험은 개념을 수반하지 않았다.

나는 결코 구원을 삶의 과정으로 경험하지 못했다. 그러나 철학적
으로 나는 어떤 것보다 나은 체계를 발견하지 못했다. 그러나 나
는 이것들을 함께 갖지 못했다. 나는 키에르케고르를 읽고서 그
역시 내가 갖는 것과 동일한 문제를 갖고 있음을 알았다. 이 모든
문제들이 나에게 고통을 주는 것을 나는 확신하지만, 의식은 고통
이 호소하는 것을 허용치 않는다.4)

이 사람의 경험은 개념을 동반하지 않았다고 말할 때, 그는 우리
모두를 대변해 주고 있다. 왜냐하면 경험은 결코 개념을 수반하지
않는다. 만일 동시에 인격적 관계--우리의 실존 깊은 차원에서 그
개념에 실제를 주는 관계--가 존재하지 않으면 말이다. 신학자가
사용하는 방법은 해석의 방법이지만, 순수한 목자가 사용하는 방법
은 경험되어 왔거나 경험되고 있는 실재를 지적 본질에 부여하는
인격적 관계의 해석 방법이다. 그리고 간혹 있는 일처럼, 신학자들
이 목자가 될 때 그들은 개념의 차원에서 인격적 관계의 차원으로
나아간다.

우리는 지금까지 목자들이 사람들의 경험에 관련될 필요성에 대
해 말해왔다. 이 말은 목자들은 죄, 고난, 사랑 그리고 용서같은 것
들에 대해 설교해야 할 뿐 아니라, 강단과 강단 밖에서 "나의 죄",
"나의 고통", "사랑과 용서에 대한 나의 욕구", 혹은 "용서를 받아야
할 나의 욕구"를 인식하게 되고 또 개인적인 관계 안에서 사람들을
만나야만 한다는 것을 의미한다. 환언하면, 우리는 사람들이, "나는
생각한다," "나는 느낀다," "나는…이다," "나는 미워한다," "나는 사
랑한다," "나는 두려워한다," "나는 해야 한다"라고 말할 때, 그것들
이 무엇을 의미하는지 그 개인적 경험의 언어를 알고 이해해야 한
다. 또한 언어는 개인적 경험과 그 경험의 의미를 감추기 위해서도

사용되며, 목자들은 듣고 왜 그렇게 하는지에 대한 이유와 배후 의미를 이해하는 방법을 배워야 한다. 그리고 목자들은 다른 사람들과 함께 느끼고, 또한 다른 사람들의 반응뿐만 아니라 만일 목자 자신들이 다른 사람들과 같은 입장에 놓인다면 어떻게 반응할 것인지를 느끼도록 배워야 한다. 삶과 삶의 의미에 대한 목자 자신의 깨달음은 다른 사람들의 깨달음과 다를 수 있지만, 목자들은 다른 사람들의 깨달음을 그들 자신과 자신들이 처한 상황을 인식하고 있는 방법의 관점에서 다룰 수 있어야 한다.

목회적 돌봄을 구성하는 개인적인 관계 가운데 중요한 부분은 의사소통의 경험이다. 사람들은 목자와 의사소통을 하거나 그 자신들을 목자에게 드러내고 그 드러냄이 수용되고 이해받게 되기를 원한다. 오직 그러할 때 목자의 의사소통이나 대화는 특이한 개인의 존재와 관련을 맺음으로써 순수한 복음 이해에 의하여 인도될 수 있다. 순수한 목회적 돌봄은 목자가 신자 개개인을 교회 안에서 발전된 대량 생산 방법에 복속시키는 일을 중단하고, 그들을 복음의 빛 안에서 목자 자신의 개인 경험의 관점에서 대할 것을 요구한다. 목자들은 자신들을 포함하여 사람들이 자신을 드러내고 감추는 언어를 이해하는 법을 배울 필요가 있다.

인간의 차원들

이제 우리는 목회적 돌봄에 중요한 어떤 "개성"의 차원으로 옮아 간다.

목자가 존중하기를 배워야 할 첫째 차원은 사생활(privacy)이다. 개인의 기본 특성인 사생활은 개별성의 기능이다. 개인이 된다는 것은 경계의 선을 긋는 것 혹은 자아가 시작하고 끝나는 경계를 추구한다는 뜻이다. 심리학자들은 간혹 자아 경계선에 대해 말한다. 여기에서 우리는 사생활을 자아가 자아가 아닌 것으로부터 자신을 구별하는 것을 배우고 어떤 관계를 맺는 인간의 본질적 차원으로 생각하고 있다. 자아가 지닌 하나의 본질적 힘은 취사 선택할 수 있는 능력, 자신의 존재를 관계 속에 있지만 자아가 아닌 것과 구별하여 정의할 수 있는 능력이다.

불안이 주는 자극 아래에서 사생활의 차원은 빈번히 방어적이 된다. 자아의 둘레에 벽이 쳐지고 자신을 보호하기 위해 "침입 금지"(no trespassing)라는 푯말이 세워진다. 정신분석학에서 말하는 여러 다양한 방어 기재는 이 목적에 기여한다. 그러므로 사생활의 기본 차원은 자아의 성장을 억제하거나 파괴하는 방법으로 왜곡된다. 인간 관계에서 우리가 상처받고, 불안하게 되고, 만족감을 상실하므로써, 우리는 방어적이 되고 다른 사람과 거리를 두기 원한다. 다른 사람들에게서 인정을 받지 못했다는 느낌과 우리 자신에 대해 갖는 같은 느낌은, 우리로 하여금 우리 자신의 감정과 희망을 우리 자신으로부터 숨기도록 만든다. 만일 누군가가 사생활의 이 영역을 침범한다면, 우리는 불안하게 되고 담을 높이 쌓게 된다. 혹은 우리가 강압으로부터 우리 자신을 개방하면, 우리는 침입자에 대해 적대감을 쌓는다. 때로는 우리의 기도가 천박한데, 그 이유는 심지어 하나님조차도 우리가 숨기려는 우리 자신의 영역 안으로 들어오시는 것을 허용할 수 없기 때문이다.

이 깊은 사생활의 감각을 갖고 우리는 인간의 공동체 안에서 살아가고 있다. 우리의 인간됨은 다른 사람들과 갖는 관계에 달려 있다. 비록 우리가 그렇게 하기를 원할지라도, 고립된 자기 조종(操

縱)에 의해서는 인간으로서 우리의 운명을 성취할 길이 없다. 우리의 운명은 다른 사람의 운명의 일부가 되며, 다른 사람의 운명은 우리의 운명의 일부가 된다. 이것이 바로 그리스도인의 공동체이며, 그에 대한 다른 대안은 정서적 영적 빈곤이다. 그래서 인간으로서 우리는 사생활에 대한 깊은 욕구, 자신의 경계를 확보하고자 하는 개인의 특권 행사에 대한 욕구를 가진다.

그러나 우리는 또한 인간들의 공동체 안에 살고 있다. 성장, 건강 그리고 성취를 위해서 사생활의 차원은 우리 자신과, 이웃과, 하나님에 대한 개방성의 방향으로 기능할 필요가 있다. 개방성은 방어의 정반대이며 신뢰에 기초를 둔다. 에릭슨(Erickson)에 의하면, 신뢰는 성장의 초기 단계인 유아기에 습득된다. 다른 사람이 우리에게 주어야 하는 것을 받아들이고, 융해하고, 이용하거나 버릴 수 있는 것은 단지 개방성을 통해서이다. 인간이 된다는 것은 사생활에 대한 욕구와 개방되고자 하는 욕구 사이의 긴장, 신뢰에 의해 끊임없이 극복되고 있는 긴장 가운데서 사는 것이다. 성장하는 사람들은 정서적 상처를 입히고자 실재의 힘(power of reality)을 검증하고, 상처를 입는 모험을 택하고, 자신들을 사적(私的)인 개인으로 보호하고, 그리고 다른 사람들 앞에서 개방성과 투명성을 발전시키는 것을 배운다. 능력있는 목자들은 관계의 특질을 통하여 사람들로 하여금 방어적인 자세를 낮추고 점점 더 개방적이 되도록 한다. 이런 일이 목자들에게는 문제가 될 수 있는 이유는 그들의 사생활이 계속 침해당하고 있어서 사람들이 부정적으로 반응을 나타낼 수 있기 때문이다. 또한 개방성은 사람들을 조롱하는 하나의 수단으로서 정서적, 영적 내부 구조를 드러내도록 하는 강요를 통해 병리적 차원으로 치달을 수도 있다.

그리스도 안에서 나타난 사랑의 종류는 요구하고, 조종하고, 소유 지향적이며 통제하는 사랑이 아니라 자기를 내어주는 헌신적 사랑이었다. 이 사랑은 다른 사람들이 우리에게 자신들을 개방하는 것을 가능하게 하는 그런 사랑, 즉 존재가 지닌 특별한 힘이 어느 순간에도 개방적이 되게 하는 사랑이다. 모든 사람들이 그리스도에게 자신들을 개방할 수 없고, 일부 사람들은 목자에게 자신들을 개방할 수 없을 것이며, 목자 또한 마찬가지로 그들에게 자신을 개방할 수도 없을 것이다. 그러나 그리스도인의 사랑의 의미는 다른 사람을 인격으로 수용하는 관계이다. 그러한 수용이 의미하는 것은 사생활의 존중이다. 그런 의미로서의 수용은 사람들이 어느 정도의 개방성을 가지고 반응하는 것을 가능케 하는 것을 의미한다. 그들 자신이 준비될 때까지, 우리는 반드시 그들에게 더욱 해를 끼치게 된다. 그럴 때, 우리는 마음의 여유를 갖고 성령의 사역을 신뢰할 필요가 있는데, 왜냐하면 성령은 사람들이 그들의 사생활을 극복하고 공동체 안에서의 교제를 수용하려고 하는 그 지점에서 활동하시기 때문이다. "볼지어다. 내가 문 밖에 서서 두드리노니 누구든지 내 음성을 듣고 문을 열면 내가 그에게로 들어가 그로 더불어 먹고 그는 나로 더불어 먹으리라." 이 깊은 통찰은 사람들의 사생활에 대한 존중을 표현하지만, 동시에 교제에 대한 우리의 필요를 강조하며 교제의 유익함을 가르친다. 목자들은 사람의 사생활을 존중하고 동시에 이해하고 수용하는 관계에서 자신들이 가진 것을 다른 사람들에게 제공하므로써 사랑을 중재한다. 목자 편에서 지니는 순수한 개방성은 다른 사람들 내부에 있는 불안을 완화시키고 그들로 하여금 개방적인 관계를 갖게 한다.

사람들이 자신들을 경험하는 둘째 차원은 독특성이다. 독자성이라 할 때 우리는 우월감이나 당당함을 의미하지는 않는다. 어떤 사람들이 자신에 갖는 환상의 종류도 아니다. 어떤 사람은 자신이 다른 사람들과 같지 않다고 하나님께 기도하며 감사했다(눅 18:9-14). 이 표현들은 병리적인 표현들이다.

우리가 지닌 독특성은 우리가 하나님 앞에서 우리 자신이 되도록 부름을 받았다는 것, 삶의 선물과 더불어 하나님께서 주신 모든 가능성을 가지고 있다는 것, 그리고 이 잠재적 능력을 개발할 책임이 있다는 것을 의미한다. 심리학자들은 개성화(individuation)를 말하는데, 이 과정은 독자성의 성취를 포함한다. 기독교 신학은 우리가 하나님의 형상대로 창조되었다고 말하며, 복음서는 한 사람이 지닌 달란트의 투자와 확대에 대해 말한다. 우리가 그것을 어떻게 설명하든, 각 사람은 성취해야 할 독특성을 갖고 있다.

그러나 우리는 이 독특성을 다른 사람들과 공유하고 있다. 여러 방면에서 우리는 서로 많이 닮았다. 우리는 획일성으로 우리를 몰아가는 문화 안에 살고 있는데, 이것은 우리의 개성을 부인하게 만든다. 우리가 지닌 공통적인 성격 때문에 인간에 관한 과학과 신학이 존재할 수 있는 것이다. 그러나 우리들이 지닌 독특성은 공식화되거나 일반화될 수 없다. 그것은 어떤 책에서도 발견되어질 수 있는 것이 아니다. 그것은 끊임없이 변화와 성장으로 우리를 부르는 우리들 자신, 이웃 그리고 하나님과의 관계에서 갖는 살아있는 경험에서만 발견되어질 수 있다. 그리고 이 독특성은 때로는 상당한 포기와 고통을 포함한다.

어느 정도 우리의 독특성을 성취하기 위하여 참된 자신이 되고자 하는 욕구를 많은 사람들이 인식해 왔다. 예를 들어, 칼 로저스(Karl Rogers)는 『인간됨에 관하여』(On Becoming a Person)

라는 그의 저서에서 독특성을 강조하고 있다.5) 그것은 롤로 메이
(Rollo May)와 같은 실존주의자들에 의해서도 강조되었고,6) 자
기 실현이라는 개념의 관점에서 메슬로우(Maslow)의 공식에서도
중심적이다.7) 그러나 자신의 독특성 성취 내지 자기 실현을 찾는
것은 혼자서 얻는 어떤 것이 아니라, 다른 사람들과의 관계에서만
얻는 것이다. 우리는 단지 다른 사람들 안에서 그리고 다른 사람들
을 통하여 참된 우리 자신이 되며, 그들은 우리 안에서 그리고 우리
를 통하여 참된 그들 자신이 된다. 어머니는 아이를 통하여 어머니
의 독특성의 한 부분을 발견하며, 아이는 어머니를 통하여 발견한
다. 이것은 폴 틸리히(Paul Tillich)가 개인으로서 또 집단의 일원
으로서 자신이 되어간다고 언급함으로도 강조되었다.8) 개인성과
공동체는 자기 실현의 두 기둥이며 이 두 가지는 항상 역동적 긴장
가운데 있다. 정신 분석은 이 과정의 복잡성을 해석하는 정교한 체
계이다. 기독교 신학에서 개인은 교회의 친교, 그리스도인의 공동
체, 그리고 하나님의 나라와의 관련성에서 파악된다. 하나님 앞에
서 관계에 강조점을 두는 기독교 신앙은 독특성을 인식하게 하고
또 육성하게 한다.

　　그리스도 안에 있는 구속적(救贖的), 자기 헌신적 사랑은 참된
자신이 되고자 하는 모든 사람의 필요, 곧 자신의 독특성을 개발하
거나 자신의 잠재력을 성취하고자 하는 필요를 존중한다. 구속적
사랑은 사람들을 일치된 행동이나 신앙을 갖도록 강요하지 않는다.
구속적 사랑은 다른 사람들이 가진 질문이나 문제들에 대한 해답을
우리가 갖고 있지 않음을 인정한다. 그러나 우리는 다른 사람들이
자신들의 해답을 찾고, 그들이 하나님 앞에 있다는 진리를 찾는데
도움을 주는 방법으로 그들과 관계를 가질 수도 있다. 이는 살아있

는 진리, 관계가운데서 나타난 진리이다. 이것은 율법 안에 있는 삶이 아니라, 성령 안에 있는 삶이다. 획일성을 강요하는 문화에서, 기독교 목자들은 사람들에게 하나님 앞에서 그들이 참된 자신이 되는 가능성을 여는 관계를 갖도록 해야만 한다. 교회와 목자들이 우리가 처한 문화의 정체된 경험들을 강조하고, 자신들이 되고 싶어 하는 문제로 씨름하는 젊은이들이 이렇게 말하는 것은 비극이다: "내가 가진 나의 모든 삶이 다른 사람들—나의 부모, 교사들, 목자와 기타 다른 사람들—이 말하는 삶이 되어야 하며, 그래서 나는 지금 내가 누구인지 또 어떠한 사람이 되어야 하는지를 모릅니다. 내가 아는 것은 다른 사람들이 원하는 내가 되는 것을 나는 원하지 않는다는 것입니다."

우리가 목표로 하는 그리스도인의 경험은 이 세상과 일치하기 위해서가 아니라, 하나님의 영에 대한 지속적인 헌신에서 마음과 영이 끊임없이 갱신되는 일종의 변화를 위해서이다. 다른 사람들과 하나님 앞에서 참된 자신이 되는 것을 지향하는 순수한 목자들만이 다른 사람들, 특히 어린아이들과 젊은이들에게 그들이 하나님 앞에서 참된 자신들이 될 수 있게 하는 힘을 전달할 수 있을 것이다. 그와 같은 목자들은 불안에 차 있고 그들의 불안을 획일성에 의해 경감하려는 자들이 갖고 있는 상당한 적개심을 일깨워 줄 것이다. 그러나 우리는 사랑과 이해로 적개심을 다루는 법을 배움으로써, 그런 사람들을 위한 구속적 과정의 일부분을 담당할 수 있다.

사람이 갖는 셋째 차원은 각성(awareness)이다. 각성은 우리 자신의 내면 세계와 다른 사람들을 포함한 외부 세계에 대한 민감성을 포함한다. 각성을 통하여 우리는 관계와 경험의 의미를 의식에 전달한다. 우리는 직접적이고 살아있는 감각 안에서 관계와 경험을 알기 때문에 부정적인 의미를 대처할 수 있고 긍정적인 의미를 고양할 수 있다. 각성은 우리 자신에 관한 지식과 구분되는 우리 내부에서 활동하는 살아있는 진리에 대한 직접적인 지식이다. 각성은 통찰력을 내포하며, 통찰력은 힘과 신뢰에 기반을 둔다. 우리가 자기 수용, 자기 이해, 그리고 자기 초월의 능력을 성취하는 것은 각성을 통해서이다.

각성은 출생시부터 매우 점진적으로 나타난다. 출산 이후 첫 해에 우리는 다른 사람들을 자신과 구별된 존재로 인식하게 된다. 어머니들은 그와 같은 각성의 첫 표식을 본다. 다른 사람들과의 관계에서 갖는 자기와, 타인, 그리고 경험의 의미에 대한 각성은 다른 사람들의 필요의 만족에 의해, 그리고 좌절, 갈등, 고통에 의해 자극된다. 그와 같은 부정적인 경험들은 엄청난 고통을 안겨다 주어서 어린아이는 항상 부인(不認)과 환상으로 기울어진다. 성장하는 자아는 부인과 환상이 일어나는 범위에 따라 왜곡된다. 그러나 각성은 자아의 본질적인 면이며, 자아는 부분적으로 각성됨을 통하여 자란다. 목자는 자신, 자신의 동기, 관계의 의미, 그리고 특히 고통의 의미를 각성하고자 씨름하는 자들, 그러나 또한 각성을 회피하고자 하는 강한 경향을 지닌 사람들을 끊임없이 만난다.

그런데 사람들은 각성하기를 원하지 않는다. 프로이트(Freud)는 억압이라는 개념을 소개하므로써 세계를 놀라게 했다. 억압이란 무엇인가? 그것은 기억, 감정, 그리고 의미들이 의식에서 지워지는 자아 반작용이다. 그것은 각성 과정의 중단이다. 각성은 삶이 지닌 그대로의 자료를 의식 안에 허용하는 반면, 억압은 그것을 후퇴시킨다. 억압은 자아가 문제들을 다룰 능력이 없거나 경험의 국면들이 너무 고통스러울 때 생긴다. 그러나 기억, 감정, 우리가 의식하지 못하는 의미들은 우리의 존재에 중대한 영향을 미칠 수 있다. 실상, 이런 현상은 정신질환의 한 부분이다. 사람들이 나타내는 반작용은 기억과 의식하지 못하는 감정에 의해 결정되고 있으며, 이해하거나 통제할 수 없는 것이다. 정신병적 징후들은 어느 정도 위장된 상징적 형태로 통제를 획득한 억압된 무의식적 재료의 표현이다. 그러므로 각성은 사람들을 통제하고 방향을 정하는데 필요하다. 예를 들어 우리가 지은 죄를 용서받기 위해 기도하기 전에, 우리는 우리가 지은 실제적인 죄가 무엇인지를 깨닫도록 기도해야 한다. 우리는 우리가 깨닫지 못한 죄를 고백할 수 없다.

우리가 갖는 관계에 대한 깨달음의 정도와 관계가 지니는 의미는 우리가 나타내는 반응의 기초를 형성한다. 왜냐하면 각성이나 통찰은 우리의 반응이기 때문이다. 반응은 우리가 의미를 택하고, 의미에 융화되고 그것을 근거로 행동하는 방식이다. 이는 최소한 틸리히(Tillich)가 인간 자신이 수용하는 불안에 관해 말할 때 그 의미하는 것의 일부분이다.9) 불안을 자아에 통합하는데 존재하는 장애물은 고통이다. 그러나 자아는 부정적인 감정들을 각성하고 감정들을 건설적으로 다룰 때 강화된다. 이 말의 뜻은 자신의 존재 내부에 자신과 다른 사람들과 맺은 관계에 있는 위협적인 힘을 대담하게 직면함을 의미한다.

심리학자는 각성보다는 지각(知覺)이란 말을 선호하는 것 같다. 차이를 말하자면, 지각은 기능적인(operational) 심리적 개념인 반면, 각성은 한 인간의 경험에 있는 것이다. 지각의 문제와 지각의 인성 요인(personality factor)과의 관계는 심리학에서 많은 관심을 받아 왔고 또 관심을 받고 있다. 어느 범위까지 감정이나 욕망 같은 인성 요인들이 우리가 살고 있는 내적/외적 세계에 대해 우리가 갖는 지각에 영향을 미치는가? 특히 공포, 증오 혹은 사랑과 같은 정서가 강하게 일어나는 곳에서 지각의 왜곡이 쉽게 발생하는 것 같다. 지각의 문제는 의사소통에서 중요한데, 그 이유는 지각은 의사소통이 수용되는 방법과 의사소통이 종종 잘못 이해되는 이유에 관심의 초점을 두기 때문이다.

지각에 대한 실험적 임상적 연구 결과로 역동적 견해를 가진 몇몇 사람들이 주장하는 아이디어가 있다. 위트킨(Witkin)과 그의 동료들은 『지각을 통한 인성』(Prsonality through Perception)에서 지각에 대한 일부 실험적 연구 결과를 보도한다. 그들의 지각의 기능을 그 영역이나 상황에서 하나를 분리시키는 것으로 정의한다. 그 상황에서 하나를 분리시키는 능력에서 개인의 차이는 인성 구조의 성격--공격적이거나 방어적인 성격--과 연관된다. 대인 관계에 있어서 의존적인 개인들은 그들의 지각 기능이 "영역 의존적"(field dependent)인 반면, 보다 공격적이고 독립적인 개인들은 영역의 사물을 더욱 독립적으로 지각한다. 위트킨은 이런 사람들을 다음과 같이 묘사한다:

> 영역 의존적인 사람들은 환경을 다루는데 수동적인 경향을 보인다. 비친숙성과 그들 자신이 갖는 충동의 두려움, 그리고 환경에 대한 통제 능력의 부족, 낮은 자존감, 비교적 덜 성숙하고 미분화된 육체의 이미지가 그 특징이다. 이와 대조적으로, 독립적이거나 분석적/지각적인 행동가들은 환경과 관련하여 능동성과 독립성의 특징을 나타낸다. 그 특징들은 긴밀한 의사소통, 자신의 충동에 대한 보다 나은 통제, 비교적 높은 자존감, 그리고 보다 성숙하고 분화된 육체의 이미지이다.10)

이런 발견은 일반적 주제--인성은 전체로서 기능하며 한 차원에서 작동하는 응답의 패턴은 모든 차원에서 작동하고자 한다--를 확정하려는 경향이 있다. 대상에 대한 우리의 지각과, 사람과 가치에 대한 우리의 지각은 본질적으로 상이한 패턴을 따르지 않는다. 지각과 반응은 동일한 욕구, 방어, 그리고 자기 이미지의 지배를 받는다. 실상, 지각은 반응의 일부이다. 왜냐하면 그것은 우리 자신의 세계 창조이며, 부분적으로는 우리 자신의 필요에 의한 것이다. 우리는 우리 자신의 이미지, 즉 우리 자신의 무의식의 복제품을 따라서 우리의 세계를 만든다. 환언하자면, 우리가 지각한 세계는 하나의 상징이 되는데 그것을 통하여 우리 자신의 무의식적 의미, 가치, 편견, 불안, 죄책 그리고 혼란이 표현된다.

목자들은 그들의 삶에서 의미에 대한 각성을 추구하는 많은 사람들을 다루게 될 것이다. 어떤 부류의 사람들은 매우 의존적이며 신속하고도 쉬운 답변을 원할 것이며, 우리는 그런 답변을 주고 싶은 유혹을 받을 것이다. 그러나 우리는 곧 그러한 답변들이 별 가치가 없는 것을 발견할 것이다. 왜냐하면 그들이 지적으로 이해하고 수용하는 동안에 존재의 깊은 차원으로 들어가는데는 무력하기 때문이다. 다른 사람들은 갈등 속에 있을 것이고, 식견 얻기를 원하기도 하고 원치 않을 수도 있을 것이다. 그들은 고통에서 해방되기를 원하는 한도 내에서 통찰력을 원할 것이지만, 그 통찰력이 고통을 직면하는 것을 포함하고 또 그 고통과 친숙해지는 것이면 그것을 원치 않을 것이다. 특히 그들에게 어려운 것은 그들 자신과 다른 사람들을 향하여 긍정하거나 방어할 필요를 느끼는 태도를 드러내는 통찰일 것이다. 인내와 이해를 통해서만 목자들은 그런 사람들을 도울 수 있을 것이다. 왜냐하면 그들은 목자들을 그들 자신의 욕구와 패턴의 관점에서 인식하려고 하기 때문이다. 목자나 다른 사람들에 대한 잘못된 인식을 바로 잡아주기 위해 때로는 오랜 자기 헌신적인 사랑이 필요한 것은 바로 이 이유 때문이다. 심리 치료의 목적 가운데 한 가지는 각성을 증가시키는 일이다.

지각이나 각성의 문제는 복음의 전달을 위해 실제적인 중요성을 갖는다. 그와 같은 의사소통에 포함된 것은 목자의 각성--목자들은 자신들과 복음과 그들의 말을 듣는 자들을 어떻게 볼 것인가에 대한 각성--뿐 아니라, 듣는 자들의 각성을 통제하는 요인들도 있다. 간혹 입으로 선포된 메시지는 듣는 자에 의해 의도한 바와는 전혀 다른 방식으로 수용되고 인식된다. 우리는 정서적으로 듣고 보고자 준비된 것을 듣고 본다.

예수님은 그가 다루시는 사람들에 대한 분명한 지각을 방해하는 장애와 각성의 문제를 직면하고 또 갈등하셨다. 예수님은 사람들을 도우셔서 그들 자신들, 타인들 그리고 하나님을 향한 그들의 태도에 통찰력을 갖도록 하셨다. 예수님이 비유로 말씀하셨을 때, 그의 제자들은 의미에 대한 설명, 통찰력에 역행하는 보편적 방어를 요구했다. 예수님은 제자들에게 그들의 마음이 완고해졌다고 말씀하셨다. 즉, 그들은 그들이 느끼고 있는 것을 인식하지도 못하고 그들의 지각을 지배하고 있는 요소들을 깨달을 수도 없었다. 보기는 보아도 그들은 볼 수 없었다. 듣기는 들어도 그들은 들을 수 없었다. 또한 이해하지도 못했다. 우리가 치료되는 것은 오로지 우리 존재의 깊은 차원에서 보고 듣고 이해함으로써 된다.

목회적 돌봄의 목표 가운데 하나는 사람들을 도와서 실제적인 면과 잠재적인 면 모두에 있어서 그들과 다른 사람 그리고 하나님과의 관계에 대한 더 깊은 깨달음을 갖도록 하는 것이다. 이 목표는 그들 내부에 있는 갈등에 대한 통찰력과 다른 사람들을 조종하고 지배하는 방식으로 사용하고자 하는 삶의 방식에 대한 통찰력을 포함한다. 또한 죄의 차원과 그것이 지닌 문제들에 대한 깨달음—추상적이 아니라 경험에서 나타나는 구체적인 실증—을 포함한다. 그러나 이런 차원을 넘어서 사람들로 하여금 하나님과 타인을 향한 사랑의 관점에서 구원의 의미를 깨닫도록 돕는 것이다. 이를 성취함에 있어서, 목자의 깨달음이나 통찰력의 깊이가 결정적인 요인이 될 것이다. 목자 자신의 통찰력의 부족이 방해 요인이 될 것이다. 그러나 목자들이, 갖는 관계를 통하여 의사소통하고 있는 것에 관심을 갖게 되고 이런 관점에서 그들이 사용하는 말을 평가할 때, 비로소 그들은 사람들이 힘을 얻도록 도울 수 있을 것이다. 교회는 억압이 권장되는 곳이 아니라 의미에 대한 각성을 확대하는 곳이 되어야 한다.

목회적 돌봄에 중요한 넷째 차원은 자율성(autonomy)이다. 자율성이라고 말할 때 우리는 "절대적" 자유를 의미하지 않는다. 우리가 인간의 삶을 연구할 때 긍정적이거나 부정적으로 우리의 행동을 통제하는 많은 결정적 요인들—생물학적, 심리학적, 사회적, 철학적—을 깨닫지 않을 수 없다.11) 그러나 생체과학에서조차 살아있는 유기체는 자발성, 즉 자체 내부의 반응을 통제하고, 환경에 영향을 미칠 뿐 아니라 환경에 반응하는 증거를 보여준다.

실존주의적 관점에서 인간 행위를 해석하는 자들은 자율성에 대한 잠재 능력을 인간 존재 내부에 있는 유전적 요인으로 이해한다.12) 정신치료 심리학은 그 이론에서 매우 결정론적인 것 같지만, 환자 편에 충분한 자율성을 허락하여 환자로 하여금 치료받을 결단을 내리게 하고 또 그들 자신이 따라갈 방향에 대해 어떤 필요한 결단을 내리게 한다. 기독교 신학은 자유의 방대한 요인을 주장했지만, 인간 존재 내부에 있는 결정적 요인에 눈멀지는 않았다.13)

자율성과 결정론을 대립으로 보는 경향, 즉 어떤 개념을 수용하는 것은 다른 것을 거부하는 것으로 인정하는 경향은 잘못이다. 개인의 존재는 이 양극 사이의 긴장에서 살아간다. 우리가 수많은 내적/외적 힘에 의해 결정되며 또한 우리는 자율성을 위한 잠재력을 갖고 있다고 말하는 것이 보다 정확할 것이다. 바울은 그리스도 안에 있는 자유를 주장했지만, "사람이 무엇으로 심든지 그대로 거두리라"(갈 6:7)고 말한 장본인이기도 하다. 여기에서 그는 결정론적으로 말하고 있다. 오늘날 우리는 그 표현을 재해석하면서 이렇게 첨가할 수 있을 것이다, '어린 아이 시절에 뿌려진 것은 인생의 후기에 거두어질 것이다.' 자율성을 위한 잠재 능력은 경험을 통해 개발되며, 많은 어린 아이들은 이 가능성을 실현할 수 있는 종류의 인간 관계를 갖지 못한다. 그들은 자율적으로 행동할 능력을 갖지 못한 채 성인이 되거나, 최소한 저차원의 자율 기능을 갖는 성인이 되기도 한다. 자율성 개발에 실패하거나 혹은 그것을 상실하는 범위에서 우리는 병에 걸려있다. 목자들은 자율성을 행사할 사람들이 지닌 능력의 한계를 감지할 필요가 있고, 어떤 주어진 순간에 그들이 행할 수 없는 자율적 행동의 수준까지 파악할 필요가 있다. 사람들이 지닌 자율성의 기능적 한계를 확장시키도록 돕는 일 또한 기독교 신앙의 기능이기도 하다.

자율성은 인간 자아(human ego)의 기능이기 때문에, 그 다음의 질문은 심리학적으로 그리고 신학적으로 고찰되어야 할 자아 본성의 문제이다.

신학적으로 자아(ego) 혹은 자기(self)는 나쁜 것으로 생각되었다. 이것은 자기 부인에 관한 예수님 말씀의 의미로 종종 해석되었다(마 16:25). 이 해석에서 자기는 항상 부정되어야 할 악으로 생각되었다. 그와 같은 해석들은 똑 필요한 구분을 하지 못했는데, 그 이유는 쾌락지향적인 인간 욕구에 대한 기본적인 적개심에서 비롯되었을 것이다. 이런 거부들은 실제 프로이트가 사용한 "자기 도취 성향"(narcissism)에서 표현된 인간이 지닌 한 국면을 목표한 것인데, 이 자기 도취 성향은 자기 사랑, 가치 그리고 힘에 대한 유사적 감정을 의미하며, 전 세계를 자기를 중심하여 조직하려는 욕구이다. 프로이트는 성장 과정이란 부분적으로 방대한 자기 도취 성향을 포기하는 것이며 사물 특히 다른 사람들과의 관계를 배우는 것이라고 지적한 바 있다.14) 이런 의미에서 자아가 지닌 어떤 유아적 국면들은 한 인간이 더욱 성숙한 차원으로 성장하기 위해 부인되고 포기될 필요가 있다. 이 성장을 위한 잠재력은 실제 '자아'나 '자기'에 천부적으로 내재되어 있지만, 그 성취를 위해서는 어떤 인간 관계의 특성들을 요구한다. 보다 성숙한 경험을 위해서 미성숙한 만족들을 포기할 필요성을 이해하도록 사람들을 돕는 것은 건전하다. 혹은 사람들로 하여금 그리스도에 대한 헌신은 그리스도의 영과 갈등하는 자아의를 부인하거나 조정하는 것임을 이해하도록 돕는 것 또한 바람직한 일이다. 그러나 참된 자아를 부인하고 "이기적"이 되라고 설교하는 것은 인간 이하의 존재 즉, 자신의 무의식적 충동의 줄에 매어 달리든지 아니면 어떤 환경의 힘에 매어 달린 꼭두각시가 되라고 가르치는 것이다.

그러나 자아나 자기에 대해 기독교 신학이나 현대 심리학이 가진 개념 사이에 놓인 실제 문제는 다른데 있다. 왜냐하면 기독교 신학은 비경험적 자아, 성장이 일어나는 경험에 참여하는 반면, 경험을

초월하는 자아를 주장하기 때문이다.15)

다른 한편, 심리학적 자아 이론들은 경험적이고, 그것들의 내용은 특수한 관점을 근거로 삼고 있다.16) 예를 들어, 프로이트의 사상에서 유아의 자아는 그들이 지닌 욕구 충동과 외부의 실제 사이에 있는 자신들을 발견할 때 분화되며, 자아의 기능은 실재를 시험하고 일종의 갈등 해결을 발견하고자 한다. 유아기의 자아는 매우 약하며 자아의 성장은 건강한 관계와 갈등의 해결을 의존한다. 초자아(superego)의 발달과 더불어, 자아는 욕구와 금기와 더불어 충동과 소원을 화해시켜야 할 새로운 과제에 직면한다. 여기에 내부 심리적 갈등이 지닌 일부 근원이 존재하며, 다른 부분은 자아 자체의 요소들 사이에 있는 갈등의 가능성이 된다.

자아 발달의 경험적 본질에 관해서는 의심의 여지가 없어 보인다. 이것은 내외적 실재를 인식하는 기능 방식, 이 실재를 시험하고 욕구의 관점에서 그 실재를 욕구와 관련시키는 우리의 능력, 우리가 지닌 갈등 해결을 우리의 상상 안에 투사하는 능력, 결단하고 그 결단을 행동화하는 우리의 능력, 이 모든 능력들은 학습의 산물임을 의미한다. 설리반(Sullivan)은 자아를 "안전 기능"(security operation)의 관점에서 정의했다. 즉 자아는 인간이 불안을 극복하고자 하는 욕구로부터 발달한다.17)

여기에서 주목해야 할 것은 갈등과 악의 경험이 자아에 대한 기독교와 프로이트의 설명에서 중심이라는 것이다. 창세기에 나타난 창조에 대한 설명은 인간의 각성을 우리 자신들 내부에 있는 국면들, 그리고 우리 자신과 창조주 사이의 갈등에서 나타난다고 본다 (아담은 선악과를 먹을 것인지 말 것인지를 토의했다). 경험적 관점은 궁극적 관계를 무시하지만, 자아는 어머니와 더불어 시작하여 다른 사람들과의 갈등을 통해 나타나는 것으로 이해하고 있고, 그 갈등은 인간의 상황과 어머니 내부에 있는 미성숙 때문에 불가피한 것으로 본다. 즉, 어느 차원이든 자아의 문제는 자아가 무엇을 수용하든 그리고 어떻게 응답하든, 그리고 갈등을 어떻게 다루든 결국 관계의 문제이다. 자아는 외부의 요구, 좌절, 그리고 가치와 더불어 내부의 욕구와 갈등을 종합하고자 하는 과정의 총체이다.

그러나 오늘날 심리학자들 간에 자아가 지닌 비경험적인 국면을 사고하는 경향이 늘어나고 있다. 카렌 호니(Karen Horney)는, "중심적인 내적 힘이 되는 참 자아는 보편적인 인간 개개인에게서 독특하며, 성장의 깊은 자원"이라 묘사한다.18)

하인쯔 하르트만(Heinz Hartmann)을 지도자로 한 몇 몇 정신분석가들은 프로이트의 자아 이론을 확대하여 자신의 자발적인 본성에 따라 기능하는 자아의 "무갈등"(conflict-free) 국면을 위한 여지를 만들었다.19) 즉, 여기에 갈등 이전에 존재하고 있는 기능을 위한 갈등을 의존하지 않는 자아 기능의 개념이 있다.

하르트만은 자아와 본능이 아직 구분되지 않은 때, 즉 갈등의 경험 이전으로 시작한다. 그러므로 자아는 본능적 충동의 뿌리로 인식된 유전적 요인들과 함께 한다. 하르트만은 자아와 자아의 기능들(지각, 자동력, 기억, 사고)은 자아의 본성의 부분이며 본능에서 유출되지 않는 성숙의 법칙에 근거한다고 믿고 있다. 외부 세계와의 관계와 갈등은 자아의 실제 성장에 큰 역할을 하지만, 여전히 자체의 법칙들에 따라 기능하는 "무갈등" 부분이 존재한다. 이 "자율적 요인"을 "자아의 기본 자율성"(primary ego autonomy)이라 부른다. 그러나 자아는 그 자체가 갈등에 있는 것을 발견할 수 있고, 그 갈등의 해결은 역반응 방어 기재를 활용할 수 있다. 예를 들면, 분개의 깊은 감정을 은폐하기 위해 이타주의 태도를 채용할 수 있다. 이후에 갈등은 해소될지 모르나, 이타주의의 태도는 남는다. 하르트만은 이것을 "제2 자율성"이라 부르고 그것을 인성의 관점과 발달에 극히 중요한 과정으로 생각한다. 동일한 "제1 자율성"은 다른 방어 기재들과의 관련에서 발생할 수 있다. 혹은 정반대 상황이 발생할 수도 있고, 자아는 행위를 낳았던 원초적 갈등이 해결된 이후에 파괴적 행위를 고집할 수도 있다. 여기에서 문제는 구조의 전환과 비전환의 문제이다. 하르트만이 원초적 자율성의 통제를 받는 영역에 소속하고자 하는 자아의 종합 혹은 통합 기능을 생각한다는 사실을 주목하는 것은 중요하다.

자아의 자율성은 비록 이 두 가지를 내포하지만, 의식적 자기 방향이나 합리적 선택과 혼돈되지 않는다. 다른 한편, 합리적 결단을 통과하는 많은 것들이 실제로 의사 자율성(pseudo-autonomy)일 수 있다. 예를 들어, 강한 충동 아래에서 행동하는 사람들은, 자율성으로부터 행동한다고 고집할지 모른다. 자율적인 통합 기능들은 합리적인 과정들보다 깊은 차원에서 작용하며, 우리는 우리 스스로를 통합하는 것이 아니라 우리 내부에서 통합이 발생하고 있는 것을 의식한다. 우리는 이 통합을 우리가 하고 있는 것으로라기 보다는 우리에게 이루어지고 있는 것으로 경험한다. 우리는 또한 이 변화를 우리 내부에 있는 과정들의 결과로서, 그리고 우리를 위한 신빙성있는 경험으로 인식한다. 우리는 마치 우리가 그 변화를 의식적 결단의 결과로 보지 않는 것처럼 외부의 통제에 기인한 것으로 보지 않는다.

그와 같은 경험에서 우리는 우리가 갖는 충동들의 새로운 힘을 인식할 수 있거나, 아니면 우리의 양심의 어떤 세밀한 부분이 수정

됨을 인식할 수도 있다. 예를 들면, 문제가 되어 왔던 어떤 종류의 충동적인 행동은 더 이상 발생하지 않는다. 혹은 우리는 새로운 힘과 현실 문제에 대한 새로운 접근을 인식할 수도 있다. 이 새로운 힘과 그 힘이 낳은 행동의 결과적 변화는 우리 자신의 의식적인 노력의 결과이기보다는 받아들여지는 것으로 경험된다. 인간 관계에 있어서 파괴적인 방식보다는 건설적인 방식으로 깊은 차원에 응답할 수 있는 능력을 의미하는 새로운 책임감도 있다.

이러한 해석과 그리스도인의 경험에 대한 해석의 관계가 포기되어서는 안된다. 왜냐하면 기독교 문헌과 신비주의의 저서들 가운데는 다른 말처럼 표현된다 하더라도 자아 자율성의 경험처럼 이상하게 들리는 것이 많기 때문이다.[20] 기독교적 이해는 인간 내부에서 일어나는 어떤 변화도 우리의 의식적인 의지의 결과가 아니라 (우리는 우리 자신을 구원할 수 없다) 우리들 안에서 일하시는 하나님의 사역의 결과라는 것이다. 때로는 이 변화들은 우리 안에 계시는 성령이나 하나님의 사역으로 간주된다. 그러나 증거는 이러하다. 우리가 하나님께 가장 순종적일 때, 우리는 가장 자유롭거나 자율적이다. 오로지 율법적이고 강압적인 형태의 종교에서만 하나님은 인간의 자유를 감소시키는 존재로 이해된다.

하나님을 향한 순수한 사랑과 자신과 타인들을 향한 사랑은, 그 사랑이 경험될 때 개인의 내부에서 자율적인 힘을 방출하며, 힘에 대한 새로운 인식과 변화된 관계는 그 결과이다.

복음의 전달이나 목회적 돌봄은 항상 전달자와 수령자 양자의 자율성의 상황에서 이루어질 필요가 있다. 목자들이 갖는 자유나 자율성의 수준은 다른 사람들에게 허용할 수 있는 자율성의 양을 결정한다. 만일 목자들의 태도와 관계가 강압적이라면, 그들은 다른 사람들을 자기들의 권위 아래 두려고 할 것이다. 관계 속에서 나타내는 목자들의 사랑의 의미는 그들이 다른 사람들에게 허용할 수 있는 자율성의 질로 표현될 수 있다. 목자들은 실제로 권위주의적인 원리와 자율성의 원리 사이에서 갈등하는 자신들을 발견할 수 있다.

반면에, 목자들은 어떤 주어진 순간에 하나님의 사랑이나 자율성을 포함하는 어떤 관계를 내면적으로 수용하는데 자유롭지 못한 사람들을 다루게 될 것이다. 그런 사람들은 권위주의적이고 억압적인 관점에서 하나님을 이해할 것이며, 자율적 경험의 가능성을 형성할 실질적인 인간적 차원의 관계를 필요로 할 것이다. 자율적 활동이 없는 무능 때문에 그들은 완전한 그리스도인이 되는 결단을 못내리는 자신들을 발견할 것이다. 다른 사람들의 억압을 통해 이루어지는 그리스도인의 결단은 '의사 자율'을 나타내며, 집착 가능한 정신질환적 상황으로 이끌 것이다.

하나님의 은혜가 지닌 부분적인 의미는 우리가 주어진 것을 수용하거나 거절할 자유를 지녔다는 것이다. 은혜는 결코 강압적인 것이 아니다. 왜냐하면 하나님의 선물이며 하나님의 풍성하심과 우리의 필요에 따라 허락된 은혜는 우리를 자율적인 인간으로 대우하기 때문이다. 교회 안에 있는 너무나 많은 사람들이 두려움이나 죄책감에 이끌려 기독교 신앙에 관하여 결단을 내려왔고, 그들의 종교 생활에서 긍정적인 동기 부여를 경험하지 못했다. 목회적 돌봄은 사람들로 하여금 그들의 참된 자신이 되게 하고 자신들의 내부로부터 영원한 운명에 관심을 갖는 결단을 내리게 할 때 비로소 진정한 사역이 된다.

목자들은 자신들을 획일화시키는 공식적인 강압자들과 고정된 규범, 즉 "공동체의 양심"의 수호자들로 볼 수 있다. 아니면 그들은 그들이 인도하는 회중의 압력을 느낄 수도 있고, 그들이 속한 교단이나 지역 사회가 그들을 획일화로 몰아넣는 압력을 느낄 수도 있다. 오늘날 젊은 목자들이 갖는 난관 가운데 하나는 세력 그룹(power group)이 만든 표준에 일치시킴으로써 그들의 독특성을 부인하게 하는 유혹이다. 목자들이 이 압력의 희생물이 되는만큼--우리들 가운데 많은 사람들이 이 지점에 와 있다-- 목자들은 무력해져서 다른 사람들도 이 그물에 걸려들게 한다. 반발이 사람들을 획일성이라는 악에서 구출할 수 있는 반면, 반발은 그 나름대로 위험과 불완전성을 지닌다. 기독교 신앙은 사랑과 봉사와 희생과 용기를 통해 인간의 잠재 능력을 긍정적인 방법으로 발달시키는 일을 요구한다. 단지 목자들이 이 길을 발견할 때라야 그들은 다른 사람들을 그리로 이끌 수 있다. 그리고 목자들은 개인적인 차원뿐 아니라 집단적인 차원에서 임무를 볼 필요가 있다. 독특하게 목자는 개인과 문화 사이에서 각자에게 건강을 중재할 사명을 갖는다.

은혜의 의미에 대한 기독교적 이해는 우리를 인간 본성의 심장부로 이끈다. 왜냐하면 은혜가 지닌 개념의 일부는 생명과 그 생명의 유지를 위해 인간이 창조주를 깊이 의존해야 하며, 피조물로서 성취감을 가져다 주는 그런 관계를 이해하고 경험하기 위하여 구속자를 의존해야 한다. 우리가 창조주 하나님을 의존하는 피조물인 것을 망각할 때, 하나님이 되고자 하는 그릇된 정체성을 만들 것이다. 그러나 다른 한 편, 사물이 아닌 인간으로서 하나님을 의존하는 의미를 우리가 경험하고, 은총의 선물이 자율성이나 자유의 선물임을 이해할 때, 그리고 하나님의 은혜를 받아들이는 것이 자율성의 성취임을 이해할 때, 비로소 하나님에 대한 의존 개념은 창조적 의미를 갖게 된다. 이러한 의존은 인간 관계에서 보편화된 의존, 즉 개인이 정신병적으로 자율성을 양도해 버리는 그런 의존이 아니다. 그것은 우리가 하나님을 우리 실존과 그 실존을 성취하는 모든 것의 근원으로서 인식하는 그런 관계이다. 그러므로 은총의 교리는 하나님께 대한 우리의 절대 의존을 상징하며, 우리가 지닌 자율성의 견지에서 은총의 교리는 또한 다른 사람에 대한 의존보다는 인간의 독립성을 상징한다. 우리가 자율성을 포기하지 않고 다른 사람으로부터 사랑을 받을 때 은혜에 가까운 경험이 인간적 차원에서 일어난다. 그러나 하나님의 은총에 현존하지 않는 모호한 요소가 인간 관계에는 항상 존재한다.

우리는 지금까지 역설적인 상황에 대해 말하고 있다. 우리가 깊은 차원에서 자율성을 경험할 때, 우리에게 일어나고 있는 것은 우리 자신의 노력의 결과라기보다는 선물과 같다. 그러나 이것은 자율성이나 자유로서 경험된 것이다. 이 경험을 베일리(D. M. Baillie)는 "은총의 역설"(paradox of grace)이라고 부른다.21)

베일리는 우리가 믿음을 통하여 하나님을 우리의 경험에서 궁극적 근거로 이해할 때마다, "하나님은 영원한 세계에서 수직적으로 오셔서 수평선―경험적으로 설명될 수 있는 수평선―을 만지신다"고 지적한다.22) 그는 성육신을 중심적인 역설로 주장한다. 왜냐하면 그 안에서 우리는 하나님의 생명을 볼 뿐 아니라 완전한 인간 생명을 보기 때문이다. 기독교 신앙이 지닌 역설적 성격에 대한 베일리의 설명이 목회적 돌봄에 중요한 이유는 궁극적이며 긴급한 필요에 처한 사람들에게 복음을 전달하는 것이 목자의 직무라고 말하고 있기 때문이다. 만일 기독교 신앙이 의미를 지닌다면, 그것은 인간이 지닌 욕구와의 관련 속에서 발견되어야 한다. 기독교 신앙과 현대 심리치료 사이의 관계를 이해하고 전하는 어떤 시도도 이 역설적 상황을 고려해야 한다. 그리고 모든 이론적 체계 위에 지식을 초월하는 신앙에는 신비가 있다는 사실을 인식해야 한다. 은총의 역설에 관해서 베일리는 이렇게 쓰고 있다:

> 은총의 본질은 자신 안에 있는 모든 선한 것, 자신이 행하는 모든 선한 일이 자신에 의해 이루어지는 것이 아니라 하나님이 행하시는 것으로 확신하는 기독교 신자가 갖는 확신에 놓여 있다. 이는 고도로 역설적인 확신인데, 그 이유는 모든 것을 하나님께 돌리는 행위는 인간의 인격을 말소시키지 않으면서도 인간의 책임을 포기하는 것이 아니다. 그리스도인으로서 자신 안에 있는 선한 것이라면 무엇이든지 자신의 것이 아니라 하나님의 것으로 말하는 그런 순간들보다 더 진실되고 인격적인 인간 행동은 없고, 더 완전한 자유를 느낄 방도는 없다.[23]

바울의 설명은 이 역설에 대한 고전적인 표현의 하나로 꼽힌다. "그러나 나의 나 된 것은 하나님의 은혜로 된 것이니 내게 주신 그의 은혜가 헛되지 아니하여 내가 모든 사도보다 더 많이 수고하였으나 내가 아니요 오직 나와 함께 하신 하나님의 은혜로라" (고전15:10).

은총의 역설은 우리가 성취하는 선(善)이 우리 자신의 노력을 통해서 되는 것이 아니라 우리에게 주신 창조적인 에너지나 힘을 통해 성취된 것이라는 그리스도인 신앙의 표현이다. 그리스도인으로서 우리는 우리 자신을 자유롭고 책임적인 존재로 느끼며, 우리 자신의 행위인 실수를 용납하지만, 우리가 성취한 모든 선을 우리 안에 계시는 하나님의 능력의 사역으로 간주한다. 더 나아가, 우리는 하나님의 요구에 대해 불안해하지 않는다. 왜냐하면 우리는 하나님께서 성취하도록 은혜를 주시지 않은 어떤 것을 요구하지 않으신다는 사실을 이해하기 때문이다.

은총의 역설이 실재가 되는 경험이 그것을 말로 묘사함으로 우리 안에서 일어날 수 없다. 은총은 경이와 감사로 하나님이 주시는 자기 포기의 사랑에 반응하고, 하나님께서 우리를 용납하시는 관점에서 우리 자신을 수용할 수 있는 하나님과의 나와 너(I-Thou)의 관계에서 경험될 수 있다. 이렇게 말하는 것은 우리가 완전한 인간이 된다는 것을 의미하는 것이 아니라, 은총의 경험 아래서 사는 삶이 우리로 하여금 연약함을 직면하게 하고, 수용하게 하고, 실제적으로 다루게 할 수 있어야 함을 의미한다. 은총은 결코 우리의 책임을 면제해 주지 않는다. 실상, 은총은 우리에게 책임을 부과한다. 우리는 우리의 자유를 파괴적인 경향을 영속화하는데 사용할 수 없다. 은총은 다른 사람들의 도움을 받음으로써 해결될 수 있는 어떤 문제들을 우리에게 안겨 주지만, 이 도움은 하나님이 주시는 은총의 표현으로서 받아들여질 것이다. 그러므로 그리스도인이 심리적 도움이나 목회적 도움을 찾는 행위는 결코 약점이 아니다. 그리고 이 도움을 주고자 하는 목자는 은총을 전달할 수 있어야만 하며, 동시에 경험의 체험적 국면들을 어떻게 다루어야 하는지를 알아야만 한다.

우리는 이미 앞에서 하나님의 은총을 중재하는 자로서 목자의 사역에 대해 내린 우리의 해석에 반대하는 몇 가지 가능한 반대 의견들을 제시하였다. 한 가지 반대는, 이 견해는 너무 건방지다는 것이다. 하나님의 은총을 중재할 수 있는 인간이란 없다는 것이다. 이 반대 견해 배후에는 인간 관계의 의미를 격하시키고자 하는 경향이 있다. 이 경향은 일부 사람들에게 매우 실제적이고 중요한데, 그 이유는 그들을 사랑한다고 고백한 사람들과 가진 해로운 경험 때문이다. 그러나 하나님의 은총을 중재하는 일은 목자의 완전을 요구하지 않는다. 더욱이 은총의 중재는 은총의 역설로부터 말미암지 않고서는 이루어질 수 없다. 우리 자신이 지닌 힘 아래서 하나님의 사랑을 중재하는 우리 자신의 모습을 보자마자 우리는 의사소통에 실패한다. 우리가 다른 사람들과 관계를 맺을 수 있다는 것을 우리 자신의 힘의 결과로서가 아니라 순수한 우리 자신으로 볼 때, 비로소 인간의 궁극적 의미에 대한 어느 정도의 범위가 직접적인 의미와 함께 전달될 것이다.

　오늘날 "목자의 역할"에 대한 강조가 있고, 일부 연구는 진실로 목자의 역할이 무엇을 의미하는지에 대한 상당한 혼란에 빠져있다. 그러나 아직도 많은 문제가 산적되어 있고, 필요가 느껴지고 반응이 있어야 할 자발적인 인간 관계를 다룰 목자들의 마음에 심원한 두려움이 존재한다. 이 두려움 때문에, 목자들은 자신들을 노출할 필요성 없이 행동을 위한 기초를 제공할 명확한 정의를 희망하면서 "자기들의 역할을 정의하는" 방향으로 기울어지고 있다. 그러나 이런 종류의 역할 이행은 복음의 순수한 전달로 이끌지 못한다. 그 자체의 과장된 형태로 그와 같은 역할 이행은 하나님을 조종하는 것이 된다. 이런 조종이 지닌 공허함과 허위는 너무나 명약관화하다. 목자들이 목자로서의 자신들의 "역할"을 잊고 자신들을 내어주는 삶을 배울 수 있을 때, 하나님께서 그리스도 안에서 순수하게, 정직하게, 그리고 자발적으로 내어주셨던 것처럼--비로소 복음은 사람들에게 살아있는 쟁점이 될 것이다. 인간 관계에 있어서 정직한 자발성에 대한 두려움은 기본적으로 성령에 대한 두려움이며 인간의 삶 속에 계시는 성령의 능력에 대한 두려움이다. 죽이는 것은 문자(文字)와 역할이나, 성령은 생명을 부여하신다.

우리는 본 장을 인간이란 무엇인가 그리고 인간은 누구인가라는 질문들로 시작했다. 욕구를 가지고 있는 사람들에게 복음을 전달하는 비결은, 은총의 역설적 조건들과 인간의 책임이 표현될 수 있는 관계에서 그들을 인간으로서 만나는 것이다. 우리는 인간적 존재의 차원들을 무시하지 않았지만, 존재와 성장의 과정에 중요한 사생활, 독특성, 각성 그리고 자율성에 관해 말해왔다. 복음은 이 차원들 안에서 전달되어야만 한다. 목자들은 인간으로서 자신들의 경험에서 이 차원들이 지닌 의미를 배우도록 도전을 받는다. 그제야 목자들은 자기들이 다른 사람들에게 어떤 의미를 지니는지를 알게 될 것이다.

인간이란 무엇인가? 이 질문에 답하기 위해 우리는 심리학과 기독교 신학으로 관점을 옮긴다. 인간은 누구인가? 여기에서 우리는 일반화된 이론에 의존할 수 없다. 우리는 이해하고 상호 간에 관계를 계시하는 인간 자신에게로 돌아가야 한다. 우리는 경험적이며 궁극적인 두 세계에 동시에 사는 것을 지각하는 유일한 피조물이다. 이 두 가지 방향은 인간이 지닌 독특한 잠재력의 성격을 나타낸다. 기독교적 해답은 그와 같은 존재에서 일어나는 물음에 입으로만 전달하는 것으로는 불충분하다. 인간은 개인적으로든 집단적으로든 인간으로서 만남을 가져야 하며, 하나님의 본성과 의미 가운데 일부를 인간의 경험적 상황에 중재할 수 있는 관계 안에서 만남을 가져야 한다. 이것이야말로 그리스도의 영 안에서 인간을 돌보는 행위인 목회적 돌봄의 의미이다.

주 (註)

1) 다음은 인격적 관계의 의미에 관한 도서의 일부이다: Martin Buber, *I and Thou* (Edinburgh: T. & T. Clark, 1937); John Macmurray, *Persons in Relation* (New York: Harper & Row, 1961); Paul Tournier, *The Meaning of Persons* (New York: Harper & Row, 1957); Rollo May, with Ernest Angel and Henri F. Ellenberger, *Existence* (New York: Basic Books, Inc., 1958); William U. Snyder, *The Psychotherapy Relationship* (New York: Macmillan Company, 1961).

2) Arnold B. Come, *Human Spirit and Holy Spirit* (Philadelphia: Westminster Press, 1959)를 참조.

3) Eduard Thurneysen, *A Theology of Pastoral Care* (Richmond, Va.: John Knox Press, 1962); Frederic Greeves, *Theology and the Cure of Souls* (Manhasset, N.Y.: Channel Press, 1962)를 참조.

4) Personal communication.

5) Carl Rogers, *On Becoming a Person* (Boston: Houghton Mifflin Co., 1961).

6) Rollo May, *Existence*.

7) A. H. Maslow, *Motivation and Personality* (New York: Harper & Row, 1954).

8) Paul Tillich, *The Courage to Be* (New York: Yale University Press, 1952), 4장과 5장.

9) Ibid., 6장.

10) H. A. Witkin, H. B. Lewis, M. Hertzman, K. Machover, P. Bretnall Meissner, and S. Wapner, *Personality through Perception* (New York: Harper & Row, 1954). p. 469.

11) Clyde Kluckhohn and Henry A. Murray, *Personality in Nature, Society and Culture* (New York: Alfred A. Knopf, 1953); Gordon Allport, *Pattern and Growth in Personality* (New York: Holt, Rinehart and Winston, 1961).

12) Rollo May, *Existence*.

13) Albert Outler, *Psychotherapy and the Christian Message* (New York: Harper & Row, 1954), 2장.

14) Sigmund Freud, *Collected Papers*, vol. 4 (London: Hogarth Press and the Institute for Psychoanalysis, 1956).

15) Albert Outler, *Psychotherapy and the Christian Message*, 4장.

16) Calvin S. Hall and Gardner Lindzey, *Theories of Personality* (New York: W. W. Norton and Co., 1953).

17) Harry Stack Sullivan, *The Interpersonal Theory of Psychiatry* (New York: W. W. Norton and Co., 1953).

18) Karen Horney, *Neurosis and Human Growth* (New York: W. W. Norton and Co., 1950), p. 17.

19) Heinz Hartmann, *Essays on Ego Psychology* (New York: International Universities Press, 1964).

20) "The Ego and Mystic Selflessness," by Herbert Fingarette, in *Identity and Anxiety*, ed. Maurice R. Stein, Arthur J. Vidich, and David Manning White (Glencoe, Ill.: Free Press, 1960)를 참조.

21) D. M. Baillie, *God Was in Christ* (New York: Scribner's, 1955).

22) Ibid., p. 110.

23) Ibid., p. 114.

4

실제적 고찰

『목회적 돌봄의 신학』(Theology of Pastoral Care)에서 에드 워드 투르나이젠(Eduard Thurneysen)이 발전시킨 목회적 돌봄의 개념은 지금까지 우리가 논의해 온 개념과는 직접적으로 상반된다. 투르나이젠에게는 목회적 돌봄이란 대화(conversation)를 의미한다. 그 내용은 설교의 내용, "설교를 통해 회중에게 선포되는 메시지의 내용과 같은 것"이다.1) 대화는 설교에 기초하며 설교로 되돌아간다. 그것은 투르나이젠의 책에서 끊임없이 나타나는 개념인데, 바로 "하나님의 말씀"의 올바른 전달이다. 본질적으로 그것은 그의 독특한 신학의 내용을 의미한다. 왜냐하면 로마 가톨릭과 경건주의의 목회적 돌봄은 다른 신학에 뿌리를 두고 있으므로 전적으로 수용할 수 없는 것이 자명하기 때문이다. 목회 상담은 "하나님의 말씀을 듣고 그 말씀에 반응하는 것"이다.2) 심리학은 인간에 대해 경청하는 일이 중요하지만, 목자는 하나님의 말씀에서 나온 질문들을 가지고 인간의 의미에 도전을 주어야 한다. 듣는 행위는 인간을 이해하는 목적이 아니라 신학적인 논평을 이끌어낼 수 있는 유리한 입장을 얻기 위한 것이다. 이것은 목회적 대화에서 "단절"--하나님의 말씀에 비추어, 다시 말해서, 목자의 신학적 믿음에 따른 인간 의미의 분석--로서 묘사된다.

투르나이젠은 목회적 돌봄의 인간적 측면과 마찰을 말한다. 그는 인간이 복음을 수용하고 거기에 반응해야 한다는 데는 동의하지만, 하나님의 초월적인 주권 아래서 인간이 자신을 위해 할 수 있는 일이란 아무 것도 없다고 한다. 목자는 자기 자신의 노력이나 생각으로 말씀을 전할 수 없다. "목자는 그 자신의 수준에서 말하는 것이 아니고, 그에게 임한 말씀의 능력으로 전한다. 이제 그는 하나님의 말씀을 전한다."3)

투르나이젠에게 목회적 관계는 중대한 사안이 아니다. 목회적 대화가 그의 접근 방식의 중심을 차지한다. 관계는 대체로 의미를 위해 보류된다. 목자들은 인간에 대해 흥미를 갖고, 동정적이며 관심을 갖는다. 목자들은 자신들을 인간으로서 한결같은 평가를 한다. 그러나 관계는 우리가 해석하는 대로 대화의 기초가 아니라 목회적 대화의 부수물일 따름이다.

그의 저서 마지막에 이르러서야 투르나이젠은 관계에 대하여 논한다. 이 관계는 목자와 신자가 함께 하나님과 관계를 갖고 있으면서 용서하는 말을 통하여 상호 신뢰에 이르는 관계이다. 더 큰 위험은 상호 의존이다. 목회적 돌봄은 어떤 인간적 의존을 피해야 한다. 왜냐하면 이 의존은 하나님에 대한 유일한 의존의 길에서 벗어나지 말아야 하기 때문이다. 투르나이젠은 의존을 심리학적인 관점에서 전이(轉移)로 규정한다. 그는 그와 같은 의존은 불가피할 수 있음을 인정하며, 그와 같은 의존이 발생할 때는 반드시 인식되고 해소되어야 한다고 말한다. 그러나 투르나이젠은 그와 같은 의존이 인간을 위해 어떻게 유익하게 활용될 수 있을지에 관해서는 침묵한다. 그는 실질적인 의존과 정신 질환적 의존 사이를 구별하지 않으며, 어떤 논의에서도 자율성에 관한 언급은 한 마디도 없다. 그는 인간이 정신병적 의존에서 자유롭게 되고 자율적인 인간이 되도록 돕는 일보다 하나님께 결속시키는 것을 더 추구한다. 그가 지닌 신학적 입장에는 인간의 자율성을 위한 여지가 없다.

투르나이젠의 이론에 담긴 강조점은 목자의 설교 대상인 사람보다는 목자가 하는 설교에 있다. 사람은 2차적인 중요성을 갖는다. 사람은 조종당하며, 목자의 권위에 의존한다. 여기에는 깊은 통찰이 불필요하게 만드는 일종의 신학적 과도 지성화(overintellectualization)가 있다. 사람은 말이 지닌 마력에 의존하는 감정을 피할 길이 없다. 청취는 목자가 지닌 신학적 견지에서 발생하며, 듣는 자의 존재 의미의 관점에서 발생하지 않는다. 목회적 돌봄의 강조는 죄책과 용서에 관한 것이다. 우리는 이것을 중요한 것으로 받아들이지만, 인간의 필요에 관심을 갖는 복음의 전체적 관심으로는 받아들이지 않는다.

목회적 돌봄에 관한 투르나이젠의 해석은 그의 신학적 입장에서 비롯된 논리적 부산물이다. 하나님의 초월적 주권과 인간의 무가치에 대한 강조, 인간의 존재와 관련된 하나님의 타자성(他者性), 그리고 언어적 상징들이 지닌 힘에 대한 강조가 그의 입장을 밝히는 특징이다. 그와 같은 입장은 인간의 상황에 관한 염려를 제거하며, 인간의 책임에 의해 조성된 절망을 제거한다. 또한 인간을 목자의 손아귀에 든 인형으로 격하시키고 인간의 자율성을 파괴한다. 만일 하나님의 말씀을 거부한다면 그런 개인들은 하나님을 거부하는 심각한 입장에 처하게 된다. 그러나 구술적 체계(formulation)를 받아들이면 그들은 영원한 구원을 갖는다는 확신을 부여받는다.

우리가 여기에서 발전시키고 있는 목회적 돌봄은 회화를 포함하지만, 그 이상의 것이다. 회화나 대화(dialogue)는 그와 같은 의사소통을 가능하게 하는 관계에 기초한다.4) 많은 목회적 대화에는 참된 의사소통이 부재하거나 의사소통이 부정적일 수 있다. 깊은 차원의 의사소통은 우리에게 의미를 지니는 다른 사람의 경험에 들어갈 때 일어나며, 더욱이 성장이나 구속(救贖)을 위해 인간이 필요로 하는 것은 어떤 "멀리서 온 말씀"(alien word) 같은 것이 아니다. 그것은 인간의 존재 안에 성육신하시고 충분히 참여하심으로써 그리스도 안에서 인간의 기쁨, 갈등, 고통 그리고 운명과 관련을 맺으신 하나님의 임재를 말한다. 목자의 신앙이 강하고 구속적이어야 하는 반면, 신학적인 체계는 목자가 인간들에게서 무엇을 배우는지의 관점에서 반드시 평가되어야 하며, 혹은 다른 신학적 논리들이 정당하지 못한 방식으로 사용되는지 아닌지를 검증받아야 한다.

심리 치료의 분야에서 비록 내용은 다르지만 투르나이젠의 접근 방식과 매우 유사한 지적인 접근 방식을 볼 수 있다. 각기 다른 학파를 대표하는 몇몇 심리 치료가들은 심리적인 관점에서 환자의 경험에 대한 지적 해석에 큰 강조점을 둔다. 이 치료가들은 환자가 갖는 경험의 감정과 의미의 국면에는 별 강조점을 두지 않는다. 그 결과 환자는 완전한 이론으로 점철된 치료를 받을 것이며, 따라서 일정한 구술적 논리에는 완전히 굴복할 수 있으나, 문제는 여전히 해결되지 않은 것이다. 그와 같은 환자들은 인간의 갈등과 문제들을 논의할 수 있지만, 다른 사람들과의 관계는 형편없다. 다행한 것은 이런 치료가들의 수가 줄어드는 것이다. 여기에서 우리의 관점은 그 내용이 심리학적인 것인가 아니면 신학적인 것인가 하는 것은 별 차이가 없다는 것이다. 개인들은 신뢰와 사랑을 통하여 인간 관계에 들어가는 능력에서 보다는 구술적인 교리에서 그들의 안전을 찾는다. 그들은 그들 자신의 통찰력과 이해에 근거하기보다는 다른

사람들이 제공하는 이론에 근거해서 사는 것을 배운다. 헨리 카드
베리(Henry F. Cadbury)에 의하면, 예수께서 사용하신 방법은
정반대이다. 그는 이렇게 말한다:

> 예수가 찾은 지식의 종류는 전달된 정보가 아니라 성취된 통찰력
> 이었다. 실상 예수는 그의 제자들에게 명령하시기 보다는 스스로
> 깨닫고 발견하기를 원하셨다고 생각할 수 있는 이유가 있다. 예수
> 의 불평은 사람들이 그들의 행동의 의미를 인식하지 못한다는 것
> 이다. 그러나 이것은 그들에게 말만하면 되는 것이 아니다. 그것
> 은 이해, 지각 내지 통찰력을 요구한다.[5]

그리고 우리는 그와 같은 통찰력은 깊은 신뢰와 수용의 관계를 통
해 육성된다고 부언할 수 있다.

수용과 이해의 관계에 근거한 목회적 대화--목자가 다른 사람의
감정과 의미에 참여하는 대화--는 다른 사람들로 하여금 그들 안에
서 통찰력과 이해를 경험하게 하는 것을 목표로 삼는다. 그들은 자
신들, 타인들 그리고 하나님과의 실제적인 관계를 이해하는 것을
배우고, 자신들과 타인들의 입장에서 이런 관계의 결과를 발견하는
것을 배우고, 그리고 복음에 비추어서 스스로 자신들의 해답을 찾
는 것을 배운다. 진실된 목자들은 사전에 준비된 물음이나 답변을
갖지 않는다. 목자들이 관심을 갖는 것은 구술적 체계의 수용보다
는 현실에 대한 경험인데, 그 이유는 그와 같은 현실이 곧바로 성장
과 성취의 자원이기 때문이다.

지금까지의 논의는 목회적 돌봄에서 신학적 개념들을 공식적으
로 사용하는 것을 제한하는 것 같다. 실상, 때에 따라서 그런 것은
사실이지만, 그것도 그 순간 목자가 행하는 기능에 따라 다르다. 설

교와 가르침은 신학적 개념을 사용하지 않고서는 불가능하다. 다른 목회적 돌봄의 형태에서 이 개념들은 그처럼 중요한 역할을 하지 않는다. 몇몇 경우에 목자들은 당장 필요한 사람에게 치료나 구원에 필요한 개념들만 전달한다. 그러나 어떤 목회적 돌봄이든 우리가 구속적인 사랑의 정신으로 그 사람과 함께 하지 않는다면, 우리가 제공하는 개념들은 공허하고 무의미할 것이다.

목회적 돌봄과 신학의 관계는 신학자 칼 미칼슨(Carl Michalson)에 의해 인식되었다. 『위기를 위한 신앙』(Faith for Personal Crises)에서 그는 말한다:

이 책에서 사용되고 있는 신학은, 내가 믿기로는, 포이메니칼 신학(poimenical theology), 즉 양떼들을 바르게 목양하기 위한 신학이라 불릴 수 있다(헬라어에서 포이맨은 목자이다). 사람들의 삶에서 일어나는 개인 위기의 치료에 국한시키는 신학은 영혼을 돌보는 사역 중 하나에 불과하다. 나는 이 사역을 위기 상황을 위한 신학이라고 부른다. 성경 신학, 역사 신학 그리고 교리 신학과 같은 전통적인 신학 형태와는 달리, 포이메니칼 신학은 신앙에 관해 모든 것을 말하는 것이 아니다. 이 신학은 단지 지금 당면한 상황에 직접적으로 연관된 것을 말하는 것이다. 이 신학은 치료 과정을 차단할 수 있는 모든 신조의 일부 요소를 약화시킬 수 있다. 이 신학은 위기를 강화하기보다는 감소시키는 것을 목적으로 삼는다. 이 신학은 방대한 지식을 다루지 않는다. 왜냐하면 위기 상황에 필요한 것은 참된 명제가 아니라, 한 인간의 삶에 대한 이해이기 때문이다. 이 신학은 자기 진리만 고집하는 권위주의적이고 명령적인 것이 아니다. 위기 상황 아래서 진리는 스스로 타당성을 드러내면서 해방의 소망을 주어야 한다. 위기 상황에는 진리에 대한 검증이 하나일 뿐이다: 그것은 조명하고 치료하는 것인가? 치료 과정이 마련되지 않고서는 그 검증도 적용될 수 없다.6)

목회적 돌봄은 위기 사건에 한정될 수 없고, 그 과업은 존재와 성장의 관점에서 보아야 한다. 그러나 우리는 미칼슨이 제시한 관점은 보다 폭넓은 개념, 특히 그 개념이 나타내는 어떤 표현에도 공히 적용될 수 있음을 믿는다. 구술적 체계도 가치를 갖지만, 합리적인 형식을 제공하려는 경험을 창조하기에는 무기력하다. 그와 같은 경험들은 한 인간이 자기를 내어주는 사랑의 관계에서 다른 사람과 관계를 맺을 때, 그 사람 안에 있는 잠재력에서 일어난다. 그와 같은 사랑에 대하여 신뢰의 반응이 있을 때, 한 인간이 창조되거나 치료된다. 성장을 통한 자기 발견과 위기의 순간에 치료를 통한 자기 발견 사이의 주된 차이점은 처음 경험에서는 아무 것도 이루어지지 않는다. 목자인 우리는 위기 안에서 이루어지는 치료만큼 성장이 지니는 의미에 많은 관심을 기울여야 한다.

그러므로 복음의 전달은 복음에 관한 구술적이거나 논리적인 개념을 전달하는 것 이상이다. 복음은 하나님 앞에 있는 *존재*로서의 인간, 하나님에 의해 창조된 인간에게 관심을 갖는다. 복음은 창조될 때 가졌던 잃어버린 하나님 형상의 회복을 통한 인간의 구속(救贖)에 관심을 갖는다. 이 구속은 인간이 성취를 향해 장성한 분량에 이르기 위하여 부름받은 것을 의미한다. 그런 경험은 인간의 구술적/논리적 능력보다 훨씬 깊이 파고든다. 그런 경험은 인간의 비이성적 국면--이곳에서 능력이나 공포가 나온다--에 파고든다. 이 수준에서 우리는 우리 자신을 하나님 앞에 있는 존재로, 혹은 깨어지고 죄책에 억눌린 존재--자신과 하나님으로부터 도피하고자 하는 존재--를 경험한다. 이 수준에서 은혜와 사랑에 대해 신뢰로 반응하고, 내적 확신에 대한 느낌을 경험하고, 인간 관계의 의미를 느낀다. 개념만으로는 이 수준에서 성장이나 치료를 진작시키지 못한다. 여기에서 개념은 실재적인 것이 되고 관계의 실재를 통해서 올바른 반응을 일으킨다. 존 칼빈(John Calvin)은 지적 교리에 강조점을 두면서 이렇게 썼다:

> 하나님의 말씀이 뇌의 표면에 떠오른다면 신앙에 의해 수용되지 않는다. 그러나 마음 깊숙이 박힐 때 삶을 유지시켜주고 시험을 막는 강력한 힘이 된다. 그러나 성령의 조명으로부터 올바른 마음의 깨달음이 진전된다면, 그의 에너지는 훨씬 분명해진다. 지식을 이해에 전달하는 것보다 마음에 확신을 주는 것이 훨씬 어려운 일이다.7)

순수한 확신은 인간의 비합리적이고 정서적인 깊이에서 나오며 신뢰와 사랑의 정신에 의해 확실해진다. 그러나 순수한 내적 확증 없이 구술적 개념을 강압적으로 수용한 거짓 확신이 팽배하고 있다. 우리가 지금껏 설명한 관계의 질에서만 성령의 창조적 치유 사역이 드러난다.

목회적 돌봄과 목회 활동

근본적으로 관계를 통하여 필요를 지닌 사람들에게 복음을 전달하는 목회적 돌봄은 그것이 수행되는 목회 활동들과는 구별되어야 한다. 설교, 기독교 교육, 교회 행정, 소명, 상담, 예배 그리고 기타의 활동은 목회적 돌봄의 형태들이다. 그러나 이 형태들이 사람들에 대한 사랑과 관심에 관계 없이 목자에 의해 시행된다면, 모든 활동은 목자와 신자를 기만으로 이끌 것이다. 목자가 사람들에 대해 갖는 부정적인 감정에 고무된다면 실제적인 해(害)가 나타날 것이다. 구속의 복음이 실제화되는 경험에서 목자와 사람들이 참여하는 목회적 돌봄은 순수한 동기에 의해 이루어져야 하며, 그렇지 않을 경우에 그것은 아무 것도 아니다. 더욱이 목자를 통하여 하시는 성령의 사역은 현재의 형태에 제한받을 필요가 없다. 오늘의 세계에서 우리는 구속적 참여가 일어날 수 있는 새로운 형태를 필요로 한다.

최근에 적어도 옛 형태 가운데 하나가 부활되었는데, 그것은 고백을 듣는 것으로서, 근자에는 목회 상담이라 불린다. 이 형태의 부활은 여러 가지 이유로 많은 사람을 놀라게 했다. 아직도 고백은 복음과 성경적 증언의 일부이며, 인간 경험에는 그것에 대한 심원한 욕구가 있다. 교회는 이런 형태의 목회적 돌봄을 현재의 영역보다 훨씬 많이 성장시키고 발전시켜야 한다. 그렇지 않다면 우리는 치유라는 깊은 수준의 필요를 목표로 하는 핵심적 사역을 포기할 수밖에 없다. 그렇게 될 때 치유 사역의 소명을 받은 많은 사람들이 사역을 포기할 것이며, 다른 사람들을 교회에서 잃을 것이다. 교회는 목회 상담을 충분히 발전시키되, 그것이 지니는 가치와 한계를 분명히 알고 그것이 필요로 하는 훈련 과정을 가져야 한다. 목회 상담과 전문적인 심리 치료는 서로 독립적으로, 그러나 양쪽 대표자들 사이에서 발전된 깊은 이해를 가지고 서로 협력적으로 존재해야 한다.

목회 상담은 목회적 돌봄과 동일시될 수는 없으나, 역시 목회적 돌봄의 여러 형태 가운데 하나이다. 상담은 인간적 문제를 다루거나 해결하기 위해 깊은 인간적 감정의 수준에서 내담자가 목자와 의사소통하는 과정이다. 상담에 대한 욕구가 없어질 때, 목자와 내담자가 갖는 깊은 관계의 국면들은 사라진다. 왜냐하면 목자의 책임은 내담자가 목자를 의존하는 일을 중단하고 하나님에 대해 책임적인 인간이 되게끔 돕는 일이기 때문이다. 이것의 정확히 의미하는 바는 각 사람의 필요에 의존된다. 모든 목회 상담은 목회적 돌봄을 포함해야 하나, 모든 목회적 돌봄이 상담을 통해 수행되는 것은 아니다.

우리가 해석한대로, 목회적 돌봄은 위기에 처한 사람들을 위한 사역 이상의 것이다. 목회적 돌봄은 성장할 준비를 갖춘 사람을 위한 사역이기도 하다. 이것은 목회적 돌봄에 관한 이전의 개념과는 첨예하게 대립된다. 인간이 직면하는 많은 위기들은 불필요하며 또 상황이 그렇게 어렵게 되기 전에 올바른 돌봄에 의해 예방될 수 있다: 많은 위기들은 성장을 증진시키는 경험에 의해 미리 막을 수 있다. 다른 한편, 모든 인간적 위기가 다 예방될 수는 없는데, 그 이유는 인간의 상황에는 예견되거나 통제될 수 없는 요인들이 존재하기 때문이다. 인간이 갖는 가장 깊은 욕구는 성장이 일어날 수 있는 관계에 대한 욕구이다. 기독교 신앙이 요구하는 것에 대한 개인의 결단과 헌신의 종류는 일정한 성숙의 수준에 도달하지 않는다면 성취될 수 없다. 결단의 경험은 위기일 수도 있고, 성장은 참된 결단의 결과일 수도 있고, 참된 결단을 일구어 내는 요인일 수도 있다.

우리는 목회적 돌봄을 다양한 목회 활동에서 발견될 수 있는 관계의 질로 묘사했다. 목회 활동을 좀 더 구체적으로 고찰함에 있어서, 우리는 그 활동을 일일이 설명하려면 책 한 권이 필요하기에 여기에서는 제약을 받을 수밖에 없다.

설교는 목회적 돌봄의 한 형태이다. 다시 말해서, 설교는 인간의 필요를 위하여 복음의 의미를 회중에게 전달하는 수단이다. 설교가 선포라고 말하는 것은 진리의 반만을 언급하는 것이다. 선포는 인간이 갖는 욕구와 역동적인 관계에서 전달되어야 하는데, 그렇지 않다면 우리는 신학 논문만 소유하게 될 뿐이다. 그것은 논문으로서 신학적으로 받아들여질지 몰라도 회중에게는 전혀 의미가 없다.

설교에서 효과적인 복음 전달은 설교자 자신이 하나님 앞과 다른 사람들 앞에서 순수한 경험으로부터 설교하여야 하는데, 그 경험은 자기를 내어주는 사랑의 의미를 배운 경험이다.

실상 설교는 의사소통이며 항상 교차적인 과정을 갖는다. 신학적 지식만을 갖고 설교하는 설교가들은 한 방향의 선포 경쟁에 가담하고 있는 자신들을 발견할 것이다. 사람들은 신학 연구에 참여한 적이 없기 때문에 도저히 반응할 수 없다. 그러나 복음은 지적인 응답보다 훨씬 이상의 것을 요구한다. 복음은 총체적 인간을 포함하는 신앙의 반응을 요구한다. 만일 사람들이 반응하고자 하고, 만일 대화가 있다면, 그들이 지닌 필요는 의사소통의 과정에 내포되어야 한다.

복음은 설교의 아이디어와 개념들이 말하는 자와 듣는 자의 경험에서 실재를 발견할 때만이 설교를 통해 전달된다. 그러므로 설교자는 회중 속에 있는 많은 사람들이 "나는 하나님께서 실로 나를 사랑하심을 믿을 수 없습니다. 나는 이 사실을 믿게 되기를 원합니다"라고 생각하는 동안 하나님의 사랑에 대해 말할 수 있다. 이 사람들은 어린 아이 시절에 순수한 인간의 사랑을 알지 못했기 때문에 이런 방식으로 느낄 수도 있다. 비슷한 이유로 어떤 사람들은 설교자의 설교를 피상적으로 받아들일 수 있지만, 그 설교에 대해 깊이 반응하지 못한다. 사랑을 받는다는 환상을 충족시켜 주기 때문에 설교를 즐길 수도 있다. 아니면 같은 결과로 설교자는 신뢰, 신앙, 용서 그리고 다른 주제를 말할 수 있다. 아이디어와 개념들은 복음에 대한 해석이며, 말하는 자와 듣는 자 양편이 아이디어가 지시하는 실재를 경험할 때에야 비로소 진정한 의사소통이 일어난다.

설교자를 생각해 보라. 설교자들은 목소리에 분노를 담고 하나님의 사랑을 말할 수 있다. 그리고 만일 그렇다면, 그들은 분노를 전하는 것이다. 설교자들은 회중들에게 더 많은 죄책감을 남기거나 설교자 자신의 죄책을 남기는 방법으로 하나님의 용서를 말할 수 있다. 설교자들은 신앙을 말하면서 그들 자신의 불안을 말할 수도 있다. 혹은 "사람의 방언과 천사의 말로 말할 수도 있다. 그러나...." 수세기 동안의 설교의 역사를 통하여 --그 대부분이 비효과적이었지만-- 설교가들은 문제의 뿌리를 발견하는데 우선 순위를 두기보다는 방어적이었다. 방어는 책과 강의를 통한 이상적인 설교였다. 다른 형태는 효과적인 의사소통에 대한 모든 책임을 하나님이나 성령께 두는 설교를 신학적으로 해석하는 것이었다. 하나님의 말씀이나 성령의 사역을 축소하지 않으면서, 우리는 목자가 사람들과 함께 만드는 관계의 질이 설교를 효과있게 하는지, 아니면 효과없게 하는지를 안다. 목자의 관계는 성령의 사역을 위한 상황을 차단하거나 제공하기도 한다. 신학 교육은 젊은 남녀들에게 설교학을 가르침에 있어서 방법들의 중요성을 생각하게 할 필요가 있다. 우리는 설교의 기교를 다루는 과정에 별 강조를 두지 않고, 한 인간으로서 설교자의 성장을 증진할 수 있는 접근 방식에 더 많은 강조점을 둔다.

이와 같이, 복음은 교회라고 하는 제도적 형식 안에서 구체화되고 서술될 수 있지만, 제도적 형식 자체가 복음이 될 수는 없다. 교회는 구속적 관계가 사라져 버리고, 구조적인 조직과 프로그램에 지나친 관심이 투여된 "그리스도의 몸"으로 해석될 수 있다. 복음은 제도를 만들고 유지하는 살아있는 실재이며, 제도라는 매체를 통하여 사람을 만들고 또 재창조하는 살아있는 실재이다. 만일 교회의 행정적 기능들이 깊은 차원의 목회적인 목적을 위해 활용되지 않는다면, 그 기능들은 사람들을 파괴적인 목적으로 사용될 것이다. 목자의 창조적 삶은 제도와 마찬가지로 위험에 직면하게 된다.

　재삼 강조하거니와, 복음은 어떤 특별한 공동 사회가 지닌 추상적인 윤리적 이상(理想)이나 문화적 형식보다 훨씬 차원이 깊다. 두말 할 나위 없이, 윤리적 이상은 어느 그리스도인의 삶에도 내포되어 있고, 그들이 목자에게 가지고 오는 문제들은 이상의 갈등이나 그 이상을 충족시키는데 실패한 문제들을 포함할 수 있다. 복음의 진수는 인간의 행동을 추상적으로 설명하는 것이 아니라, 행동을 산출하는 깊은 동기에 있다. 이것이 바로 사랑은 율법의 완성이며, 율법을 폐하기 위해서가 아니라 오히려 완성하러 오셨다고 하신 예수님의 말씀이라는 바울의 주장이 지닌 의미이다. 도덕률은 결단코 성령의 열매를 만들어 내지 못한다. 그릇된 이유를 위하여 바른 행실을 행하므로써 무의식적으로 영적 자살을 하는 것도 가능하다. 어머니가 어린 자녀를 순수한 사랑으로 양육할 수도, 혹은 어린 자녀에 대한 깊은 배척을 포장한 거짓 사랑으로 양육할 수도 있다. 어느 경우이든 어린 아이를 성장시키기는 하지만, 어린 아이에게 미치는 영향은 건강한 성장 아니면 병적 성장이라는 차이를 나타낼 것이다. 사랑의 중재가 아닌 이상(理想)에 대한 설교는 우리 자신이 가진 무의식적 죄책의 표현일 수도 있다. 비극적인 것은 이것이 오늘 우리들이 당면하고 있는 현실이라는 것이다.

　예배 의식과 예전은 복음의 관계가 극히 효과적으로 깊이 전달될 수 있는 형식일 수도 있고, 예배 인도자로서의 목자와 회중들의 관심은 피상적인 차원에 머물 수도 있다. 의례(ritual)는 단어들로 구성되지만, 복음의 깊고도 내적인 의미가 묘사될 수 있는 행위로도 구성된다. 제단 앞에서 목자의 직무는 사람들 앞에서 하나님을,

그리고 하나님 앞에서 사람들을 대표하는, 그래서 중재자의 역할을 하는 것이다. 예배에서 그렇게 많이 사용되는 예배의 부름—"여러분의 마음을 여십시오"—은 내외적 압력에 의해 죽어버린 귓전에 떨어지는 것과 같아서, 마음을 열지 못한다. 그 결과는 공허와 무의미이다. 말씀과 행위는 있으나 예배 경험의 내적 실재는 존재하지 않는다. 기독교 예배의 심오한 행위는 성례전에서 일어나는데, 그 성례전에서 먹고 마시는 구체적인 행위를 통하여 그리스도의 영과 그 생명의 의미가 예배자 속으로 파고들 수 있다. 그와 같은 예배는 목회적 돌봄의 깊은 사역일 수 있지만, 많은 사람들은 먼저 다른 형태의 목회적 돌봄—고백이나 상담—을 필요로 하는데, 그래야 내적 장벽을 뚫고 성례전이 요구하는 반응을 보일 수 있기 때문이다. 그러므로 목회적 돌봄은 서로를 필요로 할 수 있다.

심리적/신학적 통찰력을 갖는 목자는 어떤 특별한 형태를 지나치게 강조하면, 비록 그 형태가 합리적이고, 제도적이고, 예전적이거나 윤리적일지라도, 그것은 일종의 인격의 전도(顚倒)요 우상 숭배임을 발견하게 될 것이다. 목회적 돌봄의 목적은 강한 불안을 야기하는 내적 실재와 진리로부터 사람들을 보호하는 것이다. 예수님 자신이 지적하신 것처럼, 그리고 이상 심리학(abnormal psychology) 교과서에서 확정되고 있듯이, 형태는 내적 실재의 대체물로서 호소력이 있다. 종교적 형태들은 통찰력을 위해서보다는 은폐를 위해서 사용될 수 있는데, 특히 내용이 사람의 깊은 비합리적인 국면들에 관심을 가질 때 그렇다. 가장 깊은 차원의 복음 전달은 성육신을 묘사하고 조명하는 관계의 수준에서이다. 생명력 있는 복음 전달은 형태를 사용하나 내면적인 정신을 매개하는 목적을 위해서만 사용한다.

제1장에서, 나는 목자의 일상적 경험에서 부숴뜨리는 세력에 대

해 언급한 바 있다. 목자의 사역에서 통합적인 요소는 형태나 활동에서 발견되지 않고, 그런 활동을 통하여 사람들에게 전달되어야 할 복음의 실재에서 발견되어야 한다. 형태나 활동이 다른 목적들--예를 들면, 제도적, 도덕적 혹은 교리적 목적들--을 위하여 사용되는 한, 이처럼 깊은 통합하는 요소는 존재하지 않을 것이다.

성만찬에 관해 언급하였는데, 하나님의 은총을 전달하는 매개로서 성례에 관하여 한 마디 언급하겠다. 성례전에 대한 신학적 이해뿐 아니라, 목자들은 성례전에 대해 사람들이 보이는 반응에 영향을 끼치거나 반응을 결정하는 심리적 과정을 이해해야 한다. 목자들은 개인이나 집단 안에 있는 강압적 필요 때문에 나오는 지나친 반응을 보이는 상황을 관찰할 수 있다. 이에 대한 실례는 루터(Luther)가 사용한 『고백서』(the confessional)이다.8) 우리는 『고백서』가 있을 때, 개신교인들이 성례전에 강압적으로나 의식적으로 참여한 것을 알고 있다. 다른 한 편, 심리적 요인들이 성례에 대한 긍정적인 반응을 차단하거나, 강한 부정적인 반응을 일으킬 수 있다. 목자들은 조직적으로 성만찬을 회피하는 신자들을 방문할 때, 이 문제를 화제로 삼는다면 이런 요인들을 배울 수 있을 것이다. 어떤 때에는 성찬식에 참여하기 때문에 참여자에게 심각한 문제가 제기될 수 있으며, 그 결과 그들은 목자에게 도움을 요청할 것이다. 우리는 정서적 문제들 때문에 생동감 넘치는 예배를 경험하지 못한 사람들을 아는데, 그들은 목자와 상담을 통하여 문제를 해결한 후 예배가 생동감 있고 생생한 경험으로 변화되었다. 상담의 경험은 본질상 고백의 경험인데, 그것이 비록 공적(公的)으로나 신학적으로 성례라고 인정되지 않으나, 그래도 성례가 될 수 있다.

우리는 이 저서를 통하여 인간 관계의 성례전적 특성을 해석하였다. 그 관계가 복음이라는 상황에서 영위될 때 말이다. 예수님의 생애에 있는 경험들에서 유래된 성만찬 예식을 거행하는 것은 너무 중요하다. 그러나 예수님 자신은 인간 관계에서, 그리고 자연의 과정과 사건에서 천국에 관한 진리를 전달시킨 의미를 찾았다. 그리고 예수님께는 말씀 자체가 성례전적 가치를 가졌다--"내가 너희에게 이른 말이 영이요 생명이라"(요 6:63). 의미를 형성하고 전달하는 인간 관계와 말씀은 기독교 신앙의 깊은 실재를 전달할 수 있다. 그 실재가 경험 가운데 임하면 말이다. 그런 때 관계는 성례전이 된다. 순수한 관심과 존경으로--그리스도의 정신으로-- 베풀어진 냉수 한 잔은 하나님의 은총을 묘사한다. 순수한 목회적 돌봄은 끊임없이 성례전적 관계이다.

과정으로서 말하기와 듣기

너무나 많은 목자의 사역이 언어의 의사소통으로 이루어지기에 말하기와 듣기에 대하여 좀더 기술적인 촌평을 할 필요가 있겠다. 귀는 수용하는 기관이다. 듣는다는 것은 말과 아이디어, 감정을 받아들이고 또 반응을 하는 것이다. 단어는 그 의미의 파악없이 수용되고 기억될 수 있다. 우리는 이런 현상을 신학적 또는 심리학적 단어를 기억할 뿐 아니라, 그것을 대화나 글에서 반복할 수는 있지만, 그 의미나 의미의 활용에 대해서는 쩔쩔매는 학생에게서 본다. 내용을 깨닫지 못하거나 거부하면서 언어로 전해지는 아이디어를 듣고 수용할 수 있다. 우리는 정서적으로 의사소통을 받아들일 준비가 된만큼만 이해한다. 우리는 듣기를 원하는 것을 들으면서 진짜 들어야 될 것은 듣지 못할 때가 많다. 시각을 통해서이건 청각을 통해서이건, 외부 세계에 대한 지각은 인격의 양상을 따른다. 이것은 특히 관계에 대한 지각에 있어서 그렇다. 우리의 지각은 우리 자신의 욕구와 방어에 의해 왜곡된다. 예수는 많은 사람들이 귀를 가졌으나 깊은 의미로 들을 수 없었던 것을 이해하셨다.

들는 것 가운데 많은 것은 부정적이다. 예수께서 하신 비유에 나오는 사람처럼(마 21:28-31), 우리는 "예"라고 말하기 전에 "아니오"라고 말해야 한다. 우리의 방어는 끊임없이 작용하는데, 그것을 의식하지 못할 때도 그렇다. 실상, 우리는 우리 자신을 우리의 방어 과정과 동일시한 나머지, 우리는 방어를 위하여 방어한다. 그러므로 신학이나 심리학 강의를 듣는 학생은 어떤 아이디어가 마음 속에 불안감을 일으키기 때문에 그 아이디어를 거부할 수 있다. 자신의 불안을 검증하는 대신, 그는 그 아이디어를 제시한 교사에 대해 적대적을 갖게 되므로써, 부정을 위한 방어를 작동시킨다. 시간이 지나 불안감이 잔잔해지면, 왜 교사에 대해 그렇게도 거칠게 반응했는지 이해하지 못한다. 왜냐하면 이제는 똑같은 아이디어를 전혀 다르게 듣기 때문이다.

효과적으로 말하고 정확히 듣기 위해서는 말하는 자와 듣는 자 간에 동일시의 과정이 중요하다. 사람들이 목자가 그들과 깊이 함께 한다고 느끼지 못하면, 목자의 말을 바르게 받아들이지 못할 것이다. 우리는 많은 사람들이 하는 말들, 곧 "그는 도대체 나를 이해 못해," "그는 내가 하는 말귀를 알아듣지 못해," "그는 내게 관심이 없어. 오직 자기 자신의 아이디어만 관심을 갖지"라는 말을 듣는다! 말하는 자는 대화의 주도권을 가진 자인데, 듣는 자를 이해하고 있는지 아니면 못하고 있는지를 나타낼 것이다. 듣는 자는 긍정적이든 부정적이든 반응을 보일 것이다. 사람들은 이해되고 있다는 느낌을 필요로 하며, 의식적이든 무의식적이든 자신을 말하는 자와 동일시 하는 경향이다. 학생은 교사에게서 부모 중 한 사람의 모습을 보기 때문에 교사와 동일시 할 수 있다. 그와 같은 동일시는 긍정적일 수도 있고 부정적일 수도 있지만, 학생의 "듣기"는 이런 조건들에 의해 영향을 받을 것이다.9) 이와 같이, 회중 가운데 있는 개인들은 메시지를 전하는 사람을 받아들일 수 없기 때문에 메시지를 거부할 수 있다. 아니면 회중들은 메시지를 듣고 이해할 수 없기 때문에 메시지를 전하는 자를 거부할 수도 있다. 모든 형태의 목회적 돌봄에서 목자와 목자가 다른 사람들과 맺는 실제적인 관계의 종류가 지배적 요인이다.

발설된 말이 듣는 사람 안에서 거부감이나 자극을 일으킬 수 있다는 사실로 인하여 청취는 영향을 받는다. 간혹 반응은 말 그 자체가 아니라, 음색이나 말의 억양에 영향을 받는다. 적의를 갖거나 농담 아니면 신중하게 한 말이 전혀 다른 반응들을 일으킬 수 있다. 이런 반응들은 개인의 선험적인 경험이나 그 경험이 지닌 의미와 연관된다. 그러므로 "하나님 아버지"라는 말에 대해 우리가 갖는 반응은 우리가 지상의 아버지에 대해 갖는 느낌, 우리가 어떻게 이 감정들을 다스리는가, 그리고 천국에 대해 갖는 환상의 성격에 따라 부정적일 수도 있고 긍정적일 수 있다. 종교적 강화(講話)에 사용된 많은 말들은 인간 관계에서 연합의 실마리가 될 수 있다. 초기 아동기의 인간 관계에서 발전된 의미들은 긍정적이든 부정적이든 성인의 삶에서 나타나는 종교적 표현들과 관련될 수 있다. 어떤 사람은 종교적 아이디어가 이전의 경험에 근거해서 부정적 감정을 일으키기 때문에, 그 종교적 아이디어를 이해하거나 받아들이지 못할 수 있다.

강의실에 있는 어떤 학생은 자기 속에 강한 적개심을 일으킨 어떤 아이디어가 표현되었을 때 잠에 빠져버렸다. 그는 문자 그대로 완전히 귀를 막아버렸다. 동일한 아이디어를 들은 다른 학생은 흥분한 나머지 열띤 논쟁에 뛰어들 것이다. 동일한 말과 아이디어라도 사람들이 듣는 방식에 따라 전혀 다른 반응을 일으키며, 이 반응은 과거의 경험에서 얻은 의미에 의해 결정된다. 종교적인 단어와 개념을 가르치는 종교 교육은, 다른 사람은 물론 하나님과 갖는 관계의 의미를 이해시키는 것을 돕는 기독교 교육—그 결과 그 개념을 적절한 말로 전달할 수 있게 하는 교육—과 다르다. 참된 영적 공동체를 위한 기초는 공통적인 언어를 사용하는 것 뿐 아니라, 공통적인 의미를 보다 깊이 경험하는 것이다.[10]

지금까지 언급한 것에 비추어서, 우리는 "믿음은 들음에서 나며, 들음은 그리스도의 말씀으로 말미암았느니라"(롬 10:17)는 오늘날 자주 듣는 주장을 살펴보아야 한다. 이 주장에는 확실히 자구적(字句的) 진리가 있다. 우리가 논의한 것에 비추어서 두 가지 논평이 필요하다. 첫째로, 죄책감이나 불안감을 가졌거나 신앙을 감상적인 의존이나 굴복과 혼동하거나, 그리스도를 그리스도에 관한 교리적 진술과 혼돈한 사람이 전하는 그리스도의 말씀은 결단코 활력이 넘치는 신앙을 산출하지 못할 것이다. 오로지 자신이 지닌 신앙이 순수하고, 자기를 내어주는 헌신적인 사랑으로 사람들을 만나는 설교자가 살아있는 신앙을 고취하는 방법으로 설교할 수 있을 것이다. 둘째로, 청취자들은 그리스도가 나타내시는 관계의 실재 안에 있는 어떤 것을 미리 경험하거나 느꼈어야 한다. 결정적인 것은 설교의 지적 내용 뿐만 아니라, 말하는 자와 듣는 자 사이에 존재하는 관계이다. 내용과 관계의 질 사이에 연속성 내지는 통일성이 존재해야 한다. 바울이 한 진술은 이따금 기계적인 방식으로 해석되어 복음 전달의 깊은 국면들을 놓치고 있다. 말과 실재가 하나이지 못하고 그리스도가 신빙성있게 설교되지 못함으로 인하여 많은 설교가 신앙을 고취하지 못하고 있다.

청취자로서의 목자에 관한 매우 피상적인 글들이 그간 많이 쓰여져 왔다. 그러나 목자들은 자기 자신들의 깊은 느낌과 의미에 대해 듣는 것을 배운 후에라야 다른 사람들의 깊이에 말할 수 있을 것이다. 사람들은 선포된 설교의 깊이를 들어야만 한다. 또한 목자들은 자신들에 대해 듣는 것 이상으로 더 깊이 다른 사람들을 들을 수 없을 것이다. 투르나이젠이 "하나님의 말씀"이라고 반복하여 부른 것을 우리가 들을 수 있는 것은 우리 자신과 다른 사람들에 대해 듣는 것이다. 내가 여기에서 사용하는 이 말은 어떤 선입견적인 아이디어를 나타내는 것이 아니라, 경험의 핵심에서 계시된 인간과 인간, 그리고 인간과 하나님 관계의 실재이다. 목자들이 설교를 하고 있는 동안에도, 목자들은 얼굴 표정, 주의 집중 등 회중들이 듣는 방식에 따라 회중들의 반응을 관찰해야 한다. 그와 같은 감수성은 목자로 하여금 사람들이 지닌 욕구의 관점에서 응답할 수 있게 만들 수 있다. 설교 원고에 의존하거나 지나치게 요약된 설교 윤곽은 설교에 있어서 이 역동적인 과정에 심각한 방해 요인이 될 수 있다. 설교와 청취는 설교자와 청취자의 관계가 깊숙히 개입되는 전체 과정이다.

그런데, 설교와 청취는 실제로 하나의 과정이다. 한 사람이 들을 때, 한 사람은 말한다. 말은 말하는 사람을 계시하며, 때로는 방어기재, 은폐성, 그리고 통찰력의 부족을 드러낸다. 극단적인 형태로, 말은 정신병적 망상이나 환각이 될 수 있다. 또는 설교가 자신을 깊이 개방하고 경험을 음미한 결과로 나올 수 있는데, 그리할 때 그 설교는 나눔이 된다. 그와 같은 설교는 조종을 목적으로 삼지 않고 헌신을 목표로 삼는다. 그러나 무엇을 주어야 할지를 발견하기까지는 줄 수 없다. 경험의 의미를 말로 표현할 수 있다는 것은 그 경험의 의미를 먼저 의식 속에 수용하고, 그것을 인식하고, 그리고 자신에 관하여보다는 자신을 직접 아는 것이다. 자기 발견에서 이루어진 통찰력을 전달하는 설교는 들을 수 있는 능력이 있는 다른 사람들에게 통찰력을 전달하는 의사소통의 가능성을 갖는다. 목자가 되는 것은 말하는 기술을 배우거나 어떻게 옳은 말을 하는가 하는 것보다 존재와 성장의 문제이며 자신과 다른 사람들에게 개방되는 문제이다. 그와 같은 상황에서 무엇을 말해야 되는가라는 목자들이 종종 갖는 질문은, 그와 같은 상황에서 나는 다른 사람들에게 무엇이 될 수 있는가라는 질문으로 바뀌어야 한다.

목회적 관계에 놓인 인간적 장애물

우리는 목회 사역에서 말이 아닌 깊은 인격적 의사소통에 게재된 목자 개인이 가진 장애물들을 고찰할 필요가 있다. 사람들과 맺는 그와 같은 관련은 실제로 유아기부터 성인이 되기까지의 성장 과정에 걸쳐서 갖는 인간 관계의 본질 때문에 목자에게는 상당히 어려운 문제이다. 목자들은 다른 사람들과 전혀 다른 종류의 사람이 아니라, 동일한 욕구를 지니며, 동일한 경험에 참여하며, 동일한 문제를 갖는다. 아동기에 목자는 자기를 사랑한 누군가에 의해 상처를 입었을 수도 있고, 혹은 다른 사람을 사랑하는 일에 좌절을 경험하였을 수도 있다. 만일 그렇다면, 그 목자는 교회의 가족들을 사랑하려고 시도할 때 불안감과 죄책감을 가질 수도 있다. 목자가 상처를 입었기 때문에 그 목자는 사람들이 자기에게 가까이 접근하지 못하도록 자신의 주변에 방어벽을 설치하고, 어떤 깊은 의미에서 사람들의 고통을 볼 때, 그 고통에 참여하면서 그들과 관계를 제대로 형성하지 못한 채 지적으로만 그들을 다룬다. 이런 무의식적인 태도를 지닌 많은 목자들은 신학적 훈련에서 격려를 발견한다 – 만일 그들이 "올바른" 신학을 가진다면, 올바른 말을 할 수 있고 또한 올바른 권위를 활용하면서 자신들의 책임을 이행한다고 느낀다.

지적 훈련에 더 많은 강조점을 두고 있는 신학교들은 지적 훈련에 상응하는 정서적, 영적 성장을 받을 수 있는 기회를 만들어서 학생들로 하여금 깊은 의미에서 목자가 될 수 있도록 책임 의식을 가져야 한다. 그러나 많은 목자들은, 깊은 차원의 인간 관계에 능력의 부족을 느끼기 때문에, 자기를 내어주는 헌신적인 사랑에서 다른 사람들이 겪는 가장 깊은 고통에 참여하므로써 복음의 실재를 전달할 수 있다는 생각에 부정적으로 반응한다. 왜냐하면 그들 자신이 갖는 깊은 욕구를 받아들이지 않았기 때문에, 그들은 주는 것을 배우지 못했던 것이다. 혹은 목자들은 피상적이며 감상적인 개념을 진정한 경험과 혼돈할 수도 있다. "내가 할 수 있는 모든 일은 사람들을 사랑하는 것입니다"라고 학생들이나 목자들이 하는 말을 들을 때, 우리는 이 말이 그들 개인에게 무엇을 의미하는지 그 의미를 탐구하는 책임을 기꺼이 받아들이지 않는 범위 내에서 자구적으로 그 개념을 받아들이려고 할 수 있다. 그와 같은 목자들은 정죄받지 않을 것이다. 그들은 풍부한 목회적 돌봄의 경험을 필요로 하며, 어떤 경우에는 순수한 사랑을 베풀 수 있기 이전에 깊은 심리 치료를 받을 필요가 있다. 그렇게 되기까지 그들은 다른 사람들이 겪는 고통에 참여할 수 없을 것이다. 이것이 바로 일부 목자들이 할 수 있는 것은 오로지 "하나님의 말씀"을 선포하는 것이며 나머지는 전적으로 하나님께 맡기는 것이라고 말하는 이론을 지지하는 이유이다. 말씀은 분명히 선포되어야 하겠지만, 말씀이 지닌 깊은 내용은 오로지 말씀에 깊이 잠길 뿐 아니라 인간의 궁지에 참여하는 자에 의해 전달될 수 있다.

많은 사람들에게 깊은 차원의 의사소통을 이해하는 일이 왜 그렇게 힘든지 또 다른 이유가 있다. 우리는 인간 관계가 지닌 내적 의미를 부인하지 않을지라도 그것을 무시하고 인격적인 가치보다는 보편적인 것을 강조하는 경향이 있는 문화에 편승하고 있다. 우리는 사람들을 마치 물건처럼 조종하고, 우리들 자신의 목적을 위해 사용한다. 이런 문화는 전체주의, 황금만능주의의 지배를 받고 있는데, 이런 문화에서 사람들의 가치는 인간으로서보다는 무엇을 만드느냐에 따라서 평가된다. 그와 같은 문화는 성육신적 종교에서 명백히 드러난 인간의 가치를 이해하고 수용하는 것이 힘든 사람들을 양산한다.

다른 문화적 상황은 인격적 차원의 이해에 역행한다. 우리의 문화는 과학의 지배를 받으며, 과학은 언어적 상징에 의해 효과적으로 서술될 수 있는 실재의 차원을 다룬다. 과학의 진리는 의사소통자의 인격적 태도의 영향을 받지 않는다. 그러나 목자는 과학자의 것과는 전혀 다른 실재의 질서를 전달하고 있다. 사물이나 관찰 내지 측정할 수 있는 과정들에 대한 사실들을 묘사하고 전달하는 것은 다른 사람이나 하나님과 관련된 인격적 의미를 전달하는 것과는 전혀 다르다. 많은 과학자들이 종교적 진리나 실재를 거부하는 것은 바로 이런 이유 때문이다. 과학자들은 의사소통에 대한 그들 자신의 이해와 방법론에 매여서 실재의 차원에 적합한 다른 실재와 언어의 차원을 거부한다. 목자가 받은 시험은 다른 방향에서였다. 곧 종교적 개념을 입으로 전달될 수 있게끔 거의 "과학적 체계"로 발전시킴으로써 과학과 경쟁을 하는 것이다. 그러나 종교적 실재의 본성은 그와 같은 정확한 언어적 표현을 불가능하게 한다.

아직까지도 어떤 이들에게 관계를 통한 의사소통의 개념이 이해하기 힘든 것은, 정서적 영적 문제들을 지나치게 지성화하는 경향 때문이다. 이 말의 뜻은 이러하다. 우리가 갖는 정서적 영적 문제들을 지적인 용어를 가지고 정돈하려고 하며, 그런 뒤 대개 문제와는 정반대의 진술인 답변을 체계화하여 (예를 들어, 두려움에 대한 답변은 종교이다), 그 답변을 우리 자신에게 적용하려고 한다. 이런 행위는 자아가 지닌 역동적 국면들을 억압하고 결국은 건전치 못한 결과에 빠진다. 간혹 상담자들은 내담자들이 자신들을 융통성 없는 지적 체계 속에 제한시키는 일을 보지만, 더욱 중요한 것은 어떻게 그런 체계가 깊은 정서적 요소들을 억압하는데 사용되어 문제를 양산하는지를 모르는 것이다. 예를 들면, 고정된 지적 체계와 그 체계를 공포하는 것은 불안정한 문제를 해결하는 하나의 시도가 될는지 모른다. 문제는 다른 사람들에게 체계가 지닌 진리를 확립시킴으로써 자신을 정당화하려는 강압적인 욕구에 수반되는 거짓된 안정감에 의해 은폐될 뿐이라는 것이다. 불안정한 느낌은 그 뿌리를 파헤쳐 원인을 규명하므로써만 처리될 수 있다. 지나치게 지성화하고자 하는 경향은 불면증의 질병으로 고통당하고 있는 일부 사람들에게 극단적인 것이 될 수 있지만, 우리들 대부분은 과도한 내적 갈등을 안고서 이같은 허위적인 해결책을 찾아 전전긍긍해 하고 있다.

이런 경향은 현대 문화와 현대 교회에서 더욱 강하다. 만일 우리가 올바른 이론 체계를 갖고 있다면, 우리는 모든 문제를 해결할 수 있다. 목자들에게는 "개성"이나 그리스도인의 경험에 대한 깊은 차원의 통찰 없는 "바른 신학"의 소유를 의미할 수도 있다. 필립 왓슨은 그의 저서 『은총의 개념』(The Concept of Grace)에서 교회에서 시행하는 성례전은 복음의 과도 지성화를 막는다고 말한다.11) 수많은 사람들은 과도 지성화 밑으로 파고 들어갈 수 있도록, 다시 말해, 존재의 심층적 차원으로 들어갈 수 있도록 도와주는 목자들과의 관계를 원한다. 그들은 과도 지성화를 원하는 같은 이유 때문에 성례전에 반응하는 일에 실패한다. 그들은 인간이든 신이든 간에 다른 사람들이 자신들의 존재 일부가 되는 일을 허용하지 못하고 자신들의 의식 속에서 배제됨을 느낀다. 만일 다른 사람이 우리에게서 우리 자신이 수용할 수 없는 어떤 것을 건드리면, 그것은 매우 고통스러운 일이다.

목회적 돌봄과 판단

목회적 돌봄에 대한 우리의 해석은 판단 문제에 대하여 문을 열어 놓은 것 같다. 우리는 목회적 돌봄에 있어서 저주나 거명(擧名) 혹은 도덕적 설교로서 판단할 수 있는 여지가 없다고 솔직히 말할 수 있다. 판단은 인간의 것이 아니라 하나님의 특권이며, 저주하는 식으로 설교하는 목자는 그들의 동기를 살펴보아야 할 것이다. 우리가 판단하는 대로 우리는 판단을 받는다는 점을 이해해야만 한다.

다른 한편, 판단에 대한 욕구는 삶에서 선천적인 것이다. 인간으로서 우리는 어디에 있으며, 우리는 무엇이며, 우리는 누구이며, 어디로 가고 있는지에 대한 감각의 욕구를 끊임없이 갖는다. 간혹 우리는 우리가 취한 태도와 행동의 결과와 의미를 직면하거나 직면되기를 원한다. 인간의 삶에 대해 대단히 신중한 학생은, 모든 인간은 자신의 내부에 파괴적이며 창조적인 힘과 패턴이 있음을 안다. 인간이 된다는 의미의 한 부분은, 인간은 자신의 내부에 있는 이 힘들을 의식하고 그것들을 어떤 방향으로 조정할 수 있느냐 하는 것이다. 우리는 우리 자신들에게 몰입하므로써 우리 자신의 삶의 의미에 대한 각성을 경험하지 못한다. 구속적(救贖的)인 관계 속에 있는 다른 사람들의 빛에서 우리 자신을 평가하거나 이해할 때 그것을 찾을 수 있다. 간혹 다른 사람은 우리를 우리 자신에 대한 감각으로 인도하고, 우리의 약점을 들쳐내는 말을 하고 싶을 수 있다. 그러나 이 말은 저주가 아닌 사랑으로 말해져야 한다. 순수하게 사랑하는 사람은 화가 날 수 있고 동시에 이해할 수도 있다. 돌보는 목자로서, 나는 어떤 파괴적인 것에 대해 분노할 때가 있지만, 비록 실패할지라도 사랑으로 말해야만 한다.

간혹 우리 모두는 우리와 구속적 관계 속에 있는 다른 사람들의 빛에서 자기 평가를 경험하기를 원한다. 판단하는 순간 우리 자신의 죄책을 깨달을 때, 우리는 하나님이 주신 용서의 실재를 깨닫는 것이 필요하고, 또한 이 용서를 수용하거나 거절할 양자택일 앞에 있다는 것을 의식할 필요가 있다. 다른 사람이 제공하는 사랑을 거절할 때, 우리는 그 사람을 판단하고 있는 것이 아니다. 실상 우리는 그 사랑을 받을 가치가 없거나 그 사랑을 수용할 능력이 없는 존재로 우리 자신을 판단하고 있는 것이다. 어떤 죄책감이나 무가치성에 대한 느낌은 자기 판단의 행위이지만, 우리는 항상 무엇이 되어야 하는가 혹은 무엇이 되도록 욕망을 가져야 하는가에 대한 이미지의 빛에서 이루어진다. 간혹 이 이미지는 다른 사람들에게서 온다. 그러나 우리가 경험하는 가장 깊은 죄책은 우리가 우리 자신의 본질적 자아를 아직 발견하지 못했다는 의식이다. 우리들이 갖는 죄책감으로부터 우리는 우리 자신을 판단하거나 자기 판단을 정당화하기 위해 다른 사람들에게 상처를 입힐 수도 있다. 그러나 이런 행위에는 구속(救贖)이 없다. 진정한 욕구는 우리 자신에 대한 진리의 발견인데, 그 발견은 있는 모습 그대로 우리를 받아들이는 다른 사람과의 관계에서만 있을 수 있다.

기독교에서 판단은 인간이 아니라 하나님께 속해 있고, 하나님은 판단 자체를 위해서 판단을 선포하는 것이 아니라, 하나님이 베푸시는 구속적 사랑의 목적에 기여하는 것이라고 이해해야 한다. 이 판단은 근본적으로 말로써 선포되는 것이 아니라 우리 존재의 결과로, 느낌과 태도와 행위의 결과로 선포된다. 간혹 심리학적 결정론의 원리를 받아들이지 않기 때문에, 우리는 하나님께서 인간에게 부여하신 궁극적인 인과 관계에 눈을 감아왔고, 동시에 거짓된 도덕적 판단을 행사하였다. 누구든지 무엇으로 심든지 그대로 거두리라고 강대상 위에서 천둥같은 소리를 발하는 것은 쉽지만, 사람들을 도와서 그들 자신의 존재의 의미를 이해하도록 돕는 일은 별개의 사안이다. 판단은 복음 전달의 일부이지만, 그 판단은 목자가 하는 것이 아니라 하나님이 하시는 일이며, 목자의 직무는 다른 사람들로 하여금 그들 자신의 경험에서 그들에게 일어나고 있는 것을 발견하도록 도와줌으로써 이 판단을 중재하는 것이다. 그리고 이 과정은 목자가 구속적 사랑에서 사람들을 만날 때, 목자로부터 사람들에게로가 아니라 사람들로부터 목자에게로 진행될 것이다. 사람들을 도와서 그들 자신의 필요를 발견하게 하고, 동시에 관계를 제공함으로써 사람들이 그 관계를 통하여 해답을 찾는 방향으로 나아갈 수 있도록 하는 것이 필요에 처해 있는 사람들에게 복음을 전

달하는 의미이다. 목회적 돌봄은 사람들로 하여금 자신의 존재와
존재의 의미 모든 면을 보게 하는 것이며, 존재와 성숙 과정의 창조
적인 잠재력뿐 아니라 파괴적인 형태까지도 볼 수 있게 하므로, 그
들이 그 결과의 빛에서 선택할 수 있게 하는 것이다. 하나님의 뜻은
신비적인 직관을 통해서 알려지는 것이 아니라, 우리가 하는 매일
의 선택의 결과를 통하여 알려진다.

　판단의 다른 국면을 여기서 부언해야 하겠다. 목자들은 복음 전
달을 받는 사람들과 마찬가지로 동일한 판단 아래 서 있다. 목자들
은 형제/자매의 눈에서 티를 끄집어 내기 위해 먼저 자신들의 눈 속
에 있는 들보를 제거해야 한다. 다른 사람들에 대한 목회적 통찰력
은 자신에 대한 통찰력으로부터 비롯된다. 자신들의 진정한 인간성
을 받아들일 때 목자들은 순수한 겸손을 유지할 수 있다. 목자 자신
들이 겪는 갈등과 문제들은 다른 사람들을 돕는 일에 엄청난 가치
가 있는 자원이 될 것이다.

　목자들을 포함한 모든 사람들은 자신의 존재의 실재와 존재의 의
미를 발견하려는 욕구를 계속 지니고 있다. 이 실재는 창조적이거
나 파괴적인 국면들을 갖고 있다. 같은 순간에 창조적인 자원에 대
한 인식 없이 자신의 부정적인 국면과 직면하게 되는 것은 심하게
상처받은 경험이다. 진실한 목자들은 하나님 앞에서 자신들의 존재
의 실재를 발견한 자들이며, 자신의 본성 안에 있는 파괴적인 가능
성을 지각하는 자들이며, 하나님의 은총을 통하여 그런 것들을 그
들의 창조적 힘에 복속시킬 수 있는 자들이다. 그러므로 그러한 목
자들은 깊은 희망과 용기의 사람들이며, 희망과, 용기로 다른 사람
들을 만나게 된다. 그래서 다른 사람들에 대한 그들의 사랑, 존경,
그리고 신뢰는 존재가 지닌 잠재력을 북돋워 준다.

예수님의 권위가 그러했듯이 이런 목자들은 진정한 권위를 지닌
다. 목자들이 다른 사람들과 갖는 관계는 관계 자체의 신빙성을 전
달하기 때문에, 목자를 만날 때 사람들은 진정한 인간의 존재 앞에
있다는 것을 안다. 이런 방식으로 목자는 하나님의 사랑을 그들에
게 중재하며, 또한 참된 인간의 존재가 되는 것이 무엇을 의미하는
지를 전달하게 된다. 신앙 신조는 이 사실을 "참 하나님과 참 인간
이심"이란 말로 표현한다. 목자가 지니는 진정한 권위는 동일한 기
초에 근거한다. 목자들이 지니는 순수성은 목양하는 사람들의 삶에
서 확실성을 갖는다. 진정한 권위를 지닌 목자라면 사람들을 도와
서 그들 자신의 존재의 실재를 발견하게 하고 예수 그리스도의 인
격의 빛에서 자신들을 판단하게 만들 것이다. 우리가 말하고 있는
구속적 사랑은 다른 사람들을 사람들로 그리고 하나님의 자녀로 긍
정하는 것이며, 다른 사람들을 돕고자 하는 진정한 의도는 하나님
께서 그들 안에 창조하신 잠재력을 성취하게 하는 것이며, 가장 깊
은 욕구에 처해 있는 그들을 기꺼이 만나는 것이다.

사랑의 관계를 통한 그와 같은 복음의 전달을 브루너(Brunner)
는 다음과 같은 말로 설명한다:

> 사랑 안에서 나는 다른 사람을 있는 그대로 대할 것이다. 이는 하
> 나님께서 그를 그렇게 창조하신데 연유한 것이며 동시에 나는 하
> 나님께서 의도하신 대로 그와는 다르다. 왜냐하면 하나님께서 나
> 를 다른 사람과 전혀 다른 존재로 지으셨기 때문이다. 순수한 사
> 랑에 대한 으뜸이 되고 가장 확실한 표지는 다른 사람을 용납하는
> 것인데, 이는 다른 사람을 교정하거나, 그에게 요구나 또는 대항
> 을 하지 않는 태도이다. 그리스도인의 감성(ethos)은 적극적인
> 사랑, 자기 헌신적인 포기인데, 심리학적 관점에서 말한다면 이

것은 최고의 활동이다.12)

판단은 수용과 연관될 필요가 있다. 수용은 판단을 포괄한다. 수용이 다른 사람들에게 자유로이 제공되는 관계인데, 그 까닭은 그들이 사람이기 때문이며 그리고 주는 자가 그들을 사람으로 존경할 수 있기 때문이다. 판단은 사람의 행위에 대한 필요한 평가이다. 그것은 사람에 관한 사실을 수용하는 것이다. 만일 어떤 사람이 살인자이면, 그는 살인을 저지른 사람으로 수용되어져야 한다. 수용은 사실들이나 실재들을 무시하는 것을 의미하지 않는다. 그렇게 한다면 거기에는 치유나 구원이 없다. 치유나 구원은 오로지 다른 사람을 이해받을 가치가 있는 사람으로 알고 수용하려는 목자의 능력을 통하여 자기 판단과 평가가 고무되는 수용적인 관계에서만 가능하다. 조금 드문 사례이겠지만, 이 이해는 분노로 전달될 수도 있다 (마 21:12, 23:1-36).

다른 한편, 다른 사람들에게 수용을 요구하는 것은 자기 도취 성향의 표현이다. 어떤이들은 다른 사람들의 권리나 욕구를 무시한 채, 아니면 어떤 합법적인 사회적 제재없이 즐기고 싶은 대로 행동의 특권을 요구한다. 그러나 그들은 진정으로 수용을 요구하는 것이 아니라 탐닉을 요구하고 있다. 그들은 자기들은 어린 아이의 역할을 하도록 허락받는 동안 다른 사람들--하나님과 세상--은 탐닉적인 부모가 되기를 원한다. 사회적 관계, 혹은 공동체 안에서의 수용은 다른 사람들의 권리나 욕구를 포함하며, 탐닉을 요구하는 사람들은 이 권리와 욕구를 부정한다. 목회적 관계에서 목자는 탐닉에 대한 욕구에 대비해야 한다. 만일 여기에서 탐닉을 관용한다면 --간혹 그러한 일이 있다-- 그것은 사람들을 도와서 통찰력을 얻게 하고 행동에 필요한 변화를 성취하고자 하는 목적 때문이다.

간혹 사람들은 목자로부터 수용을 요구하는 대신 판단을 요구할 것이다. 이런 경우, 그들은 판단받고 싶은 욕구나 깊이 의존하고 싶은 욕구를 표현하게 될 것이다. 이 욕구들은 유치하고 건강치 못하며 그러한 사람들이 제공한 함정에 목자가 빠지게 되는 것은 곧 그들을 해치는 것이다. 그러나 이런 사람들의 수용은 우리가 이 함정에 빠져야 한다는 것을 의미하지 않는다. 그것은 우리가 그들을 사람으로, 특별한 필요를 지닌 사람으로 수용하는 것을 의미하는 것이며, 가능한 한 그들을 도와서 이런 경향성을 이해시키는 것을 의미한다. 수용은 우리가 대접받기를 원하는 대로 다른 사람을 취급하는 것이 아니다. 어떤 사람들에게 이렇게 하는 것은 그들의 입지를 강화시켜 주고 그들로 하여금 어떤 정신질환적 패턴을 따라가도록 고무하는 것이다. 간략히 말하면 그들을 해치는 것이다.

하나님의 사랑을 중재하는 중재자로서 목자의 직무를 서술함에 있어서, 우리는 기독교의 계시, 하나님의 부성(父性)에서 나타난 하나님의 중심적 인격을 강조하고 있다. 아버지로서의 하나님은 우리를 창조하시고 유지시키실 뿐 아니라 우리들의 구속(救贖)과 성취를 추구하신다. 그러나 성장과 판단과 관련된 하나님의 본성에는 다른 국면이 있는데, 그것은 그리스도 안에 있는 하나님의 주권(lordship)이다. 하나님의 주권은 권위적이고, 판단하는 태도의 관점에서, 혹은 자신을 하나님—개인의 삶에서 최후의 권위로서 인정된 하나님— 앞에서 자신의 책임을 보다 성숙하게 수용하는 관점에서 해석될 수 있다. 틸리히는 하나님의 주권과 부성은 하나님을 사단적 힘이나 감상적인 늙은이로 만드는 일을 피하기 위해 끊임없는 긴장 속에 유지될 필요가 있다고 지적하였다.[13] 하나님의 이런 특성을 지나치게 강조하면서 다른 특성을 무시하는 경향은 논리적이 아니다. 그것은 판단에 대한 인간의 욕구나 보호에 대한 유아적 의존과 욕구에 뿌리를 두고 있다. 위의 어떤 편견도 인간과 종교의 정신병적 상황으로 이끈다. 다른 한 편, 역동적 긴장은 유지되기 힘들 수 있다. 역동적 긴장은 정서적 성숙의 차원을 요구한다. 마지막 분석에서, 일상 생활의 선택과 결단에서 목자가 그리스도의 주권이나 하나님의 궁극적 권위를 의식하는 것은 그들이 돌보는 사람들에게 전달된다. 자기 자신들의 경험을 통하여 그리스도의 주권은 하나님의 구속적인 사랑에 필요한 동반자임을 목자가 이해하는 것은 중요하다. 모든 인간의 경험상, 사랑을 능가하는 것은 없으며 사랑의 결핍처럼 인간의 삶에 고통을 더하는 것도 없다. 그리스도가 하나님의 구속적 사랑을 계시하실 때, 동시에 하나님의 주권도 계시하셨다.

주(註)

1) Eduard Thurneysen, *A Theology of Pastoral Care* (Richmond, Va.: John Knox Press, 1962), p. 15.

2) Ibid., p. 109.

3) Ibid., p. 107.

4) Martin Buber, *Between Man and Man* (New York: Macmillan Company, 1947); Reuel L. Howe, *The Miracle of Dialogue* (New York: Seabury Press, 1963).

5) Henry J. Cadbury, Jesus, *What Manner of Man?* (New York: Macmillan Company, 1947), pp. 94-95.

6) Carl Michalson, *Faith for Personal Crises* (New York: Charles Scribner's Sons, 1958), pp. 12-13.

7) John Calvin, *Institutes of the Christian Religion*, 6th ed. (Philadelphia Presbyterian Board of Education, 1813), 3권 2장. p. 526.

8) Erik Erikson, *Young Man Luther* (New York: W. W. Norton, 1958), 5장.

9) 독자들 중에는 우리가 여기에서 정신 분석학자들에 의하여 "전이"라고 묘사된 경험을 말하고 있다는 것을 인식할 것이다. 전이를 더 연구하려면 다음을 보라: Carl Menninger, *Theory of Psychoanalytic Technique* (New York: Basic Books, 1958), 4장.

10) 실마리와 같은 단어들을 보다 더 깊이 보려면 다음을 참고하라: John Dollard and Neal E. Miller, *Personality and Psychotherapy* (New York: McGraw-Hill, 1950), pp. 106-109.

11) Philip Watson, *The Concept of Grace* (London: Epworth Press, 1959), p. 27.

12) Emil Brunner, *The Divine Imperative*, Olive Wyon (Philadelphia: Westminster Press, 1947), p. 328.

13) Paul Tillich, *Systematic Theology*, vol. 1 (Chicago: University of Chicago Press, 1951), p. 286.

5

목회적 돌봄과 인간 성장

앞장에서 우리는 목회적 돌봄에 대한 전통적인 접근 방식 즉, 삶에 수반되는 자연적 위기를 다루는 목자의 사역을 언급하였다. 목회적 돌봄에 대한 논의는 출생, 결혼, 질병, 죽음과 같은 사건들에 집중되었다.[1] 이 접근 방식은, 우리들의 보편적인 경험에서 일어나는 사건들로부터 받는 거센 고난의 때에 목회 사역에 더 마음의 문을 여는 어떤 가치를 지니고 있다.

그러나 이 접근 방식도 한계점을 가지고 있다. 앞서 지적한 바와 같이, 사람들이 이 보편적인 위기를 접하는 방식은 사람들이 지금까지 성취한 정서적 성장 수준과 밀접히 결부되는데, 왜냐하면 그 사건이 지니는 의미는 사건 자체에 의해서라기 보다는 그 사람이 그 사건에 무엇을 부여하는가에 의해 결정되기 때문이다. 더욱이, 많은 위기들은 사람들이 정서적으로 성장하지 못했기 때문에 발생된다.[2]

성장의 개념은 기독교 신앙에 낯설지 않다. "은혜 안에서의 성장"과 "완전을 향한 성장"과 같은 개념들은 이에 대한 충분한 실례이다. 그러나 기독교 신앙은 인간의 성장에 대한 실재성 있는 이론을 만들어 내지 못하였다. 이것은 비관이라기 보다는 우리가 감당해야 할 직무에 대한 서술이다. 왜냐하면 성장에 대한 그와 같은 이론은 물론 신학적인 의미도 지니지만, 신학적인 문제가 아니라 심리학적인 문제이기 때문이다. 목회적 돌봄의 역사를 통하여 심리학적 이론들은 목자들의 사역에 유용하게 사용되어져 왔다.3) 일부 심리학적 이론은 사람들과의 생동감 있는 관련을 위한 필요한 배경이 되는데, 만일 그렇지 않다면 목자 자신의 편견과 환상에 의해 통제되는 관계로 하락할 수 있다.

그런데 창조적인 목회적 관련은 사람들 내부에서 진행되고 있는 것, 즉 진정한 사람이 되어 가는 과정들에 대한 이해를 요구한다. 그러나 그와 같은 과정들에 대한 개념적 서술은 항상 가정적(假定的)이어야 하며, 수정과 재구성이 이루어져야 하며, 결단코 "궁극적 진리"로 간주되어서는 안된다.

목회적 돌봄 운동이 프로이트의 이론과 너무 밀착되어 있다는 많은 비평은 그릇된 이해의 결과이다.4) 그러나 일부 비판은 건전한 통찰력을 기초로 삼고 있다. 어떻게 목회적 돌봄과 사람들과의 관련에 대한 합당한 이론이 본능적 충동의 발전과 통제를 강조하는 심리학을 이용할 수 있을까? 실제로 목회적 돌봄에 있어서 프로이트의 관점을 옹호하는 사람들은 비평을 하기보다는 이 문제와 씨름을 하였는데, 왜냐하면 그들은 프로이트의 관점이 지닌 의미를 자각하는 입장에 있었기 때문이다. 그러나 성경에 친숙한 한, 그들은 프로이트의 개념 가운데 많은 것들, 특히 에로스(eros)와 타나토스(죽음: thanatos)가 성경 자료에 다른 부가적인 종교적 차원과 함께 충분히 예시되어 있음을 이해하였다.5)

인간의 존재에 대한 어떤 목회적 혹은 종교적 이해도 일상의 경험에서 표현되는 본능적인 인간의 충동 문제 뿐 아니라, 이 충동의 만족에서 일어나는 문화적 기회와 결핍의 문제를 충분히 참작해야 한다. 기독교 신앙은 프로이트가 말한 "초자아"를 통하여 문화의 외부적 권위를 "내면화"하는데 힘있는 역할을 하는 일을 취급해 왔다. 십계명은 이에 대한 훌륭한 실례이다. 그러나 기독교 신앙은 인간의 영혼에도 관심을 기울여 왔다. 근자에 "영혼"이란 말은 오용(誤用)당하는 고통을 받았고, "자기"라는 말은 그것을 대체하려는 경향을 보였다. 그러나 기독교 사상가들은 본능적인 충동이나 초자아의 개념에서 타당하게 서술될 수 없는 인간의 인격의 한 국면을 인식하였다. 신학적으로 말하여 이 국면은 영 혹은 정신이다. 심리학적으로, 그것은 자기 혹은 자아이다.

일부 프로이트 분석가들은 프로이트의 이론에서 충분히 다루어지지 못했던 인간의 차원을 깨닫게 되어 이 약점을 수정 보완하였다. 우리는 지금 자아 심리학의 발달에 대해 언급하고 있다.6) 자아 발달에 대한 에릭 에릭슨(Erik Erikson)의 저술은 목회적 돌봄에 특별한 중요성을 갖는다.7) 정신 분석가이자 아동 치료에 전문가인 에릭슨 역시 문화 인류학의 관점에서 성장의 문제에 접근하였다. 그는 개인 내부에서 진행되고 있는 것에 관심을 기울일 뿐 아니라 문화에 대한 개인의 의미와 문화가 개인들에 대해 갖는 의미, 그리고 이 의미들이 자아 발달 과정에 공헌하는 것에 관심을 가졌다. 목회적 돌봄에 대한 에릭슨의 접근 방법이 지닌 가치를 확신하기 때문에, 우리는 그가 사용한 기초 개념들의 윤곽을 그릴 것이다. 그러나 이 논의는 개요 이상의 것이 될 수 없고 개요의 목적은 에릭슨 자신의 저서와 씨름하고 있는 자들을 격려하기 위한 것임을 기억해야 한다. 실상 그도 그럴 것이지만 우리는 에릭슨의 아이디어를 "궁극적 진리"로 여기는 것이 아니라, 목회적 돌봄에 활력이 되는 자아 발달 문제 가운데 어떤 부분에 접근하는 고무적이고 결실있는 접근 방법으로 여긴다.

여기에서 우리는 에릭슨의 저작을 고려함에 있어서 피해야 할 두 가지 위험을 솔직하게 말할 필요가 있다. 하나는 아이디어를 프로그램으로 환원시키려는 경향이다. 목회적 돌봄에 적당히 훈련받지 못한 목자들이나, 인격적 관계보다는 프로그램을 강조하는 방향으로 이끄는 인격적 문제를 지닌 목자들, 혹은 고위자(高位者)들에 의해 조직원 활동을 지나치게 격려받은 목자들은 빈번히 프로그램과 아이디어의 프로그램 작성을 과도하게 강조한다. 그 어느 것도 에릭슨의 저작의 정신이나 목회적 돌봄의 본질에서 동떨어져 있다. 우리는 반복적으로 자아 발달의 기초는 프로그램이 아니라 인간 관계에 있음을 말할 것이다. 프로그램은 관계를 위한 기회와 관계를 통한 의미의 전달을 제공할 수 있을지 몰라도, 프로그램 자체는 깊은 실재를 위한 싸늘한 대체물로서 사용될 뿐이다.

다른 위험은 자아 발달의 개념이 "의무로, 즉, 선포되어야할 윤리적 명령이나 공표되어야 할 굳은 체계로 전도되는 것이다. 확실히 성격 발달 자체에는 윤리적 명령이 함축되어 있다. 사람은 누구나 자아, 양심, 그리고 충동에 있어서 자라야만 한다. 그렇지 않으면 병들게 된다. 그러나 성장은 윤리적 설교나 율법적 체계를 통해서가 아니라 인격적 관계를 통해 이루어진다. 예를 들어, 에릭슨은 유아기를 기본적 신뢰와 불신뢰 사이에 갈등이 있는 단계로 말한다.8) 유아기의 신뢰는 삶 전체 과정을 통하여 모든 신뢰 관계의 기초가 될 수 있고, 만일 말을 더 한다면 종교적 신앙의 기초가 된다. 설교자들은 항상 그들의 주장을 강화할 방법을 찾고 있다. 그러나 우리가 유아기에 갖게 되는 신뢰처럼, 신앙도 권고의 산물이거나 신뢰를 해야 한다고 들음으로서 이루어지는 것이 아니다. 진정한 신뢰는 신뢰성이 있고, 그 신뢰는 매일의 접촉 또는 교제를 통해 형성되는 개인이나 사람들과의 관계 속에서 자라난다. 자아 성장의 모든 다른 면 역시 그렇다. 목자의 직무는 사람이 어떻게 자라야 하는가를 말하는 것이 아니라, 성장을 가능케 한 교회 안에서 상황과 관계를 만들므로 사람들을 돕는 것이다. 그러므로 여기에서 우리들의 목적은 프로그램을 만들고 설교하는 목자들을 직접 돕는 것이라기 보다는 관계 속에 있는 그들의 이해를 증진시키는 것이다. 그러나 목자들이 강대상에서 신앙에 관하여 말할 때 회중은 목자들 자신의 신뢰나 신뢰의 결핍을 느낄 것이다!

에릭슨을 이해하는 배경으로서 프로이트가 발전시킨 일반 이론과 친숙해지는 것이 바람직하다. 본능과 자아와 초자아의 개념, 불안과 억압과 자아 방어 기재(ego defense)의 문제, 발달의 성심리적 단계들(psychosexual stages). 이 접근 방식은 다른 저서들에서 독자에게 유익한 도움을 줄 것이다.[9]

에릭슨의 연구는 자아와 자아의 발달에 대한 이해에 집중하고 있다. 자아(ego)는 본능(id)과 초자아(super ego) 사이의 중간에 있는 것으로 묘사될 수 있다. "자아"라는 말은 내면적 욕구와 갈등을, 욕망과 좌절과 다른 사람들과 지배적인 문화가 제공하는 가치들과 종합하는 끊임없는 과제를 가진 사람 내부의 과정들을 나타낸다. 유아기에 자아 과정들은 발달의 시작이며, 어떤 이유 때문에 사랑을 철회하는 것과 같이 환경에 의해 강요된 좌절과 관련하여 매우 연약할 수 있다. 그러므로 자아는 필요한 힘을 갖지 못하고 있기 때문에 종합이나 통합의 문제에 지배당할 수 있다. 그러나 자아는 그 어떤 "자아 방어 기재"[10] 즉, 심리학적 과정들을 가지고 있는데, 그것에 의하여 자아는 자체의 불안을 완화시키며 자체의 욕구 충족을 위한 대안을 찾는다. 자아 방어 기재는 직접 해결될 수 없는 문제를 대처하는 대안이다. 그와 같은 대안의 하나는 환상이다.

자아는 종합하는 능력으로 지각, 기억, 상상력, 이성, 그리고 도덕성의 정상적인 과정들을 갖는다. 방어 기재는 여러 가지 방법으로 정상적인 과정들을 왜곡시킨다. 에릭슨은 말하기를 "자아는 모든 외부적 질서가 의존하고 있는 개인들 내부의 질서를 확보하고자 하는 '내적 기구'이다. 그것은 '개인'이 아니며, 비단 개인에게는 필요불가결한 것일지라도 개인이 지닌 개별성도 아니다.11) 초자아는 내부 과정이며, 그것에 의하여 문화가 요구하는 금지와 요구 사항이 정신 내부에서 작용하며, 자아는 주변에 있는 금지와 요구와 관련하여 개인들이 경험하는 개인의 의미를 반영한다. 그런데 다른 방식으로, 초자아와 자아는 내부 과정들을 갖는데, 그 과정들을 통하여 문화와 문화가 지닌 가치가 한 인간에게 통합된다.

강조점은 "과정들"에 있어야만 한다. "자아"와 "초자아"와 같은 심리학적 용어들은 구성 개념들 사고(思考)와 의사소통을 목적으로 역동적 과정들의 배열이 조직될 수 있는 방법을 위한 일종의 속기 언어이다. 그러므로 우리가 "자아"를 말할 때, 우리는 마음 속에 정신의 영역에 속한 명확한 장소를 갖는 것이 아니며, 또한 객관적인 "물상"(物象)을 갖는 것도 아니다. 우리는 마음 속에 정신적 구조로 조직된 과정들의 배열을 갖는데, 그것을 통하여 인격의 기능이 수행된다. 유기체적 영역에서처럼, 정신적 영역에서 구조와 기능은 삶의 과정들의 다른 국면들일 뿐이다.

정체성 발달 과정은 유아기에 시작하여 삶의 전 과정을 통해 계속된다. 정체성은 청소년기에 중대한 문제이다. 에릭슨은 말한다:

성장하는 아이는 경험을 통제하는 그의 개인적인 방식(자아 통
합)이 집단의 정체성과는 성공적으로 구별되고, 시공간과 삶의
계획과 일치한다는 인식으로부터 실재에 대한 생동감 있는 감각
을 이끌어 낸다....개인의 정체성 소유에 대한 의식적인 느낌은
두 가지 동시적인 관찰에 근거한다. 시간 안에서의 개인의 자아
균일성과 연속성에 대한 직접적인 인식, 그리고 다른 사람들이 개
인의 균일성과 연속성을 재조직한다는 사실에 대한 동시적인 인
식이다....자아 정체성은 존재에 대한 단순한 사실 이상의 것에
관심을 갖는다.[12]

그런데 정체성은 자아의 종합하는 기능과 결부되어 있다. 그러나
정체성 또한 집단의 가치와 의미와도 결부되어 있다. 그러므로 정
체성은 우리가 문화와 맺는 관계의 생생한 표현을 위한 초점이 된
다. 정체성에 내포된 동시적인 지각들--시간 안에서 우리 자신들의
자아 균일성과 연속성을 인식하는 것과, 다른 사람들이 우리 안에
있는 동일한 특성을 인식한다는 것을 깨닫는 것--은 우리의 문화
안에서 우리는 다른 사람들과 갖는 관계에 대해 말한다. 정체성에
대한 감각은 자아 내부와 문화 내부에서 보편적인 의미들에 대한
지각에서 발생한다. 정체성의 결핍은 갈등을 의미한다. 우리는 우
리의 문화가 우리의 가치를 인정하거나 하지 않는 것을 인식하는
것처럼 우리 자신을 평가하지 않는다. 그런데 우리 자신과 다른 사
람들, 수용이나 거부, 우리 존재의 선이나 악에 대한 우리 자신의
가치감(價値感)은 자아와 자아의 정체성이 하는 일이다. 에릭슨은
말한다. 젊은이들은 가장 이상적인 자신이 되는 법을 배워야 하는
데, 그것도 자신이 다른 사람들에 비하여 최고의 존재가 되는 것을
의미한다. 정체성이란 말은, 자신의 내부에 있는 지속적인 자아 균

일성과 지속적으로 본질적인 인격을 다른 사람들과 공유하는 것을 의미한다는 점에서 상호 관계를 나타낸다.13)

정체성 감각은 '동일시 메커니즘'(mechanism)과 연관되어 있다. 동일시를 통하여 아동들은 그들에게 긍정적으로나 부정적으로 강하게 영향을 끼치는 사람들의 인격과 자신들을 결부시킨다. 그러나 이 분리된 동일시는 결합을 제공하지 못한다. 실상 그 동일시는 갈등의 기초가 될 수 있다. 예를 들자면, 우리는 어떤 젊은이를 알고 있는데, 그의 직업상의 정체성 때문에 의약은 물론 사역에 몰두하게 되었다. 그는 최후로 병원에서 사역하는 원목이 됨으로써 자신이 지닌 문제를 해결하려고 하였다! 그러나 그것은 환상의 투사였지 참된 정체성이 아니었다. 왜냐하면 그 당시 그는 병원 원목이 된다는 것이 무슨 의미인지를 모르고 결단을 내렸기 때문이다. 정체성 감각은 우리가 가진 아동기의 동일시 가운데 어떤 부분은 유지하고 나머지 부분은 배척할 때 형성되지만, 최후의 결단을 통해 우리 자신의 개별성을 확정하고 자신만의 독특한 조직을 갖는다. 에릭슨이 지적한 바와 같이, 사회는 "젊은이를 독자적인 길을 걷고 있는 인간으로 또한 현재의 모습 그대로 수용되어야 할 인간으로 인식하면서 젊은이에게 정체성을 부여한다."14) 에릭슨은 계속 말한다. 정체성 형성에 있어서 개인은 주는 것을 즐거워하는 공동 사회로부터 인정받기를 원한다. 그러나 만일 요구가 거절당하면 적대적으로 반응할 수 있다. 이에 대한 고전적인 예는 교회가 행한 이교도들에 대한 박해이다! 정체성은 부분적으로 집단이 준 선물 관계를 통해 전달된 문화 과정이다. 이는 최소한 세례와 견신례같은 의례들이 갖는 심리학적인 의미의 한 부분이다.

우리의 정체성--정체성을 찾는 일에 실패한 후 갖는 상실감--은 우리의 역사적, 문화적 전통에 뿌리를 두고 있다. 에릭슨은 개인의 자아와 역사의 관계에 대한 주제를 세 책에 담았다.15) 루터에 대한 그의 연구는 인간 루터 내부에 있는 문화의 갈등 뿐 아니라, 역사적 문화적 변동과 개인 병리학이 신학적 종교적 관념과 실제와 결합되는 방식을 드러낸다. 종교는 항상 선(善)의 편에 나타나지는 않는다.

이 논의는 기독교 신앙에서처럼 인간 경험의 깊은 문제로 우리를 이끈다. 정체성 감각을 형성함에 있어서 개인은 선과 악을 구별해야 하며, 결국은 악을 버리게 되는 것을 기대한다. 사회와 교회는 통상 여러 가지 미묘한 방식으로 사회나 집단 그 자체가 선택할 수 있는 힘을 가졌다는 것을 인식하지 못한 채 개인에게 이 선택의 책임을 돌렸다. 선과 악 사이의 투쟁은 모든 인간 존재가 갖는 문제이지만, 정서적으로 병든 사람에게 있어서 그 투쟁은 더욱 강렬해진다. 에릭슨이 지적한 바와 같이, 무의식적 악의 정체성이 있다. 그것은 자아가 닮기를 가장 두려워 하는 것이다.16) 이 정체성은 자아를 교란시켰던 이미지들로 구성된다. 자아는 이 기억들을 분산시키지 않고 기억들을 차별하지도 않지만, 어떤 악의 상징 아래서 그것들을 나쁘거나 죄스러운 것으로 여긴다.

에릭슨은 우리들의 사회에서 무의식적 악의 정체성은 대개 (1) 침해를 받은 육체 (프로이트가 말한 거세 공포) (2) 종족 외 집단 그리고 (3) 이용당한 소수에 대한 이미지들로 구성됨을 지적한다.17) 이것은 무엇 때문에 종족 외 집단과 이용당한 소수들이 종종 한 부류 또는 다른 부류의 성적 도착자들로 규정되는가를 설명해 주는 것 같다. 모든 세 가지 "악한" 이미지들은 자아 내부에서 서로 연관된다. 또한 에릭슨은 "억압과 배제와 착취를 기반으로 한 체계 안에서 억압받는 자와 배제된 자, 그리고 착취당한 자가 무의식적으로 지배하는 자들이 제공한 악의 이미지를 믿는 슬픈 진리"를 지적한다.18) 이와 관련하여 그는 현재 인종 갈등에 관심을 가진 모든 사람들이 읽어야만 하는 미국 흑인들의 정체성에 관하여 그다지 흔하지 않은 언급을 한다. 이 간략한 요약으로부터, 우리는 비록 에릭슨의 연구가 훈련에 기초한다 해도 그는 전통적인 정신 분석의 개인주의적 접근 방식을 뛰어 넘었다고 말할 수 있다. 자아 정체성에 관한 그의 개념은 (자아 정체성 안에서 개인들은 역사적 문화적 과정과 연관되어 있다) 목자나 종교 해석가들에게 많은 유익한 통찰을 제공해 준다.

　에릭슨은 병리적 발달에 대해서와 마찬가지로 건강한 인격의 성장에도 많은 관심을 갖는다. 성장에 관한 이론에서 그는 하나의 비유로서 생물학의 후생 원리를 사용한다. "어느 정도 일반화된 이 원리는, 성장하는 것은 무엇이나 기초안을 가지며, 이 기초안으로부터 부분들이 나오며, 각 부분은 자체의 특별한 성장 시간을 갖고, 나중에는 자란 모든 부분들이 기능적인 전체를 형성하게 된다."19) 이 내용은 인격이 전적으로 사회적 환경의 결과가 아님을 의미한다. 성장하는 사람들은 어떤 시간적 성장의 과정에서 나타나는 그들 자신의 사회적 상호 작용 잠재 능력을 경험하며, "합당한 정도의 지도가 부여된다면 건강한 아동들은 내면의 발달 법칙에 순종하는데, 이 법칙은 *의미있는 상호 작용을 위한 잠재력의 계승을 창조한다.*"20) 예를 들어, 유아기에 가장 최초의 자아 잠재력은 신뢰이다. 만일 유아기에 신뢰를 학습하지 못하면, 인생의 후기에 어떤 환경 속에서 신뢰를 배우기는 전혀 불가능하다. 더 나아가서, 신뢰는 유아기 이후에 긍정적인 자아 특질이 발달할 수 있는 기초가 된다. 그러나 이 특질들은 비평적인 발달을 수용하는 단계 이전에는 미발달된 잠재력으로 존재한다. 그러므로 자아 성장의 두 번째 단계를 특징 짓는 자율은 초기 유아기에는 어느 정도 미발달된 형태로 존재한다.

신뢰와 같은 자아 특질은 반드시 위기와 갈등으로 표출된다. 그러므로 아동들은 유아기에 불신뢰를 창조하는 관계를 경험할 수 있고 지금 현재 경험한다. 에릭슨은 이 갈등을 사회 환경과의 "결정적인 만남"으로 말한다. 여타의 사람들은 유아에게 그들의 특별한 감정과 유아에 대한 의미를 전달해 주며, 그 감정과 의미들은 긍정적이거나 부정적이며, 선하거나 악하다. 그러므로 "초기의 성장과 각성은 본능적인 에너지의 변화와 병행하여 중대한 역할을 수행하며, 또한 특이한 취약성을 유발하기 때문에 각 단계는 위기가 된다."21) 본능적 에너지의 변화는 대체적으로 행동과 흥미, 그리고 목표의 변화에서 나타난다. 그러므로 어떤 면에서 아동들은 자신들의 힘을 통합할 수 있는 반면, 다른 면에서 볼 때 그들은 유약하고 불확실하게 보일 수 있다. 이런 일이 발생할 때 아동들은 특히 취약하며 다른 사람들은 각양 각색의 방법으로 아동들의 연약함에 대한 감각에 반응한다. 어떤 이들은 아동들이 아동들 자신으로 남아있도록 격려하는 대신 너무 과도한 것을 바라기도 한다. 최소한 에릭슨이 쓴 것처럼 어떤 반응이 있게 마련이다. "한 가족은 어린 아이를 그 자신에 의해 양육되는 방식으로 양육할 수 있다. 그의 성장은 사회적인 교류를 위해 잠재력을 새로이 계발하도록 돕는 일련의 도전으로 이루어진다."22)

그러므로 성장에 있어서 각각의 연속적인 단계는 "*전망에 있어서의 급격한 변화* 때문에 잠재적 위기이다."23) 어린 아이를 통제하는 것은 항상 부모가 아니다. 어린 아이가 부모를 통제하는 것도 가능한 일이다. 에릭슨은 아동과 부모들의 욕구를 보완적인 것으로 본다. 어린 아이는 양육하는 신뢰와 자율성의 관계에 대한 욕구를 지니며, 부모들은 만일 건강한 사람들이라면 그와 같은 양육을 허용하려는 욕구를 갖는다. 그러므로 상호 간에는 욕구의 상호성이 존재한다. 가족에 속한 개인들이 나이와 지위에 걸맞은 방식으로 자신들을 통제할 때, 상호 규제가 결과로 나타난다.

상호 규제의 양상들은 어린 아이가 성장하고 부모가 성숙해 질 때 변화한다. 그와 같은 양상들은 인위적으로 관념적으로 발달될 수 없는데, 그 이유는 이 양상들이 실제로 미묘하고도 힘있는 인간 상호 간의 교류로 이루어지고 가끔은 의식 수준의 심층에서부터 발동되기 때문이다. 착취, 지배 혹은 소유에 의존하는 관계 양상은 상호성을 파괴한다. 어린 아이들에게서 발견되는 "이상 행동들"은 부모와 어린 아이 사이에 상호성이 붕괴된 징후일 수 있다. 어린 아이에게 선과 악의 차이를 가르치려고 시도하면서 소비하는 에너지는, 어린 아이들이 다른 사람들과 갖는 관계 안에서 자신들을 이해하도록 돕는 일이 갖는 유익에 비할 수 없다.

기본적 신뢰 대 기본적 불신
(Basic Trust vs. Basic Mistrust)

에릭슨에 의하면 자아 발달의 첫 위기의 특징은 신뢰나 불신의 위기이다. 이 위기는 인생의 첫 해에 나타나는데, 신뢰를 위한 능력이 어린 아이 내부에서 나타나 어머니에게서 응답을 찾는 시기이다. 그와 같은 태도를 "기본"이라 칭함에 있어서, 에릭슨은 그들이 인격의 표면과 깊이 속으로 들어감을 의미한다. 즉, 그들은 의식적 경험과 행동 방식의 부분이며, 또한 무의식적인 내면 상태의 부분이기도 하

다. 에릭슨은 "기본적 신뢰를 건강한 인격의 주춧돌"로 간주한다.24)

유아기의 기본 신뢰의 손상은 불신의 감각으로 경험된다. 불안의 형태인 불신은 개인으로 하여금 다른 사람이나 자신과 안정된 관계를 찾지 못하게 한다.

신뢰나 불신의 위기--욕구의 출현과 어린 아이를 돌보는 자들에 의한 좌절의 응답--는 "협동 단계"에서 이루어지는 육아와 관련이 있는데, 이 시기는 어린 아이들이 음식에 대해 수용적일 뿐 아니라 정서적 만족, 안락, 그리고 행복한 느낌, 즉 그들이 바라는 욕구가 충족되었다는 느낌에 대해서도 수용적일 때이다. 에릭슨이 말하는 것처럼, 유아는 "그의 입을 통해 그리고 그의 입과의 사랑을 통해 살아간다. 그리고 어머니는 그녀의 가슴을 통해 그리고 가슴과의 사랑으로 살아간다."25) 여자와 어머니로서의 자신과 아이를 향한 어머니의 태도는 육체적인 양육뿐 아니라 정서적인 양육을 공급하는 일에 중요한 요인이다. 바로 여기에 개인과 다른 사람 사이의 "상호 규제"의 실례가 존재한다. 그러므로 발달된 편의의 상호성은 타인과의 친분에 대한 첫 경험을 위해 가장 중요하다. 정신분석학적 입장에서 보면 한 개인은 주어진 것을 받는다는 인상, 다른 사람은 자신을 위하여 되어지기를 바라는 것을 이해해 준다는 인상을 받으며, 어린 아이 역시 주는 자에게 받아들여지면서 자신을 "어머니와 동일시 할" 필요한 토대를 갖는 것을 배운다.26) 이런 관계에서 발달된 신뢰감은 어린 아이에게 있어서 정체성을 위한 기초가 되며, 어린 아이들은 자신들을 위해서나 다른 사람들에게 의미와 가치가 있다는 느낌을 갖는다.

그러나 좌절은 불가피하며, 에릭슨은 위기가 출생한 후 첫해 후반기에 오는 것을 본다. 이때는 치아 같은 다른 변화들 때문에 생리적인 긴장이 증가하는 때이며, 유아들이 자신들을 다른 대상들과 구분할 수 있는 시기이며, 자신들을 인간으로 자각하기 시작하며 어머니가 다른 활동을 좋아하여 유아로부터 이완하는 때이다. 좌절의 형태로 아동에게 일어날 수 있는 손실이 있다. 에릭슨은 손상을 입히는 것 그 자체는 좌절이 아니라 아이에게 의미를 전달하지 못하는 것이라고 분명히 말한다. "부모들은 금지와 허용에 의한 어떤 지도 방법을 가져야 할 뿐 아니라 어린 아이에게 지금 부모들이 하고 있는 것에는 의미가 있다는 깊고도 거의 육체적인 확신을 나타내 보일 수 있어야 한다."27)

신뢰 혹은 불신의 경험이 결정적으로 중요한 곳인 입술 단계의 위기에서, 깊은 상실감이 발생한다. "우리가 행한 임상 활동은, 한 개인의 초기 역사에서 이 지점은 그에게 어느 정도의 기본적인 상실감을 제공해 주며, 과거 어느 때 개인의 출생적 모체와의 일치가 파괴되었다는 일반적인 인상을 남긴다."28) 이 상실은 통상 이유(離乳)와 연관되어 있고--아이가 젖을 깨물기 시작할 때 돌연히 가슴으로 젖을 먹이는 행위가 중단된다--유아가 어머니의 시간과 에너지를 요구할 때 어머니의 관심과 임재를 상실하는 것과도 연관되어 있다. 상실감은 유아기 이후 인생의 전 과정에 영향을 미칠 수 있는 우울이나 만성적 비판 상태를 만들 수 있다.

> 그러나 좀 더 나은 환경 아래서조차도, 이 상태는 정신 생활에 분할감을 조성하며 잃어버린 낙원에 대한 보편적인 향수를 만들어 낸다. 기본 신뢰가 확립되고 유지되어야만 하는 것은 기본적 불신의 잔여물인 상실감, 분할감, 그리고 관심의 대상에서 제외되었다는 느낌들을 막기 위해서이다.29)

확실히 불신을 만드는 경험 없이 첫해를 보내는 유아는 거의 없지만, 유아가 신뢰를 고무시키는 충분한 경험을 가질 수 있다는 것은 매우 희망적이다. 에릭슨이 기본 신뢰와 불신의 균형을 위한 지속적인 패턴을 확립하고자 하는 욕구를 지녔다는 것은 분명한 사실이다. 균형을 위한 이 지속적인 패턴은 어머니가 하는 보살핌의 직무 가운데 가장 우선적인 것이며, 그것은 절대적인 "음식의 양이나 드러내는 사랑에 의존된 것이 아니라, 어머니와의 관계의 질에 의존되어 있다."30)

에릭슨은 신뢰가 정체성 감각에 있어서 근본적인 요인임을 지적하면서 정체성에 대해 사용하는 것과 거의 같은 용어를 사용하면서 신뢰에 대해 묘사한다.

> 신뢰의 일반적 상태는…한 인간의 외부 공급자의 균일성과 연속성에 의존하는 것을 배웠을 뿐 아니라, 자신을 신뢰할 수 있고 자기 자신의 기관의 능력으로 충동에 대처할 수 있다는 것을 의미한다. 한 인간이 공급자가 보호를 중단하고 떠나지 않기를 바랄 만큼 자기 자신을 가치있는 인간으로 생각할 수 있다.31)

오늘날 신학을 하는 집단이 사용하는 말에서, 신뢰는 공동체에 대한 인식 발달에 필수적인 것이다. 유아들은 다른 사람들과 안전하고 만족스런 관계를 경험해야 하는데, 그 관계를 통하여 유아들은 바깥 세계와 자신들 내부에서 발생하는 문제들을 대처할 수 있는 정서적 힘을 획득할 수 있다.

신뢰와 종교의 관계에 대해서, 에릭슨은 몇 가지 의미심장한 논평을 했다. 그는 어떤 집단 내에서 "종교와 전통이 한 인간의 인격에 침투하여 신앙과 확신과 같은 것을 창조하는 살아있는 심리적 힘이 있는지 없는지, 그래서 세상의 신뢰성에 대한 어린 아이의 기본 신뢰를 강화할 수 있는지의 여부에 대해 깊은 관심을 가졌다."[32] 그는 종교가 약속하는 많은 부분과, 공급받기를 원하는 욕구와 공급자를 신뢰하고자 하는 것과 같은 유아의 상황 사이의 비유를 서술한다. "모든 종교는 보편적으로 개인의 신뢰는 공동의 신앙이 되어야 하고, 개인의 불신은 보편적으로 규정된 악이 된다는 통찰력을 갖고 있다." 그는 결론짓는다, "누구든지 종교를 가지고 있다고 말하는 사람은 종교에서 신앙을 이끌어 내야 하며, 그것은 기본적 신뢰 형태로 유아들에게 전달된다. 종교를 필요하지 않다고 말하는 자는 누구나 그와 같은 신앙을 그 밖의 다른 곳에서 이끌어와야 한다."[33] 종교적인 천재들이 신뢰와 불신 사이의 갈등에 대해 그렇게도 강렬하게 논의하는 것에 대해 독자는 에릭슨의 저서 『청년 루터』(Young Man Luther)를 읽기 바란다.

자율성 대 수치와 의심 (Autonomy vs. Shame and Doubt)

생후 2년에 시작되는 자아 발달의 두 번째 위기는 다른 기관(器官)과 그것의 기능에 집중한다. 고전적인 프로이트학파의 용어상이는 항문기이다. 에릭슨에 의하면, 배변 훈련 과정은 자아 발달에 큰 영향을 미칠 수 있는 상호적인 자기 규제를 위한 기회를 제공한다. 그는 여기서 말하는 기본적 위기를 한편으로는 자율과 다른 한편으로는 수치와 의심 사이의 위기로 간주한다.

이 단계의 심리적 양상들은 정체와 배제이다. 물건을 축적하거나 던져버리는 것은 배변 훈련에서 뿐만 아니라 어린 아이들의 많은 활동에서 표현된다. 실상, 어른들이 협동한다면 어린 아이들은 장난감을 가지고서 이런 게임을 할 수 있는데, 이런 게임은 그들의 배변 경험과 맥을 같이 한다. 처음으로 어린 아이들은 그들의 근육 구조를 통제하는 것을 배우게 되며, 이 학습은 내면적인 통제 학습을 요구한다. 이 단계에 있는 어린 아이들은 종종 "그들 자신의 마음을 가진 것"으로, 즉 계속 가지고 있을 것인지 아니면 버릴 것인지에 대한 결단을 위해 자율성을 위한 능력을 보여주는 것으로 묘사된다.

에릭슨은 이 단계를 어머니와 자녀 사이의 상호 규제를 위한 엄격한 시험으로 본다. 만일 어머니의 통제가 너무 빠르거나 지나치리만큼 완고하면, 그것은 어린 아이들이 자신들의 자유 선택에 의하여 자신들의 기능과 활동들을 통제하는 것을 배우는 기회를 파괴하며, 이것은 패배와 반역의 감정으로 이끈다.

> 그러므로, 이 단계는 사랑과 증오 사이, 협동과 자의지(自意志) 사이, 그리고 자기 표현의 자유와 자유의 억압 사이의 비율을 위해 결정적이 된다. 자기 존중감을 상실하지 않은 자기 통제의 감각은 자율과 긍지의 지속적인 감각이 된다. 근육과 항문의 무능력, 자기 통제 상실, 그리고 부모에 의한 지나친 통제에 대한 감각은 의심과 수치의 지속적인 감각이 된다.34)

자율성의 발달은 초기의 신뢰감의 지속성을 근거로 한다. 그와 같은 신뢰에서 어린 아이들은 그들이 요구받고 있는 것이 그들에게 어떤 의미를 갖는지 감지하게 될 것이며, 그들 자신이 갖는 강한 충동에서 보호받는 것을 느끼게 될 것이다.

자율성의 대안으로서, 한 개인의 활동에 있어서의 내적인 결정인 수치와 의심은 탈출하고자 하는 무력감과 한 인간으로서의 자신의 가치에 대한 실제적인 의심을 나타낸다. "정체"와 "배제"의 양상이라고 에릭슨이 부른 것은, 사회나 자신을 향한 긍정적 혹은 파괴적 표현들 중 하나를 발견할 수 있다. 어린 아이들에게 있어서 하나의 부정적 결과는 "자신들을 과도하게 조종하려는" 경향과 "조숙한 양심"을 발전시키려는 경향이다. 그와 같은 사람은 고전적인 "충동적" 인격 곧 배제하는 것보다는 축적하려는 반복적인 욕구를 가지며 또한 통제하려는 욕망을 갖는다. 그렇지 않으면 그들은 순수한 자율성에서 실패하여 과도 보상적 방법으로 자율성을 위장한 사람이 된다.

에릭슨은 이 단계에 있는 부모들에게 간략한 충고를 준다. "이 단계에 있는 아이들을 확고하고도 관용있게 대하라. 그러면 그 아이도 자신을 확고하고도 관용있게 대할 것이다. 그는 자율적인 인간이 되었다는 긍지를 느낄 것이다. 그리고 또한 다른 사람들의 자율을 허용하고 무슨 일도 잘 감당해 낼 것이다."35)

에릭슨은 부모들이 갖는 순수한 신뢰성을 대체할 어떤 것도 존재하지 않는 것처럼, 부모 자신들 안에 있는 순수한 자율성을 대체할 어떤 대체물이 존재하지 않는다고 경고한다. "인간적인 가치면에 있어서, 누구도 순수한 것을 위조하는 방식을 알지 못한다.…왜냐하면 우리가 아무리 주도면밀하게 행할지라도, 우리가 무엇에 의해 삶을 살아가는지, 무엇이 우리로 하여금 사랑하며 협동하는 견고한 존재로 만드는지, 그리고 무엇이 우리로 하여금 증오하고 불안해하며 분열된 존재로 만드는지 어린 아이는 다 감지할 것이기 때문이다."36) 관계를 통한 의사소통으로서의 가치와, 부모와 교사와 목자들은 그들이 갖지 않은 것을 줄 수 없다는 논리적 귀결에 대한 에릭슨의 강조는 다른 사람들을 돕고자 하는 여러 사람들에게 깊은 공감을 준다.

주도성 대 죄책감 (Intiative vs. Guilt)

만일 어린 아이들이 2년 째의 특성인 자율성 대(對) 수치와 의심의 갈등을 성공적으로 해소했다면, 그들은 그 다음 단계의 자아의 위기인 주도성 대 죄책의 위기를 맞이할 준비가 될 것이다. 어린 아이들은 이미 그들이 원하는 바를 성취하려는 능력을 나타내 보였다. 이제 특별한 방법으로, "독자적인" 충동이 하나의 지배적인 특질로 나타난다. 이전 갈등의 성공적 해결은 이 단계에서 성장의 기초가 된다.

3살부터 6~7세까지의 인생 단계는 프로이트 학파의 용어로 오이디푸스(Oedipus)와 엘렉트라(Electra) 콤플렉스 시기이다. 이 기간에 남자 아이는 어머니를 향한 성적 본성의 감정을 가지며 아버지를 향해서는 분노의 감정을 갖는다. 에릭슨의 연구는 프로이트가 묘사한 모든 성심리 발달 단계들과 맥을 같이 하지만, 어린 아이는 본능적 충동의 변화를 너머 그 기간에 일어나는 자아 발달의 문제로 옮겨간다.

이 단계의 어린 아이들은 혼자서 돌아다닐 수 있다. 그들의 에너지와 호기심이 행동을 추진하고 이끈다. 그들은 사물을 주의 깊게 보며, 끊임없이 질문하는 성향을 지니며, 어린애다운 방식으로 그들이 처한 환경에서 어른들의 행동 양식과 역할을 이해할 수 있다. 이제 그들은 다른 어린 아이들과 어울려 놀 수 있고, 피차에 배운다. "그의 학습은 이제 침투적이며 활기차다. 학습은 자체의 한계를 넘어서 미래의 가능성을 지향한다."37) 사회심리적 형식은 침투적이다. 육체적 공격으로 다른 육체에의 침투, 공격적인 말에 의한 다른 사람들의 귀와 마음에의 침투, 힘찬 운동에 의한 공간에의 침투,

그리고 끊임없는 호기심에 의한 미지의 세계에로의 침투이다."38)

이 단계의 성적 호기심은 성기관 및 그 기관들의 사용 가능성에 대해 집중된다. 다른 어린이들과 여러 종류의 성적 놀이가 일어난다. 그러나 반대의 성을 가진 부모와 갖는 성관계에 대한 바램, 그리고 동시에 같은 성을 가진 부모의 자리를 대신하려는 많은 환상, 적개심, 그리고 죄책의 근원이 된다. 여러 방면으로 어린이는 어른들과 비교될 수 없지만, 성문제에 있어서 자신들의 부적절을 느끼고 쉽게 좌절한다. 결과적으로, 강한 죄책감을 갖는다. "이 강한 죄책감은 개인이 죄를 저질렀을 뿐 아니라, 결국은 생리적으로 전혀 불가능한 행동을 했다는 것을 의미한다."39)

"주도성의 대지배자"인 양심이 확고히 확립되는 것은 이 단계이다. "이제 어린 아이들은 발견했을 때 부끄러워할 뿐 아니라 발견당하는 것을 두려워 한다. 말하자면 이제 그는 하나님을 보지 않고서 하나님의 음성을 듣는다."40)

양심은 지나치게 예민하고, 잔인하며, 억압적일 수 있어서 어린 아이들에게 성과 관련하여 너무 무거운 죄책감을 지울 수 있을 뿐만 아니라, 그들의 주도성이 표현될 수 없도록 심한 장애를 받았다는 적대감을 가질 수 있다. 예를 들어, 성적인 일 뿐만 아니라 모든 일에 대한 어린 아이들의 호기심이 박탈되어 어린 아이들은 새로운 일을 전혀 배우려고 하지 않을 수 있다. 죄책감은 어린이로 하여금 그들의 행동보다는 사람 자체가 나쁜 것으로 느끼게 만든다. 다른 한 편, 그들은 처벌을 받기 위해서 나쁘게 행동하므로 잠깐동안 그들의 죄책감을 완화할 수 있다. 에릭슨은 우리의 문화에서 나쁘다거나 무가치하다는 감정을 과도 보상하는 일반적 형태 중 하나는 우리 자신보다는 우리가 행동하거나 행동하려는데서 가치감을 찾는 것이라고 지적한다.

이런 양상에 대한 해답은 아이들과 어른들의 삶을 지속적으로 서로 규제한다. 어린 아이들의 갈등과 문제들을 수용하면서 순수한 사랑과 이해를 그들에게 주며, 언젠가는 완성된 성인이 되리라는 기대를 갖고서 그들과 함께 일하는 일 외에 다른 대안이 없다. 에릭슨은 다음과 같이 지적한다: 개인이 이런 발달의 시기에서 *사람을 '만드는' 대신* 물건을 만드는 의미에서 능력이라기 보다는 "의무, 극기, 성취를 나눈다는 의미에서 보다 빨리 커지는 것을 배울 준비가 된 때는 없다." 그는 동시에 모든 것을 종합하기를 원하며 또 그렇게 할 수 있다.41) 가치에서 동등하다는 느낌이 부모와 아이가 함께 할 때, 특히 부모와 아이의 성이 같을 때, 표현된다. 연약함이나 크기에 근거하여 이용당하고 있다는 느낌보다는 공유한다는 느낌이 그들로 하여금 죄책감을 극복하도록 도와주며, 그들의 자아가 굴절되지 않도록 할 것이다. 그들은 주도적인 사람이 되며, 양심의 인도를 받고, 부모와 다른 어른들과 함께 경험한 관계에서 배운 가치의 인도를 받는다.

근면 대 열등감 (Industry and Inferiority)

성장의 다음 단계, 곧 "잠복" 기간에는, 어떤 새로운 충동—제어해야 될 충동—도 나타나지 않는다. 그러나 그 기간은 엄청난 사회적 학습과 자아 발달 기간이며 우리가 지금 고찰하려고 하는 것은 바로 이 국면이다. 잠복 기간으로서의 움직임은 다른 모든 기간처럼 어린 아이들이 새로운 과제들을 직면함을 의미할 뿐 아니라, 동시에 이전 성장 단계들로부터 겪어온 정서적 갈등들을 직면하고 해결하고자함을 의미한다. 이 단계에서 어린 아이들은 자기 자신들 그리고 다른 사람들과 더불어 어떻게 행동하고 어떻게 물건을 만들 것인지 학습하기를 원한다.

이제 어린 아이들은 학교에 입학하고, 공식적인 장소에서 학습 과정을 시작한다. 이 공식적인 장소에서 주어진 의무나 체제에 따라 더 모험적으로 학습과정에 들어간다. 그러나 어린 아이들은 또한 놀이를 좋아하며 놀이는 이 시기에 중요하다. 왜냐하면 그들의 후기 삶을 위해, 그들이 일하고 놀면서 일하는 것을 배우기 위함이다. 그러나 에릭슨은 어린 아이들의 놀이는 어른들의 생각하는 레크리에이션이 아니라 종종 어린 아이의 "힘든 경험들을 극복하는 사고 방식이자 지배감 회복의 방식"이라 지적한다. 만일 어린 아이의 처음 놀이가 어른들에 의해 올바르게 다루어지면 "장난감을 지배하는 즐거움은 갈등을 지배했고, 그와 같은 지배를 통해 명예를 얻었다는 생각과 연결된다." 이 단계의 놀이는 통상 다른 어린 아이들을 포함하기 때문에, 놀이는 이제 "실험, 계획 그리고 공유"에 의해 경험을 통제하는 것을 배우는 수단이 된다.42)

이 단계의 어린 아이들은 쓸모있게 되기를 원하며, 물건을 잘 만들 수 있게 되기를 바란다. 에릭슨은 이것을 근면 감각이라 부른다. 이 단계의 기술적 지도는 대단히 중요하다. 그러나 이전 단계에서 가졌던 어린 아이들의 갈등이 충분히 해결되지 않았다면, 그들은 행동과 만들기에 능숙한 사람으로 성장하게 되기를 원하지 않을 수도 있다. 그들은 다른 사람들이 자기들을 위하여 행동하고 만들어 주는데 만족할 것이다. 이런 상황은 부적절성과 열등감을 조성할 수 있다. 이런 것이 이 단계의 위험이며 성인 생활에 이르기까지 연장될 수 있다.

어린 아이들은 무언가 가치있는 것을 할 수 있는 사람으로서 다른 사람들에게 의미있는 존재라는 자각을 통해 그들의 사회적 가치감을 이끌어 낸다. 그러나 행동이나 물건을 만드는 일이 다른 사람들과 경쟁의 문제가 되거나 다른 사람들을 패배시키는 방식이 될 때, 활동은 부분적으로 적대 감정에 의해 일어나고, 성취나 근면 감각은 결코 만들어지지 않는다. 에릭슨에 의하면 이것은 "사회적으로 가장 결정적인 상태이다. 왜냐하면 근면은 다른 사람들과 함께 하는 일을 포함하기 때문이다. 노동의 배분과 기회의 균등은 이 시기에 발달한다."[43]

정체성 대 정체성 혼란 (Identity vs. Identity Diffusion)

우리는 매우 일반적인 방법으로 자아 정체성(正體性) 문제를 다루어 왔다. 청소년기에는 실행할 수 있는 정체성 획득 내지 유지가 중심 문제이다. 이 시기에 발생한 정체성 감각은 새롭고도 급격한 육체적 성장과 지금껏 경험하지 못했던 성감(性感)과 성의 잠재력의 출현 때문에 혼란될 수 있다. 동시에 사회는 청소년들에게 그들의 성 행위와 상관없는 직업적 헌신의 문제를 부과한다. 청소년기 이전의 과제는 이제 그들의 정체성 감각을 재형성하고, 다른 사람들이 수용할 수 있는 새로운 연속성과 동일성 감각을 발견하도록 한다. 이렇게 되기 위해서 그들은 미해결된 초기의 위기들을 다시 직면하게 될 수도 있다.

앞에서 이미 지적한 대로, 자아 정체감은 젊은이들이 이전에 조성한 모든 동일시의 통합이다. 그러나 자아 정체감은 그것 이상의 것이다. 왜냐하면 그들은 이러한 정체감에다 선택 과정과 개성이라는 특성을 덧붙였기 때문이며, 그 결과 최종적 종합이 그의 독특한 정체성이 된다.

청소년기의 위험은 정체성 혼란이다. 여기에서 젊은이들은 그들에게서 나타나는 힘을 그들의 아동기의 관계가 지닌 긍정적이거나 부정적인 가치와 통합할 수 없어서 그들이 처한 세계에 대해 그들이 갖는 의미에 도달하지 못한다. 에릭슨은 "그것은 근본적으로 젊은이들을 혼란시키는 직업적 정체감을 다룰 수 없는 무능력"이며, 많은 청소년들의 편협(偏狹)은 "정체성 혼란감을 대비하는 필요한 방어"라고 말한다.44) 그러나, 오늘날 성적인 차원에서 젊은이들은 상당한 정체성 갈등 문제를 겪는데, 그뿐 아니라, 목회 사역의 관점에서 보면 종교적인 차원에서도 마찬가지이다. 정체성 혼란에 사로잡힌 젊은이들은 의미있는 목표를 향한 결단과 움직임을 할 수 없을 뿐 아니라, 충동과 야심에 좌우될 수도 있다. 에릭슨은 "정신적으로 성장해가는 자아 정체감은 혼란스런 충동 뿐만 아니라 양심의 지배에 대한 유일한 방어책일 수 있다"고 말한다.45)

정체성 위기와 관련된 또 다른 개념은 일시적 정지이다. 이것은 사회가 공급하는 방식, 젊은이들이 수용하는 방식이며, 정체성 결단이 연기될 수 있는 상황이다. 에릭슨은 그와 같은 일시적 정지로서 수도원에서 가졌던 루터의 초기 생활에 대해 언급한다.46) 확실히 오늘날 학생들을 다루고 있는 사람이라면 누구나 과연 어떤 사람이 될 것인가에 관한 결단을 연기하는 방식으로 그들이 초급 대학이나 신학교에 다니고 있는 것을 볼 것이다. 일부 학생들이 자주 전공 분야를 바꾸거나 미래의 직업에 관해 결단을 내리지 못하는데, 이러한 무능은 정체성 혼란의 문제를 해결하려는 시도로 일시적 정지를 사용하고 있는 것이다.

청소년과 관련하여 또 다른 중요한 개념은 부정적인 정체성 개념이다. 이것은 "되지 말라고 경고받은 정체성을 의미하지만, 그럼에도 불구하고 그는 그의 전심(全心)에 항의하면서 되려고 자신을 추진시킨다."47) 부모들은 가끔 자녀들에게 그들의 위험하고 바람직하지 않다는 패턴을 과격하게 제공하는 방법을 가지고 있다. 간혹, 정체성 위기를 해결하기 위해서, 젊은이들은 부정적인 정체성을 선택하기도 한다. "후기 청소년기에 많은 젊은이들은 만일 계속되는 혼란에 직면한다면 자유로운 선택에 의해 아무 것도 아닌 존재나 나쁜 존재가 되려할 것이다."48)

청소년들의 "폭풍우와 스트레스"에 관하여 많은 글들이 쓰여졌다. 에릭슨은 말한다:

> 이 기간은 고통의 기간이 아니라 *규범적인 위기*, 즉 자아 능력의 굴곡으로 특징지어진, 그러면서도 높은 성장 가능성으로 특징지어진 점증(漸增)된 갈등 국면이다.... 편견된 안목에 노이로제처럼 보이는 것은 자기 청산이며 따라서 정체감 형성 과정에 기여할 수 있는 가중된 위기이다.49)

대학의 건강 센터에서 취한 연구 프로젝트에서 나온 자료는 에릭슨의 정체성 갈등과 혼란 개념을 지지한다. 이것은 "대학생들에서 나타나는 첨예한 혼란 상태"이다. 저자들은 이 상태를 "스트레스를 주는 상황에 반응하는 불안의 출현인 바, 이 상황은 환경적 불안정이 어릴 적부터 심한 상처를 입은 젊은이들의 내부에 있는 수치와 죄책감이란 내부 갈등과 연관되어 있다"고 말한다. 그들이 제시한 징후들은 (1) 혼란 (2) 집중할 수 없는 무능력 (3) 무력감 (4) 무서운 고립감을 포함한다. 처방에 있어서 치료는 중요하다. 처방 없

는 치료는 의심스럽고, 결국은 병리적 상황이 초래될 것이다. 저자들은 결론을 내린다:

> 이 환자들은 아동기에 부모들의 불안정과 부조화의 위협을 받으며 죄책과 공포를 통하여 부모들을 강하게 의존하는 관계에 묶인다. 그 뒤에 일어나는 의존적 만족감과 후원으로 이 환자들은 일종의 적응을 이룩하며 학업이나 사회적인 성취에 성공할 수 있다. 그러나 청장년기에 의존적 만족이 없는 대학 환경에서 이성(異性) 파트너와 직업 선택을 통해 그들 자신의 정체성을 발견하려고 할 때, 이전의 적응은 그들의 욕구를 만족시키기에 부적당하다. 성적 유혹이나 행위는 죄책으로 이끌 수 있고, 그 죄책은 퇴보로 이끌 수 있다. 그 다음 퇴보는 동료 집단으로부터 받은 수치와 조롱으로 이끌 수 있다. 수치를 회피하기 위해, 성적 행위를 일으키는 다른 시도를 할 수 있고, 그것은 더 큰 죄책과 퇴행과 수치를 유발할 수 있다. 이런 방식으로, 성취를 향한 돌진이나 성취로부터의 후퇴는 불안과 융합된다. 이런 환경 하에서, 만일 부모로부터 받는 의존적 만족이 부모로부터 받는 비판과 불인정 때문에 단절된다면, 그 환자는 초기의 불안, 분노 그리고 혼란과 결부되어 있는 초기 아동기의 고착 지점으로 환원하여 고립감, 무가치성, 그리고 불신과 좌절을 느끼게 된다. 회복은 절망적으로 도움을 추구하는 환자가 의존할 수 있는 누군가를 발견할 때 일어난다. 만일 그 누구도 이 욕구, 분노를 다스리는 반응 공식(reaction formulation)을 만족시켜 주는 사람을 발견하지 못한다면, 투입(投入)이나 투사(投射)가 나타날 것이다.[50]

친밀감과 고립 대 자아 도취
(Intimacy and Distantiation vs. Self-absorption)

우리는 이제 성인 생활의 첫 단계에 이르렀는데, 만일 이전 단계의 위기들이 성공적으로 해결되었다면 자아는 친숙을 위해 내면적으로 준비된 것이다. 성적 친숙은 성인이 마음 속에 품고 있는 것 가운데 한 부분에 불과하다는 에릭슨의 말은 옳다. 실상, 정체성이 혼란된 사람들은 친숙이라는 경험 없이도 성관계에 들어갈 수 있다. 그런데 여기서 에릭슨이 말하는 친숙이란, 성 뿐만 아니라 서로의 본성을 깊이 만족시켜 주는 밀접한 정서적 사회적 관계까지도 포함하는 "개인 관계"이다. 친숙을 위한 하나의 기본 조건은 정체성에 대한 확고한 의식이다. "두 사람이 되기 위한 진정한 조건은 먼저 한 사람이 참된 자기 자신이 되는 것이다."51)

"친밀감의 반대는 고립(孤立)이다. 고립은 거부하고, 따로 떨어져 혼자 있으려 하는 태도, 그리고 필요하면, 자기 자신에게 위험스럽게 보이는 힘과 사람들을 파괴하려는 태도이다."52) 다른 한 편, 정체성 상실에 대한 두려움 때문에, 청년은 어떤 개인 관계도 회피하고 고립과 자기 도취에 빠질 수 있다. 그러나 고립은 비록 조종하며 이용하는 접촉이지만 다른 사람들과의 접촉을 내포하는 반면, 소외는 후퇴를 의미하며, 극단적 형태로 발전된다면 그것은 정신분열증이 된다.

성숙한 성(정신분석적 용어로는 "생식기")에 대한 에릭슨의 묘사는 친밀감의 경험을 위한 의미를 지닌다:

> 절정에 이른 오르가즘을 나누어 갖는 경험은 복잡한 패턴의 상호규제에 대한 가장 좋은 예라는 것이 분명하며, 그것은 어떤 방식으로든 남성과 여성, 사실과 환상, 사랑과 미움, 일과 놀이라는 대극에 의해 야기된 잠재적 분노를 달래준다. 만족스런 성관계는 성을 덜 강박적이며 변태 성욕적 지배에서 벗어나게 한다.53)

이것을 다르게 표현하자면, 성관계에 있어서의 상호성은 정서적 성장과 안정의 목적에 기여하지만, 상호성이 부재할 때 성은 갈등과 질병을 유발한다. 그러나 성에 있어서 참된 상호성은 생각과 감정, 목표, 그리고 성에 있어서 서로에게 개방적인 사람들의 존재의 상호성의 차원에 의존한다. 수많은 사람들이 안고 있는 문제들, 즐거움, 결혼과 가정 생활의 문제들의 뿌리는 바로 여기에서 발견될 것이다.

창조성 대 정체(停滯) (Generativity vs. Stagnation)

성년기의 다음 단계를 에릭슨은 생산성이라고 부르는데, "그 이유는 그것이 다음 세대의 확립(성감도와 유전자 방식으로)에 관여하기 때문이다."54) 그것은 근본적으로 다음 세대 확립과 지도(指導)에 대한 관심이다. 그런 것으로서 생산성은 건강한 인격의 성장 단계이며, "그와 같은 강화(强化)가 실패하는 자리에서 생산성으로부터 유사 친밀감에 이르기까지 강박적 욕구 퇴행이 일어나며, 간혹 정체와 개인 관계의 허약이라고 하는 지배적 정서가 자리를 한다."55)

성숙한 사람은 자식들이 보살핌받기를 원하는 것만큼 필요한 존재가 되기를 원한다. 그러나 어떤 사람들은 젊은 세대를 보살피고 지도하는 일에 대한 관심을 발전시키는 것을 어렵게 생각한다. 그들은 자녀들을 생산할지는 모르지만 그들의 미성숙 때문에 아이들을 돌보는 일을 어렵고 힘든 짐으로 생각한다. 에릭슨은 그와 같은 실패의 이유를 "초기 아동기에 받은 영향에서 찾는다. 즉 부모와의 거짓된 동일시, 자작(自作) 인성(self-made personality)에 근거한 과도한 자애(自愛), 그리고 어린 아이들이 공동 사회를 충분히 신뢰할 수 있게 하는 신앙의 결핍, '종족에 대한 신념의 결핍' 같은 것들이다."56)

자아 통합 대 절망과 환멸 (Integrity vs. Despair and Disgust)

성장의 마지막 단계는 후기 성숙 단계인데, 긍정적인 측면에서 볼 때 에릭슨이 말한 자아 통합, 혹은 "자기 자신과 삶의 과정, 그리고 무엇과도 대체될 수 없는 꼭 필요한 것들로서 인생에 중대한 의미가 되었던 사람들을 수용하는 것이다."[57] 이 단계는 한 개인이 자신의 부모와 관련된 양대 병존 감정(ambivalence)의 해결, 자신의 삶에 대한 책임 수용, 지금 현재와 역사 전체를 통틀어 인간에게 인간의 가치와 사랑을 전달해 준 사람들과의 친교를 포함한다. 자아 통합은 "질서와 의미를 추구하는 자아의 성향에 대한 자아의 확신이다. 그것은 어떤 대가를 지불하더라도 세계에 질서와 영적 감각을 전달해 주는 하나의 경험으로서의 인간 자아의 애타적 사랑이다."[58]

어느 개인이라도 이전의 각 성장 단계에서 긍정적인 가치를 성취함이 없이 자아 통합의 최종 단계에 도달할 수 없다. 다른 한편으로, 마지막 단계에서 건강한 자아 통합을 성취하지 못하는 실패는 절망감과 "죽음에 대한 무의식적 두려움, 곧 한 인간과 삶의 과정이 궁극적으로 인생에서 수용되지 못했다"는 절망감을 가져온다.[59] 그러나 자아 통합을 발견하려는 시도에는 시간이 너무 짧고 다른 삶의 과정을 새로이 출발하기는 불가능하다. 그와 같은 절망은 종종 특별한 제도나 사람들에 대한 환멸, 자기 자신에 대한 개인의 경멸을 보여 준다. "그러므로 자아 통합은 친교에 의한 참여뿐만 아니라 지도력에 대한 책임 수용을 허용하는 정서적 통합을 의미한다."[60]

논평과 질문들

　에릭슨의 사상이 주는 모든 가능한 신학적/목회적 의미를 발전시키는 것은 책 한 권을 쓰는 것과 같은 큰 작업이다. 그의 이론들은 심원하고 함축적이며, 여전히 발전을 거듭하고 있다.

　모든 목자들이 에릭슨의 해석을 목회에 적용하는데 동일한 의미를 갖는 것은 아닐 것이다. 그의 연구는 개인의 내부 세계를 역동적 관계에서 개인이 처한 문화적 환경과 인간 관계와 연결시키기 때문에 목자들을 위해서는 특히 중요하다. 개인의 내부 세계를 문화적 환경과 인간 관계와 연결시키는 일에서 에릭슨은 프로이트의 기본 개념을 포기하지는 않지만, 그는 자아 발달 과정을 보다 충분히 발전시키고 있다. 그는 또한 그가 대하는 환자들의 삶에서 환자들이 처한 문화적 환경이 그들에 대해 갖는 의미와 문화적 환경과의 관련 속에서 그들이 갖는 의미를 볼 수 있었다. 그는 문화에 끼치는 인성의 영향 뿐 아니라 인성에 끼치는 문화의 영향에 대해서도 깊은 관심을 가진다. 이 두 관계는 결코 분리될 수 없다.

　목회 사역의 많은 부분은 인성과 문화 사이의 관계의 영역에서 이루어진다. 어느 한 부분을 제쳐두고 다른 접근만을 지나치게 강조하는 어떤 목회적 전망은 비효율적이다. 지난 세기의 사회 복음 접근 방식은 이 한계를 체험하였다. 목회 상담은 간혹 어떤 사회적 결과가 없는 하나의 순수한 개인적 접근 방식으로 인식되었다. 그러나 목회 상담가들은 개인과 갖는 그들의 사역이 집단에게 영향을 끼치고, 또 집단은 개인에게 영향을 끼친다는 사실을 깨달았다. 그리고 목자들을 위해서 중요한 소명적 전망이 있는데, 목자들은 자신들을 교사, 개혁가, 설교가로 보는지 아니면 뭔가 다른 기능을 가진 자들로 보는지 하는 것이다. 만일 목자가 인간을 형성하는 힘을 이용하고자 한다면, 이 모든 부분에 있어서 인성 문화 과정의 견지에서 목표를 정할 필요가 있다. 우리들의 신학 방향은 이 목적에 기여해야 한다. 이 책에서 정의한 것처럼 목회적 돌봄의 목표는 화해, 갈등 해결, 분리의 재결합, 인간과 사회 양자의 치유이다.

에릭슨은 개인 간의 갈등과 집단 간의 갈등에 대한 해답을 보다 더 포괄적인 정체성의 발견에서 찾는데, 그 포괄적인 정체성을 갖고서 개인과 집단은 더 큰 성취를 공유하고 발견할 수 있다. 목자는 기독교 신앙을 그와 같은 정체성을 부여하는 것으로 이해하려고 했다. 그것은 하나님 나라와 그리스도인 공동체로 다양하게 불려졌다. 그러나 목자들은 이 목표들을 설교하는 것 이상의 일을 해야 한다. 목자들은 화해나 치유로 이끄는 관계에서 개인과 집단의 갈등에 참여하는 새로운 길을 배워야 한다. 그렇게 되려면 목자들은 사람들의 삶의 경험, 특히 사람들의 존재에 가장 큰 영향을 미치는 경험에 참여해야 한다. 목자에게 생소한 인간 갈등의 국면은 존재하지 않는다. 하나님의 창조 과정은 모든 인간 관계 안에 역사하고 있어서, 목자들은 이 모든 것들이 결실할 수 있도록 촉매자 역할을 하여야 한다.

에릭슨의 연구는 우리도 다른 자료로부터 모았다는 이미 수집했을지도 모른다는 사실을 목자들에게 깨우칠 것이다. 우리는 한 인간의 후기 발전을 위해서 생후 5~6년의 중요성을 말한다. 예를 들어, 만일 유아기에 기본 신뢰감이 발전되지 않는다면, 후기의 발전이 전혀 불가능한 것이 아닐지라도 상당히 어렵다. 만일 목자들이 에릭슨이 제시한 발달 과정이 지니는 의미를 숙고한다면, 그들은 유아, 아동, 그리고 부모들을 돌보는 목회적 돌봄의 엄청난 중요성을 깨닫게 될 것이다. 만일 교회가 강조해야 할 한 곳이 있다면, 그것은 6세 미만의 아동을 가진 부모들이다. 이것은 다른 성장 단계들의 중요성을 축소시키는 것이 아니라, 유아기와 초기 아동기의 인격 성장에 있어서 중요한 출발점이 이루어져야 한다는 명백한 사실을 강조하기 위함이다. 이 출발점은 대체로 아동과 부모의 관계, 감정, 가치, 그리고 서로를 향해 가진 의미와 이 모든 것들을 어떻게 전달할 것인지에 모아진다. 부모들이 대집단과 갖는 관계 그리고 어떻게 그 집단은 부모됨과 그에 따른 책임을 평가하는가 하는 것 역시 여기서 중요하다. 수많은 청소년들과 성인들이 갖는 문제들은 기본적으로 초기 아동기에 미해결된 문제들로서 여러 가지 왜곡되고 상징적인 방법으로 표현되고 있다. 성장은 적재적소에서 시작될 필요가 있다. 어느 한 단계에서 성장의 실패는 다음 단계에서의 위기해결을 매우 어렵게 만든다. 기본적인 자아 특질들은 구순적 단계에서 가장 잘 획득된다.

작은 아이들을 돌보는 목회적 돌봄이 부모들을 통해 제공될 필요가 있으므로, 목자는 감정의 비구술적 의사소통과 관계를 통해 얻는 의미가 갖는 가치를 강조할 것이다. 심지어 5-6세가 된 어린 아이들은 말로써 서술할 수 없는 죄책감같은 완전히 능력 이상의 감정들과 씨름할 수 있을 것이다. 뿐만 아니라 용서를 받았다거나 수용되었다는 말을 들으려고 하지 않을 것이다. 만일 그들에게 가장 의미가 있는 어른들이 진실로 그들을 용서하고 받아들인다면, 그들은 그것을 알 것이다. 다음으로 그들은 비록 입술로는 표현할 수 없을지라도 용서받고 용서하는 것을 배우게 될 것이다.

어린 아이들을 돌보는 목회적 돌봄은 부모들을 통해 제공되어야 한다는 사실은 세상 가운데 살고 있는 평신도들의 책임을 더욱 깊게 한다. 여기서 말하는 세상이란 가정과 가족 관계를 말하는 것이다. 남편과 아내가 인간 관계의 깊은 실재를 배우고 어린 자녀들이 인생 초기에 진정으로 배우는 것은 바로 가정이다. 만일 어른인 우리가 어린 아이들을 보고 듣고 그들을 느낄 수 있다면, 그들은 중요한 무엇을 어른인 우리에게 말하고 있다. 이런 관계는 정서적인 학습의 종류이며, 부모들 편에서 태도의 변화를 촉구한다. 어린 자녀의 양육을 통하여 부모들 스스로는 더욱 순수한 인간으로 성장할 수 있다.

비록 부모들이 자녀를 양육한다지만, 자녀들 역시 부모들의 성장에 끊임없이 공헌할 수 있다. 상호 자기 규제에 대한 에릭슨의 원리는 건전하다. 유사한 원리가 기독교 통찰력에도 있다. 어린 자녀들을 돌보는 부모의 목회적 돌봄에 대한 건전한 접근 방식에서, 집단적으로든지 개별적으로든지, 목자와 부모는 똑같이 부모 자식 간의 관계와 이 관계가 기독교 신앙과 갖는 관계에 실제적으로 작용하는 힘을 발견하게 될 것이다. 이것보다도 더 의미가 있는 건전한 기독교 통찰력은 존재하지 않는다. 그리고 만일 의미가 없다고 한다면, 더 큰 공동체에서 의미를 추구하는 깊은 탐구가 존재하지 못할 것이다. 만일 부모가 자녀와 서로 간의 영적 양육을 위해 협력한다면, 가정 밖에 있는 멀고 가까운 사람들의 욕구에 긍정적인 방법으로 응답하는 일이 가능할 것이다. 인간 성장의 초기에 보다 깊은 관심을 기울이므로써 교회는 알콜 중독, 이혼, 청소년 범죄, 정신적 질병, 그리고 그와 같은 일들에 관심을 덜 기울일 수 있을 것이다. 그러나 명백한 것은, 우리가 먼저 깨어짐을 방지하는 것을 추구하기보다는 깨어진 인간 조각을 붙이려고 노력하고 있다는 것이다. 목회적 돌봄의 핵심은 성장이란 관점에 있어야 한다. 경험에 의하면 우리가 여기에서 넘어지면, 치유를 목표로 받아들일 때 우리는 십중팔구 넘어진다.

가족을 돌보는 목회적 돌봄의 방법에 관해 묻는 자들을 위해서 우리는 부모가 자기 자신들의 감정과 관심을 솔직하게 표현할 수 있어서 문제 해결, 신뢰 획득, 자율성 그리고 여타의 자아 강화를 가질 수 있는 소집단 토의를 제안한다. 목자들은 이런 사역을 위해 훈련될 필요가 있다. 또한 우리는 공동 사회가 가지고 있는 다른 자원들을 이용할 수 있어야 한다.

과학자로서 에릭슨은 그의 저서에서 신학적/목회적 의미를 회피하고 있는데, 어떤 면에서는 잘하는 것이다. 그는 우리들에게 인간 성장의 본질에 대한 통찰력을 제공해 주고 있고, 그것은 신학자와 목자인 우리들이 당면한 문제를 해결하도록, 그리고 관계에 대해 진지한 질문을 하도록 한다. 이런 일은 생각의 차원에서만 되어야 할 사안이 아니라 삶의 과정들에 대한 면밀한 관찰에서 되어져야 할 것이다. 우리는 그를 임상가로만 생각해서는 안되며, 그의 임상적 실험과 체험에서 발견할 것들을 말하고 있다고 생각해야 한다. 그는 단순히 이론을 가지고 뱅글뱅글 돌지 않는다. 방법에 있어서도 그는 목자에게 많은 도움을 준다.

독자는 에릭슨이 서술한 자아의 첫 위기인 "기본적 신뢰 대 불신"이 그리스도인의 신앙 경험과 갖는 의미에 대해 회의를 품지 않으리라 믿는다. 기본 신뢰는 자아 성장의 시초이며 다음에 뒤따르는 각 단계에 필요한 요소이다. 구원은 믿음을 통한 것이며, 믿음은 하나님의 은혜에 대한 개인의 헌신적 반응이라고 기독교 신앙은 주장한다. 에릭슨이 뜻하는 바에 의하면, 기본적 신뢰의 경험은 기독교적 의미의 신앙과 어떤 관계가 있는가? 이 질문에 답하는 것은 다소 이단처럼 보이겠으나, 이것은 필요한 질문이다. 혹자는 기독교 신앙이 믿음을 통한 구원이란 아이디어에 고정된 것처럼 생각할지 모른다. 수많은 기독교 해석가들은 이런 구체적 형식을 넘어서지 못하는 것 같다. 기독교 신앙과 자율성 혹은 주도성의 자아 위기, 혹은 그 이후의 모든 위기들, 즉 각 단계에 따르는 부정적인 측면과의 관계는 무엇인가? 기독교 해석가들은 신앙을 그리스도인 경험의 시작 국면으로 강조하면서, 성숙해가는 자아를 위해 중요한 다른 국면들은 무시하고 있는가? 자아 발달의 견지에서 볼 때, 자주 사용되는 "은혜 안의 성장"이란 표현은 어떤 의미를 갖는가? 그리스도인들의 삶에서 자주 발견되는 능력의 부족은 그들의 신앙을 성장 과정과 생생하게 연관시키지 못하기 때문은 아닌가? 신앙의 중요성을 평가 절하 하거나 감소시키지 않고서, 신학적인 상호 관계는 성숙하는 자아의 특질과 연관될 필요가 있고, 목자들은 기독교 신앙과 자아 성장 사이의 관계로 이해하도록 훈련되어져야 한다. 유치하거나 미성숙한 자아 발달의 인격에서 창조적이고 성숙한 그리스도인의 경험을 기대할 수 없을 것이다.

각 발달 단계에서 신학적으로나 목회적으로 유사한 질문이 제기될 것이다. 간혹 설교자들은 회중에게 기독교 신앙이란 복종하는 것이라고 권고한다. 일부 찬송가는 이 사고를 구체화하고 있다. 그러나 초기 아동기의 자율성의 발달은 강한 인격의 표시인 것이 분명하다. 어떤 범위에서 우리는 하나님의 뜻과 유사 자율적 충동(pseudo-autonomous drives)을 가르치고 있는지도 모른다. 다른 한편, 깊고도 창조적인 헌신에 순수한 자율성의 실천은 필수적이지 않은가? 우리는 우리가 아직 소유하지 않은 것을 어떻게 줄 수 있단 말인가?

많은 목자들은 일평생 의심의 부르짖음을 계속한다. 루터같은 수많은 위대한 그리스도인 지도자들도 강한 의심의 공격을 받았다. 우리가 인간의 의심을 배척할 때, 우리는 살아있는 인간의 자아 국면을 배척하는 것이다. 의심을 가진 한 사람을 수용하고 이해하면서, 우리는 그 사람이 의심으로 이끄는 갈등을 직면하고 해결하도록 돕는다. 하나님에 대한 의심은 자기 자신에 대한 의심과 분리될 수 없고, 의심은 모든 사람들이 겪는 경험의 일부이다.

자기를 내어주는 사랑과 신뢰에서 이루어지는 순수한 헌신은 어떤 주어진 순간에 행해진 행위가 아니라, 초기 아동기에서부터 시작하여 삶의 작은 사건들에서 서서히 발전된 기본적인 관계의 특질이다.

헌신은 다른 사람들을 믿고, 다른 사람들의 자유를 허용하고 격려하는 매일 매일의 관계에 대한 신뢰와 자율과 주도성의 반응이다. 후기 청소년기에 순수한 헌신이 의식적인 결단의 문제가 되는 때가 있지만, 그와 같은 결단은 내부에서 성장한다. 헌신의 의미가 수많은 일상적인 관계에서 분명하게 되는 것은 성인의 삶이다. 여기에서 헌신의 순수한 성격은 자발성 내지 평범한 관계나 협력에서 따뜻해지고 깊어지는 격려와 힘에 의해 드러난다. 순수하게 헌신된 사람들—부모, 목자, 평신도—에 의해 시행되는 목회적 돌봄은 깊게 헌신된 사람들이 성장할 수 있는 환경이다. 그러나 그와 같은 사람들은 제도나 교리보다 다른 사람들, 가치, 그리고 관계에 헌신할 것이다. 그러므로 그들은 내적으로 그리스도에 대한 헌신의 의미를 이해하기 시작할 것이다.

에릭슨이 제시한 세 번째 자아 위기인 주도성이나 죄책감이 갖는 신학적/목회적 의미에 대해 많은 질문들이 제기될 것이다. 금지된 것을 원하기 때문에 아동들이 경험하는 죄책감을 생각해 보라. 이 것은 하나님 앞에서 갖는 죄책감인가? 우리는 하나님에 관하여 들은데 대해서 두려움을 갖고 있는 이 시기의 아동들을 알고 있다. 이 아동들은 분명히 하나님에 관해 들은 것을 죄책감과 결부시킨다--이 시기에는 그것이 정상적이다. 부모와의 관계에서 발전된 죄책감이 언제 하나님 앞에서 죄책감으로 동일시되는가? 그리고 이 어린 시기에 발생한 죄책감이 종교적인 상징이나 상징적인 과정을 통해 보다 충분히 제거될 수 있는가?

계속되는 질문은 이렇다. 아동의 시기에 사랑의 의미는 무엇인가? 말할 것도 없이 유아들은 5살 된 아이들이 갖는 돌봄의 형태를 필요로 할 것이나, 각 단계에서 사랑의 종류는 어린 아동들이 자기들을 돌보는 사람들과 소속감을 가져 분리감을 극복하는 것이다. 어린 아동들은 다른 사람들에 대한 의미, 그리고 자기들에 대한 다른 사람들의 의미를 가져야만 한다. 주도성의 단계는 어린 아이들이 이전에 전혀 경험해 보지 못한 방식으로 다른 사람들을 사랑하는 법을 배우는 단계이다. 만일 이 일에 대해 죄책감을 갖거나 충분한 신뢰나 자율성을 초기에 갖지 못한다면, 그들은 죄책감을 건설적으로 처리하는 힘을 갖지 못할 것이다. 만일 어머니가 남아에 대해 정서적으로 유혹적이라면, 불안감과 죄책이 그에게 지워진다. 어린 아이들은 그들이 받는 사랑의 종류를 통하여 사랑의 의미를 배운다. 그들 존재의 깊이로부터 그들은 따뜻하고, 밀접하고, 그들을 둘러싸고 있는 사람들과 하나가 되는 감정에서 사랑하는 법을 배우기 원한다.

목자와 교회는 사랑의 법을 가르치는데 헌신되었다. 그리스도 안에서 드러난 것처럼 그리스도인의 사랑은 사랑의 대가나 보수를 바라지 않고 다른 사람들의 필요에 관심을 갖는 자기 헌신적 관심이며, 다른 사람을 해치는 일에서 자유할 뿐 아니라 다른 사람들의 행복에 창조적으로 헌신하는 것이다. 그리스도인의 사랑은 다른 사람들에게 자유를 허용하는 순수한 관심과 존경을 통한 일치를 추구한다. 그와 같은 사랑은 개념만으로 가르칠 수 없다. 어린 아동들은 다른 사람들로부터 그런 사랑을 받을 때 사랑을 배우고, 또 그런 사랑을 되돌려 준다. 그러나 그와 같은 사랑은 구체적이어야 한다. 즉 그 사랑은 실제적인 필요에 관심을 가져야 한다. 그리고 실제적인 필요들은 다를 수 있다. 그러므로 유아에게 제공되는 사랑은 6세 된 아동에게 제공되는 사랑과 다를 수 있다. 부모와 자식의 삶에서 규명되어야 할 필요에도 차이가 있으며, 이것은 목회적 돌봄이 감당해야 할 과제이다. 부모들이 만일 소그룹 토의에 자유로이 참여한다면 이에 관한 많은 소득이 있을 것이다.

그러나 교회 안에 있는 우리는 종종 우리 자신을 거스려서 사역할 수 있다. 우리는 사랑에 대한 욕구를 가르치지만, 사람들로 하여금 사랑에 관하여 죄책감을 느끼게 할 수 있다. 우리는 이와 같은 일들을 우리들의 성에 관한 태도에서 행하기도 한다. 배변 경험에서 육체가 더럽고 악하다고 교육받은 어린이들은 이미 형성된 죄책감을 갖고 주도성의 단계에 들어선다. 성과 사랑과 관련된 감정이 나타나고 특히 이 감정들이 부모에 의해 배척될 때 더 많은 죄책감이 발생한다. 만일 새로운 감정이 부모로부터 너무 지나친 수용과 만족을 얻으면, 그 감정들 또한 어린 아이들을 위협하게 된다. 죄책감과 불안감에 대처하기 위해서 어린 아이들은 부모에게 감정을 숨길 수 있다. 그들은 결국 주도성을 상실한다. 그들은 더 이상 자신들의 필요를 채우려고 하지 않는다. 그리고 성장하면 할수록 그들은 사랑할 수 없는 성인이 된다. 이런 현상은 청소년기나 청장년기의 자아 정체성 추구에 심각한 문제를 야기한다. 그들은 사랑에 관한 설교를 듣지만 사랑할 수 있다는 사실에 대해서는 의혹을 갖고 내면적으로 중지되어 버린다. 이런 상황에서 인간 관계의 문제가 발생한다. 교회와 목자는 성과 사랑의 신학, 특히 목회적인 태도를 검증할 필요가 있고, 사랑과 성과 관련된 지나치면서도 비실재적인 죄책감을 만드는 요인들을 제거하고 오늘날 우리의 문화에서 삶의 특별한 단계에 적합한 사랑의 형태를 경험할 수 있도록 사람들을 도와야 한다.

우리는 죄책감을 건설적으로 활용하는 것을 구분하기 위해서 죄책감과 관련하여 "과도하고 비실재적인"이란 말을 사용했다. 왜냐하면 죄책과 죄책 정서는 모두가 악한 것이 아니기 때문이다. 삶의 여러 국면들처럼, 그것들은 하나의 참된 목적을 갖고 있어서, 행동보다는 감정과 결부될 때 건강치 못한 것이 될 수 있다. 그것들은 분명히 해롭거나 파괴적인 행동에 기여할 수도 있겠지만 어떤 후회나 양심의 가책을 보이지는 않는다. 실상 사람들은 그들이 가진 실제적인 가치를 숨기기 위해서 겉치레로 선한 행동을 할 수 있다. 건강하게 사용하면 죄책감은 어떤 기관의 열과 같이 될 수 있고, 무엇인가 잘못된 것이 교정될 필요가 있다는 내면적인 표지가 될 수 있다. 그러한 죄책감은 모든 건강한 사람들이 가진 일부이다. 왜냐하면 온전한 사람은 한 사람도 없기 때문이다. 그러나 죄책감이 과도하게 발전될 때, 자신의 변화보다는 자기 심판의 구실로 사용되거나, 죄책감을 발생시키는 구조가 없거나, 기능을 발휘하지 못할 때는 병이 진전된다. 기독교 신앙은 수용과 수용된 용서 과정의 일부로서 변화를 요구한다. 그러므로 죄책감에 대한 기독교의 답변은 이해와 수용, 그리고 더 높은 종합으로의 성장을 내포한다. 죄책감은 성장에 대한 욕구의 표지이다.

어린 아이들이 성에 눈을 뜰 즈음, 그들은 인생의 두 가지 심원한 국면인 선과 악을 경험한다. 모든 어린 아이들의 삶에서 선이 악을 이기기를 바라지만, 반드시 그렇게 되지는 않는다. 초기 유아기부터 선과 악의 문제에 많은 관심을 기울여 왔지만, 그 관심이 실천적으로나 목회적인 면보다는 신학적으로 표현되어 왔다. 어른들과 마찬가지로 어린 아이들은 악한 부모, 교사, 낯선 이, 혹은 다른 종족이나 계급의 대표자와 같은 인물들에서 악을 세상에 투사하는 욕구를 지닌다. 종교에서 악은 사단이나 귀신으로 인격화되어 왔다.

목회적 돌봄의 과제 가운데 한 가지는 개인들로 하여금 실재 악과 가상적인 악 사이를 구분하도록 돕는 것이다. 실재 악인 악마적인 것은 자신이나 다른 사람들을 파괴하는 태도, 관계 그리고 행동이다. 간혹 이런 것들은 고도로 의로운 합리화의 옷을 입는다. 가상적인 악은 무수한 심리학적 뿌리를 가지고 있지만, 자기 도취 성향의 요소가 그 안에 있다. 나 자신의 욕구 가운데 어떤 것을 원치 않거나 부인하는 것은 악처럼 보인다. 그리고 내면적인 위로를 위하여 이 악을 때로 하나님을 포함하여 다른 사람들이나 대상에게 투사하는 것이 필요하다. 실재 악과 가상적인 악을 구별하도록 사람들을 돕는 목회적 돌봄의 과제 가운데 다른 면은, 사람들로 하여금 성경이 말하는 악을 이기는 사랑으로 관계를 경험하도록 하는 것이다. 악의 문제에 대한 성경적인 해결책은 결코 억압이나 부정이 아니라 솔직한 인정과 정직이다. 이것은 항상 용서하시고 화해하시는 사랑의 하나님의 빛 안에서 인간 관계를 통하여 경험된다. 간혹 어린 아이 같은 성인들에게 법은 악의 표현을 억제하기 위해 사용되어야 한다. 그러나 신약성경이 제시하는 해결책의 본질은, 인간이 그리스도 안에서 성숙을 향하고 성장해야 하며, 악의 통제는 화해를 위한 욕구의 인도를 받아 인간의 내부에서 발생하는 자발적인 경험이 되어야 한다는 것이다. 그리고 에릭슨이 말한 악한 국면에 있어서 파괴적인 힘과 건설적인 힘 사이의 갈등은 인생 전반에 걸쳐 계속된다. 이 문제는 결코 단번에 해결될 문제가 아니다. 그것은 형태상 지속적이고 항상 가변적이다. 그 해결은 개인 내부의 악을 선으로 바꾸고 새로운 종합을 창조해 내는 건설적인 동기 부여를 통한 깊은 인격적 정체성에 있다. 선으로 악을 이기라는 성경의 명령은 모든 성장 단계의 실재로 해석될 필요가 있다.

신학적/목회적 상호 관계가 제기될 수 있는 여러 가지 다른 많은 관점들이 있다. 한 가지만 더 다루어 보겠다. 에릭슨은 그의 후성적 발달 원리의 기초로 생물학을 이용하고 있다. 이 원리란 유기체에는 기본 구조가 현존하고 있는데, 삶의 조건이 허락된다면 그 구조가 최적의 시간에 나타날 것이라는 것이다. 그러므로 사람들은 그들의 경험의 결과만이 아니라, 그들이 드러나는 능력으로 그 경험에다 가져오는 것의 결과이기도 하다. 이것은 인간을 자극에 반응하는 기계로 보는 심리학을 교정하는 것이다. 그러나 더욱 중요한 것은, 여기에는 신학적인 상관 관계가 있다. 왜냐하면 기독교 신학은 인간 존재의 본성에 무엇인가를 부여해 왔기 때문이다. 긍정적인 면에서 이것은 "하나님의 형상"과 같은 상징들로, 부정적인 측면에서는 죄성으로 향하는 인간의 성향같은 상징들로 표현되었다.

죄는 하나님과의 관계에서 자아의 잠재력을 성취하지 못하는 것으로 해석되어 왔다. 인간의 인성 내에 있는 구조의 실재는 그 구조가 지닌 잠재력의 성취를 의무적인 것으로 만든다. 개인의 내면적 존재는 성취를 요구하며, 그렇지 않다면 죄와 파괴성과 죽음이 있다. 에릭슨이 제시한 자아 성장의 마지막 단계를 성찰할 때, 늙은 사람들에 대한 임상적 지식의 견지에서 보는 자아 통합 혹은 절망은 생물학적으로, 심리학적으로, 혹은 신학적으로 생명의 기본 구조가 지닌 의미를 이해하도록 해준다.

기독교 신학은 자아의 근본 목적이 세상에 대한 적응이라고 주장하는 자아 이론을 예외로 간주하였다. 에릭슨의 자아 발달 개념은 우리에게 단순한 적응 이상의 것을 요구한다. 개인 잠재력의 발달은 위험에 처해 있다. 더욱이 개인의 자아는 세상에 대한 적응보다는 세상을 변화시키는 힘을 갖고 있다. 젊은이들이 갖는 강한 충동의 하나는 세상을 변화시키는 것이며, 이것은 그들 자신을 변화시키고자 하는 욕구의 투사나 적개심의 표지로서 뿐만 아니라, 세상에 있는 것은 실제로 변화될 필요가 있다는 논리가 분명치 않은 통찰로 해석되어야 한다. 왜냐하면 젊은이들에게 인격적 정체성에 대한 신빙성 있는 감각의 기초를 주지 못하는 사회나 집단에 무언가 잘못이 있기 때문이다. 창조적인 적응같은 것도 있는데, 그것은 환경을 변화시킴으로써 환경에 적응하는 것이다. 목자들은 사람들이 가까운 영역 안에서 적응이라는 심각한 문제가 있는 한, 궁극적이거나 초월적인 충성에 대하여 곧잘 왜곡된 견해를 갖거나 관계를 가질 수 있다는 것을 인식하지 않으면 안된다.

교회와 목자에게 있는 경향 가운데는 쉽게 상징적 만족과 기능에 사로잡혀 사람들의 실제 경험에서 이탈하는 것이 있다. 우리는 수차에 걸쳐 기독교의 신학적 상징의 무의미성에 대하여 제기된 목소리를 들어왔다. 그러나 해답은 반드시 새로운 일련의 상징들에 있지 않다. 실제 의미를 지닌 상징들은 어떤 인위적인 수단에 의해 창조될 수 없고, 개인과 집단의 역동적 경험에서 자라나며 그런 사건들이 발생하는 미래 세대에 남겨지는 것이다.

각 세대는 상징을 경험해야 할 뿐만 아니라, 상징 속에 담긴 실재와 의미를 경험해야 한다. 복음을 사람들에게 중재하는 과제에서, 목자는 복음의 실재와 인간의 경험에 똑같이 깊은 관심을 가질 필요가 있다. 상징적 구조는 오로지 경험 안에 구조화될 수 있는 무엇이 있을 때라야 창조적인 의미를 갖는다. 상징은 내적 경험과 의미에서 분리되어 진공 속에서 번성할 때 정신질환적 과정 형성의 요인이 된다. 이런 일은 이미 지난 세대에 일어났으며, 창조적인 목회적 돌봄은 의미의 활력을 다시금 그리스도인의 경험에 부여할 때 가능하다.

주 (註)

1) 목회적 돌봄에 대한 전통적 접근법을 위하여 다음을 보라: Paul E. Johnson, *Psychology of Pastoral Care* (Nashville: Abingdon Press, 1953); C. W. Brister, *Pastoral Care in the Church* (New York: Harper & Row, 1964); William A. Clebsch and Charles R. Jaekle, *Pastoral Care in Historical Perspective* (Englewood Cliffs, N.J.: Prentice-Hall, Inc., 1964).

2) 이것은 다음의 저서들에서 잘 묘사되고 있다: Leontine Young, *Out of Wedlock* (New York: McGraw-Hill Book Co., 1954); Edrita Fried, *On Love and Sexuality* (New York: Grove Press, 1961); Dorothy W. Baruch, *One Little Boy* (New York: Julian Press, 1952).

3) Clebsch and Jaekle, *Pastoral Care in Historical Perspective*.

4) O. Hobart Mowrer, *The Crisis in Psychiatry and Religion* (Princeton: D. Van Nostrand, 1961).

5) Wayne Oates, *Religious Dimensions of Personality* (New

York: Association Press, 1957).

6) Heinz Hartmann의 저서 3장을 보라.

7) Erik Erikson, *Childhood and Society*, 2nd ed. (New York: W. W. Norton, 1963); *Young Man Luther* (New York: W. W. Norton, 1958); Erikson, *Insight and Responsibility* (New York: W. W. Norton, 1964); Erikson, "Identity and the Life Cycle," by David Rapaport, in *Psychological Issues*, vol. 1, no. 1 (New York: International Universities Press, Inc., 1959).

8) *Psychological Issues*, pp. 55-65.

9) O. Spurgeon English and Gerald H. Pearson, *Emotional Problems of Living*, 3rd ed. (New York: W. W. Norton, 1963); Ruth L. Munroe, *Schools of Psychoanalytic Thought* (New York: Dryden Press, 1955); Calvin S. Hall and Gardner Lindzey, *Theories of Personality* (New York: John Wiley & Sons, 1957).

10) Anna Freud, *The Ego and Mechanisms of Defense* (New York: International Universities Press, 1946).

11) *Childhood and Society*, p. 194.

12) *Psychological Issues*, pp. 22-23.

13) Ibid., p. 102.

14) Ibid., p. 113.

15) *Psychological Issues*, *Young Man Luther*, and *Insight and Responsibility*.

16) *Psychological Issues*, p. 30

17) Ibid.

18) Ibid., p. 31.

19) Ibid., p. 52.

20) Ibid.

21) Ibid., pp. 53-55.

22) Ibid., p. 55.

23) Ibid.

24) Ibid., p. 56.

25) Ibid., p. 57.

26) Ibid., p. 58.

27) Ibid., p. 63.

28) Ibid., p. 60.

29) Ibid., pp. 60-61.

30) Ibid., p. 63.

31) Ibid., p. 61.

32) Ibid., p. 64.

33) Ibid., p. 65.

34) Ibid., p. 68.

35) Ibid., p. 70.

36) Ibid., p. 71.

37) Ibid., p. 76.

38) Ibid.

39) Ibid., p. 79.

40) Ibid., p. 80.

41) Ibid., p. 81.

42) Ibid., pp. 84-86.

43) Ibid., p. 88.

44) Ibid., p. 92.

45) Ibid., p. 93.

46) *Young Man Luther*, p. 43.

47) Ibid., p. 102.

48) *Psychological Issues*, p. 132.

49) Ibid., p. 116.

50) Helen B. Carlson, M.D., Carl Christensen, M.D., Alfred Flarsheim, M.D., Bernard L. Greene, M.D., William Nolan, M.D., Erich Paschkes, M.D., Charles Schlageter, M.D., Julian Pathman, Ph.D., and Clara Weimer, Ph.D., "Diagnosis and Treatment of an Acute Confusional State in College Students," in

Quarterly Bulletin, Northwestern University Medical School, Chicago, vol. 32, no. 1, 1958, p. 6.

51) *Psychological Isseues*, p. 95.

52) Ibid., p. 96.

53) Ibid.

54) Ibid., p. 97.

55) Ibid.

56) Ibid.

57) Ibid., p. 98.

58) *Childhood and Society*, p. 268.

59) *Psychological Issues*, p. 98.

60) Ibid., p. 99.

6

목자의 길

본 장은 신학 교육 전반에 관한 토론이 아니라 우리가 지금까지 발전시켜 온 주제와 밀접한 관련이 있는 면에 대한 토의가 될 것이다.

목자가 되는 활력 있고 창조적인 그리스도인의 경험은 말할 것도 없이 필수적이다. 그러한 경험도 없이 수많은 학생들이 신학교에 들어간다는 사실은 어찌할 도리가 없지만, 분명히 하나의 도전으로 보아야 한다. 이들 가운데 많은 학생들은 이런 경험을 추구하러 왔고, 물론 그들은 학위 과정을 통해서도 이런 경험을 갖는 것이 용이하지 않음을 알게 된다. 이것은 분명히 종교에 대한 학문적 탐구의 목적이 아니지만 빈번히 젊은 학생들은 이 점에 관하여 심각한 잘못된 개념을 갖는다.

활력이 넘치고 창조적인 그리스도인의 경험이란 목자들의 전체 삶과 사역뿐 아니라 그들이 갖는 인간 관계에 의미를 부여하는 경험을 의미한다. 그 경험은 그리스도 안에 계신 하나님에 대한 인격적 신앙과 헌신에 뿌리를 두고 있기 때문에, 그것은 인간에게 하나님 앞에서 건전한 정체성 감각을 부여해 주며, 따라서 인간 존재 앞에서도 마찬가지이다. 그것은 사람들로 하여금 다른 사람들에게 불안과 죄책 혹은 적개심을 투사하는 대신 자신들과 자신들이 지닌 동기에 대해 개방적이 되게 한다. 이 단계에서 대부분의 학생들이 충분히 성숙한 사랑을 성취하리라 기대할 수는 없지만 이 점과 관련하여 성장을 위한 욕구를 가진다. 그들이 갖는 용서의 경험은 아직도 진보적이다. 그들은 아직도 목표에 이르지 못했다. 그들은 자신과 다른 사람들과의 관계에 대한 새로운 이해를 찾고 있고, 그 관계를 깊이 하는 데서 부딪칠 어떤 장벽도 극복하리라는 욕망도 잘 알고 있다. 그들은 겸손의 기초라 할 수 있는 자신들의 강점이나 약점에 대해서도 정직하다. 그들은 또한 자신들이 갖고 있는 문제들을 회피하기 위해서 다른 사람들을 조종하려는 성향에 대해서도 인식하고 있다. 그들의 삶은 성령의 영향에 노출되어 있어서 성령의 열매가 점진적으로 그들 안에 실현되어 가고 있다. 그들은 그리스도인이 갖는 순수한 자유에 대한 인식을 갖고 있지만, 그들이 다른 사람들에게서 찾고 또 다른 사람들이 그들에게서 찾는 근본적인 사랑의 훈련에 자신들을 복속시킨다. 그들은 충동에 의해 특수한 그리스도인의 경험의 실재를 수용하는 것이 아니라, 신학적인 이론체계 배후에 있는 실제에 관심을 기울인다. 이런 말은 아무리 해도 지나치지 않으며, 그리스도인 경험에 있는 학생들과 목회적 돌봄의 뿌리를 강조하는데 도움이 될 것이다.

관계를 통한 의사소통을 우리가 강조하는 것은 목자에게 지적 훈련이 중요하지 않다는 것을 의미하지 않는다. 지적 훈련에 대한 강조는 그것이 별로 중요하지 않은 목회 사역의 합리적 국면을 배제할 때 목자에게 해가 될 수 있다. 반면에, 지식을 결여하고 있는 "사명감 있는" 목자들은 많은 실수를 저지른다. 하나님과 인간에 대한 순수한 사랑은 그들에 대한 직접적인 지식과 간접적인 지식 모두를 포함한다. 그러므로 목자들은 엄격한 학문적 훈련을 받을 수 있는 고도로 지적인 사람들이 되어야 한다. 이런 배경을 갖추지 못하면 그들 속에 있는 다른 사람들에 대한 신뢰를 파괴할 수도 있을 것이다. 건전한 지식은 사람들과 갖는 목회 관계를 돕는 한 차원이다.

오늘날 신학교에서 필요한 것은 단순히 이 개념을 입으로만 전파하는 것이 아니라, 전인격의 성장을 증진하는 것이 무슨 의미인지를 배우는 것이다. "전인격의 성장"과 같은 개념들은 그 이미지가 쉽게 포착될 수 있지만, 그것들을 보충할 특수한 제안들이 있을 때 열정은 약해진다. 대체로 신학 교육은 매우 보수적인 성향을 띠며 지도력을 제공하기 보다는 교회를 따른다. 그렇지 않으면 지도력을 개념의 영역에 한정시켜 기능적 실재의 세계를 평가 절하하는 경향을 가진다.

목회적 돌봄 운동이 제기하는 근본적인 질문들 가운데 하나는 이렇다. 커리큘럼 제작과 가르침에 있어서 무엇이 신학 교육의 전망이 되어야 하는가? 이 질문에 답하는 대부분의 신학교의 표준적인 답변은 학문적이다. 신학교는 학자들의 공동체이다. 교수진이라는 구성원은 특수한 영역의 학자가 되도록 기대된다. 종교의 영역에 있어서 성경적, 신학적, 역사적 그리고 다른 학문적 국면들이 학생들에게 제공된다. 유럽 신학자들은 신학교에서 인기가 높고 때로는 우상화되기도 한다. 사실, 학자들은 좋은 선생이 될 능력 이상으로 평가된다.

그러나 학문적 전망에는 어떤 딜레마가 존재한다. 목자와 사람들이 갖고 있는 문제들에 의미와 관련성이 있게 될 방법은 어떤 것일까? 이 딜레마는 종종 그들이 행하기를 바라고 행하고 있는 목회 사역에 대해 연구하는 것의 관련성을 보지 못하는 학생들의 무능에서 드러난다. 이렇게 실패하는 이유 가운데 한 부분은 학생들의 경험 부족 탓도 있지만, 부분적으로는 학문이 학문으로만 그치고 실제 목회에서 부딪히는 문제와는 아무런 상관이 없다는 것이다. 성경적이며 신학적인 학문이 갖는 문제들 가운데 일부는 그런 학문이 경험의 문제와는 거리가 멀다는 것이다. 신학하는 학생들의 인성에 대하여 학문적 전망이 갖는 심각한 문제들 가운데 하나는 정체성에 대한 혼란된 감각이다. 수많은 학생들이 그들의 인격적 직업적 정체성에 관해 약간의 혼돈을 갖고 신학교에 들어온다. "교수들" 아래에서 하는 3-4년의 학업은 자신들을 교수와 동일시하게 하거나 학자로 여기지 않으면 자신들에 대한 정체성을 거부하게 한다. 왜냐하면 그와 같은 긍정적인 동일시는 그렇게 어렵지만은 않기 때문이다. 그런데 학생들은 자신들을 목자로서보다는 "학자와 교사"로 간주한다 (이런 일은 우리들의 문화와 밀접하게 관련되어 있다). 교수를 향하여 부정적인 입장을 갖는 학생들은 (고도의 능력을 갖춘 학생들은 갈등하는 인성의 요구 때문에 이렇게 한다) 목자가 되기 위한 학습을 우습게 여기는 경향이 있다. 이 부정적인 정체성은 신학교를 떠난 후 연구를 중단한 신학교 졸업생들의 삶에서 자주 표현된다. 우리가 지금 여기에서 제기하는 질문은 이러하다. 목자로서의 정체성을 위한 어떤 기초를 신학도들에게 제공해야 하는가? 그것은 목자로서의 책임있는 기능에서 그들을 떼어놓는 것인가?

　이런 질문을 제기한다고 해서 우리가 신학교 교수들을 적대한다고 가정하지 말기를 바란다. 우리는 어떤 점에서 그럴 수 있을지는 몰라도 그것은 그다지 문제가 되지 않는다. 실제 문제는 이것이다. 학문적 분위기 속에서 어떻게 학생들이 목자로서의 정체성을 위한 긍정적인 기초를 얻을 수 있는가? 책과 관념, 시험, 성적, 지적인 논쟁과 문제들, 그리고 학자가 되기 위한 필요한 기술들을 강조하는 학문적 풍토에서 우리는 어떻게 학생들을 도와서 그들로 하여금 목자로서 자신들의 이미지를 갖추게 할 것인가? 신학교의 학문적 풍토가 인생의 실존적 문제들을 다룰 때 목자들 역시 인간의 실존 문제를 다룬다고 하는 말은 핵심을 놓친다. 왜냐하면 신학교의 학문적 접근은 죄, 구원, 죄책, 증오, 사랑, 죽음, 고통 그리고 그와 같은 문제들을 지적으로, 학문적으로, 그리고 합리적으로 다루는 것이기 때문이다. 우리가 문제들을 다루는 전망은 바로 이 점이다. 예를 들어, 고통의 문제를 다루는 철학 혹은 신학 과정은 학생들을 도와서 고통과 관련된 지적 문제들 가운데 일부를 생각하게 할 수 있고, 고통에 관한 여러 가지 해석과 개념들을 평가하게 할 수 있고, 또한 그 주제에 관한 흐릿한 많은 생각들을 제하게 할 수 있다. 그러나 그들이 고통 당하고 있는 사람을 만날 때, 그들은 철학자가 될 필요가 없고 본서에서 말하고 있는 목자가 될 필요가 있다. 지적 훈련은 목자 훈련의 한 부분이 되어야 하지만, 그 자체는 사람들의 필요를 위해 불충분하다.

그렇다면 어떻게 신학교에서 강조하는 학문적 강조가 학생들로 하여금 목자로서의 정체성을 발전시키도록 도울 수 있는가? 이 문제에 대해서 우리가 제시하고자 하는 답변은 대부분의 신학교 교수들이 받아들이기 힘든 것일 것이다. 왜냐하면 사람을 훌륭한 학자로 만드는 특질은 우리가 부여받은 은사를 계발하는데 있기 때문이다.

그러나 우리가 제언하는 바는 신학교 교수들이 학자가 되어야 할 뿐만 아니라 목자도 되어야 한다는 것이다. 이 말의 뜻은, 신학교 교수들도 회중을 지도하는 목자들로서의 책임을 지고 있어서--물론 파트타임 목자이다--회중의 삶에 깊이 관여해야 한다. 물론 교구의 크기에 따라서 조력이 필요하지만, 어떤 경우에 신학도들은 목자들의 조력자가 됨으로써 창조적인 학습 경험을 가질 수 있다. 그와 같은 관계는 신학도들에게 목자로서의 정체성을 발전시킬 기초를 제공해 준다. 그들은 교수들을 학자로서 뿐만 아니라, 학문적 자질을 목회 사역에 적용할 수 있는 목자로 보게 된다. 학문과 목회 양자 간의 불일치에 관해 제기되는 빈번한 불평은 더 이상 들을 필요가 없다. 그와 같은 관계는 교과 과정과 가르침에 새로운 통찰력을 제공해 주며, 교수들에게는 목회하는 교구의 실제 상황에 적용될 수 있는 추상적이 아닌 실제적인 자료를 제공해 준다.

우리는 지금 여기에서 이 개념에 반대할 입장들을 다루지 않을 것이다. 그 가운데 일부는 실제적이며 어떤 부분은 가공적일 수 있겠지만, 신학 교육이 교회에 새생명을 부여하려면 극복해야 할 장애물들이 있다. 신학교 교수들은 자신들을 목자로 간주할지 모르지만, 학생들은 그들을 그렇게 보지 않는다. 오늘날의 신학교는 사람들을 훈련시킬 기관으로보다는 자체를 대학과 동일시해 왔다. 그리고 교수들을 책상에 앉아 연구만 하는 교수들로 간주했다. 이는 수정되어야 할 상황이다. 우리는 여기에서 어떻게 그 일이 이루어져야 할지에 대한 청사진을 제공하고 있는 것이 아니다. 왜냐하면 그것은 지역 상황과 교파 정책의 차원에서 성취되어야 할 것이기 때문이다. 우리는 오로지 상당한 시간과 실험에 의해 측정될 수 있는 신학 교육의 구조에 있는 급진적인 변화를 가져와야 한다고 제안한다.

교수진은 교구의 사람들과 끊임없는 만남을 가질 필요가 있을 뿐만 아니라, 학생들과도 그렇게 해야한다! 오늘날의 신학 교육은 매우 심각한 오류, 즉 아이디어와 가치가 구술적 의사소통을 통하여 학생들의 기능적 과정에 통합되는 오류를 근거로 하고 있다. 반대로, 일반적인 관찰과 과학적 연구는 창조적 학습을 위해 학생이 연구하고 있는 과정들과 구조들에 관여해야 함을 분명히 지적해 준다.1) 매우 자주 신학도들은 교수가 강의하는 영역에 해당되는 경험을 하지 못했다. 그러므로 교수의 아이디어는 비실재적인 것으로 들리거나 완전히 무관한 것으로, 아니면 위협적인 것으로 들린다. 학생들은 기계적인 방법으로 배우고 시험을 통과할지 모르나, 배운 것들을 그들의 사고와 행동에 통합할 수는 없다. 아니면 그들은 이 아이디어들을 이해하지 못하고 배우기가 불가능하다는 것을 발견할지도 모른다. 비실재적이며 위협적인 아이디어들과 씨름하는 학생들은 그들이 가지고 있는 문제들과 계속 씨름하므로써 그들 스스로에게 동기를 부여할 수 있다면 결국은 그것이 더 나을 것이다. 아이디어, 태도, 그리고 가치들은 교사와 학생 수가 제 3의 차원, 즉 신중한 숙고 아래 있는 실재와 관련되는 상황 안에서만 습득되거나 변화될 수 있다.

이 말의 뜻은 신학교에서 하는 교과 과정과 교육이 교구의 지속적인 삶에서 교사와 학생의 동시적인 참여에 뿌리를 두어야 한다는 것이다. 평신도들은 반드시 이 과정의 일부분이 되어야 한다. 왜냐하면 그들이 바로 교육 생활의 중심이기 때문이다. 설교, 교육 프로그램의 기획, 예배, 장례식과 결혼식 모두는 평신도들을 위한 것이다. 우리가 관심을 갖는 대상은 그들의 성장과 복리이며, 우리가 기도하는 그들의 구원과 신앙에 대한 이해 또한 목자가 갖는 관심이다. 목회적 돌봄에서 직면하는 깊은 위기들은 그것이 죽음이나 질병 혹은 여러 가지 정서적 영적 문제이든지 간에 평신도들의 삶에 게재된 것들이다. 평신도들은 세상과 사업장, 그리고 그들이 살고 있는 공동 사회로 복음의 메시지를 들고 나가야 한다고 듣는다. 그러나 그렇게 하기 위해서는 그들이 먼저 무장되어야 한다.

신학 교육이 목자들과 함께 동역하는 사람들, 교회 안의 평신도와 지역 사회의 사람들에게 별 관심을 갖지 않는다는 사실 또한 놀랍다. 그러므로 평신도들이 짐이 된다는 목자들의 불평 소리를 듣는 것은 그리 놀라운 일이 아니다. 목자들을 바로 훈련시키고 지도하지 못하므로 평신도들의 요구는 기회가 아니라 짐이 되어버린 것이다. 신학 교육에 알맹이가 빠져 있다고 평신도들이 생각하는 것도 이상한 일이 아니다.

교사, 학생 그리고 평신도들은 신학 교육이 당면하고 있는 과제에 참여할 필요가 있다. 교과 과정과 교육은 실제적인 교구 상황에 처해 있는 학생과 교사의 경험을 중심으로 조직되어야 한다. 이런 과제는 신학교가 하고 있는 현행 방법의 혁신적 변화를 요구한다. 새로운 접근 방식은 보통 "현장 실습"이라고 부르는 것을 능가해야 한다. 왜냐하면 새로운 방식은 가능한 모든 새로운 출발을 함축하기 때문이다. 오늘날 신학교의 많은 교수들의 마음에는 어떤 심원한 방법으로 신학도들에게 다가서지 못하고 있다는 괴로운 확신이 있다. 이 불안을 극복하기 위해서 우리는 좀 더 새로운 과정을 신설하고, 필수 과목을 늘이고 혁신적인 변화에 부응하는 커리큘럼과 방법론을 강구해야 할 것이다. 신학 교육은 학생, 평신도, 그리고 교수들이 함께 참여하는데 집중되어야 한다.

교회 안에 있는 신학도들을 위한 더 많은 "경험"을 지금 우리가 제의하고 있는 것이 아님을 분명히 해두어야 하겠다. 오늘날 수많은 학생들은 학생 나름대로의 경험을 더 많이 하고 있지만, 그들이 하는 "경험"을 신학교에서 하는 수업과 어떻게 연결시킬 것인지에 대해서는 명석한 생각을 갖고 있지 않다. 더욱이 그들이 하는 경험은 모호한 실재이다. 그들은 그 경험이 지닌 의미를 발견하는 방법을 알지 못하고 있다. 상담 과정에서 학생들이 하는 상담 내용을 언어적 신앙 보고서에 기록해 두게 하는 것은 흔한 일이다. 그러나 그들은 종종 그들이 기록해 둔 보고서의 의미를 보지 못한다. 교구 경험의 다른 면들이 지니는 의미를 보지 못하는 것은 두말 할 것도 없다.

이렇게 말하는 것은 무턱대고 학생들을 비판하려는 의도가 아니다. 왜냐하면 그들은 이론적인 구조로 가르쳤기 때문에 실재와 실재의 기능을 이해할 수 없도록 만든 신학 교육 제도의 산물이기 때문이다. 그들은 오로지 가르치는 교수를 의존하고 사고(思考)에 있어서 주도성을 갖지 못하도록 교육받았다. 또한 상상력이 훌륭한 도구이지만, 사실을 다루어야 하므로 그 상상력을 아껴 써야 한다고 교육받았다. 그러므로 그들은 사실들 사이의 관계를 보지 못하고 사실들 너머에 있는 의미와 가치를 볼 수 없다. 또한 그들은 자신들의 정서와 감정적 갈등들을 억누르는 것이 최선이라고 교육받은 결과, 다른 사람들의 경험 속으로 들어가서 그 경험의 의미와 고통에 참여할 수 없게 되었다. 신학 교육은 이 부적합한 교육을 강화하고 있는 실정이다.

학생들은 경험하는 것을 발견하는데 도움을 필요로 한다. 그들 안에서 일어나는 사건을 직면하고 그에 대한 감정과 반응을 이해하는데 도움이 필요하다. 그리고 거기에 관계된 사람들에 대해 갖는 의미를 추구하고, 기독교 신앙의 관점에서 그것들이 갖는 의미를 찾는 데도 도움이 필요하다. 학생들은 신앙 보고서가 가르치는 매우 실제적이고 창조적인 과정과 의미 안으로 들어가는 데 도움이 필요하다. 그와 같은 도움은 본질적으로 교사의 직무이며, 교사 자신들은 교구와 학생들의 삶에서 발생하는 중대한 문제들에 어느 한

도까지 경험적으로 참여하여야 한다. 교사의 직무는 자신들의 아이디어를 학생들의 마음 속에 주입하는 것이 아니라, 통찰과 이해로 이끌어 갈 그들 내부에 있는 잠재적인 과정을 일깨우는 것이다.

우리는 그와 같은 신학 교육을 위한 청사진을 제시하고 있는 것이 아니다. 여기 저기 개인 교사들의 사역에서 이미 그런 일들이 수행되고 있다. 우리가 말하고 있는 것이 주는 충격은 학생들의 경험에 참여할 새로운 교사들의 세대를 기다린다고 하는 것이다. 그러나 어떤 범위에서 실재적인 목회적 관련을 갖는 내용의 창조적인 종합이 필요한데, 그러면 신앙의 차원들은 스스럼없이 논의될 수 있다. 그와 같은 논의는 상호 간의 학습 만남에서 학생과 교사의 마음을 통하여 되어질 수 있다. 이런 과정에서 학생은 삶에 대한 기독교적 해석을 상상력과 결부시키는 자유와 책임을 갖고 인간의 욕구에 민감한 영혼을 계발시킬 수 있다. 이렇게 말하는 뜻은 학생과 교사, 그리고 평신도들이 일상적인 삶과 교회의 삶에서 과거와 현재 그리고 미래에 일어날 심원한 문제들에 깊이 관여하게 된다는 것이다. 확실히 기독교 신앙의 궁극적 차원은 그와 같은 교육 과정의 동기와 목표가 되어야 하지만, 구술적 구조에서가 아니라 살아있는 인간 안에서 표현되고 확증되어야 한다. 왜냐하면 하나님의 말씀은 살아있는 인격이며, 그렇지 않다면 바울이 말한 대로 우리의 믿음도 헛되기 때문이다(고전 15:17-19).

우리는 이미 신학 교육의 변화 내지는 확대의 필요성을 지적하였다. 우리는 이런 일이 오늘날 행동 과학으로 알려진 분야--심리학, 정신 분석, 그리고 인성과 문화 관계의 역동성--에서 시행되어야 함을 믿는다. 다시 말하거니와 우리는 이 일을 수행할 청사진을 제시하는 것이 아니다. 왜냐하면 거기에는 많은 길이 있기 때문이다.

그러나 주요 관심은 그 일이 시행되어야 한다는 것이다.

이런 강조는 오늘날 신학교 교과 과정이 전적으로 잘못되었다는 뜻이 아니다. 그러나 평신도들의 삶에서 목자가 해야 할 기능을 생각한다면, 이 분야에 더 많은 강조가 있어야 한다. 더욱이, 목자들은 이 분야에 대한 몇 가지 방법과 접근 방식에 익숙해져서 그것들을 활용할 수 있어야 한다. 왜냐하면 목자들은 인간 성숙의 영역에 있어서 극히 전략적 위치에 있기 때문이다. 목자들은 다른 직업이 선과 악에 대해 영향력을 더 크게 할 수 있는 개인과 문화적인 역동성 사이의 중요한 위치에 서 있다. 그러나 이것 이상으로, 목자들은 교회와 공동 사회에서 개인의 삶을 형성시키는 개인, 사회, 그리고 문화적 영향에 대한 기본 지식을 갖지 않으면 목회 사역의 효과를 기대할 수 없다. 한 걸음 더 나아가, 목자들은 행동 과학 영역에서 일하고 있는 지도자들의 사역을 존중히 여길 필요가 있다.

이 마지막 관점은 대단히 중요하다. 신학 교육이 안고 있는 지적 위험 가운데 하나는, 이미 가지고 있는 신학적 관점을 가지고 지식을 비판적으로 분석하는 것이다. 그런대로 그렇게 할 필요성과 가치가 있다. 그러나 그러한 분석은 신학에 대한 이해에서 뿐 아니라 평가받고 있는 영역 내부에서부터 시작되어야 한다. 그렇지 않으면 과거에 신학이 정신 분석에 퍼부었던 부정적인 비판처럼 어리석은 일이 될 것이다. 그러한 소치는 이해보다는 불안이나 적개심의 산물이다. 그러나 더욱 중요한 것은 여기서 말하는 행동 과학은 수년 간 많은 진보를 이루고 있다는 것이다. 기독교 신앙이 말하는 진리에 대한 사랑은 행동 과학이 교회에 미치는 긍정적인 공헌을 우리에게 말해 줄 뿐 아니라, 인간에게 유익을 끼치는 행동 과학의 공헌을 우리가 사용하도록 안내해야 할 것이다.

이 문제에는 다른 측면이 있다. 다른 관점에서 비평하고 평가하는데 스스로를 미숙하다고 여기는 신학들은 결국 우리를 어디로도 인도할 수 없다는 것이다. 왜냐하면 다른 어떤 영역의 개념들처럼 신학적 개념들도 의미에 있어서 확장되고 성장될 필요가 있으며, 그렇지 않다면 결국 사장되고 말 것이기 때문이다. 행동 과학은 우리가 깊이 숙고할 자료를 생산해 내고 있고, 어떤 범위에서 인간의 존재에 대한 신학적 개념과도 결부되어 있다. 신학교가 감당해야 할 과제 가운데 일부는 학생들이 종합 과정을 시작하도록 돕는 것이다. 우리가 "시작하도록"이라고 말하는 것은, 몇 년 안에 해치울 수 있는 것이 아니라 평생의 과정이기 때문이다.

여느 사람이 여기에서 볼 수 있는 위험은, 우리가 학생들의 시야를 목자가 되는 데서 돌려서 심리학자나 "아마추어 정신 분석가"로 만드는 것이 아닌가 하는 것이리라. 이는 위에서 말한 바처럼 정체성 혼란의 문제 가운데 일부이다. 일부 학생들은 목자로서의 정체성에 대한 강한 확신을 갖고 신학교에 들어온다. 그런 뒤 성급히 목회 현장에 뛰어든다. 그리스도인의 신앙 경험 초기의 어떤 지점에서 그들은 이 비전을 가진 것 같다. 그러나 그들이 신학교에서 받는 훈련은 이 사역을 위해 그들에게 적합하지 않은 것 같고, 그들이 목회 현장에 나설 때 많은 장애물에 봉착하는데, 그렇게 되는 이유는 그들이 인간에 대해 이해하는 훈련을 제대로 받지 못했기 때문이다. 그래서 신학교에서이든 목회 현장에서이든 그들은 쉽게 목회 계획을 바꾸어 다른 직업으로 전향하는 일도 발생한다. 그렇지 않으면 교구를 떠나서 병원 원목이나 목회 상담같은 전문 사역으로 사역의 방향을 바꾼다. 여기에서 실제적인 문제는 그들이 신학교에서 낯선 어떤 것을 배웠기 때문이 아니다. 목자로서 사람들을 도울 수 있는 적절한 훈련을 받지 못했고, 그래서 교회가 지니고 있는 조직상의 구조가 그들의 사역을 방해하는 것을 발견했기 때문이다. 이 문제에 대한 하나의 해답은 행동 과학 분야의 교육이며, 이 교육과 신학적 전망과 효과있게 통합하여 목자로서 사람들을 도울 수 있는 기술을 갖도록 효과적으로 훈련하는 것이다. 많은 학생들과 목자들이 함께 깊은 경험을 나누는 것은 내가 가진 특권인데, 그들은 결코 목회 현장을 떠나지 않았다. 왜냐하면 그들이 받은 행동 과학 분야의 훈련은 그들의 사역에 큰 힘이 되었기 때문이다.

목자를 만드는 다른 본질적인 접근 방식은 임상 목회 훈련(clinical pastoral training)이다. 임상 목회 훈련의 가치는 아무리 강조해도 지나치지 않다. 그와 같은 훈련이 올바르게 이행된다면 교실에서 기대할 수 없는 많은 결실을 거둔다. 임상 목회 훈련이 지닌 가치를 발휘할 수 있는 신학 교육 훈련은 없다. 임상 목회 훈련이 갖는 주요한 이점은 감독 아래 갖는 인간 관계 및 목회 관계 경험이다. 교실에서 우리는 관계에 대해 말하지만, 임상 목회 훈련에서 학생들은 자신과 다른 사람들이 실제적으로 갖는 관계 경험을 이해할 수 있는 상황 안에서 경험을 갖는다. 이런 경우, 관계의 대상이 환자이건, 동료 학생 내지 의사와 간호사 같은 전문 직종의 사람이건, 학생들과 감독들에게 학생들이 경험할 수 있는 여러 종류의 관계를 경험할 기회를 부여한다. 물론, 중심 문제는 환자와 목자의 관계이다. 신학 교육은 강의실에서 하는 관계에 관한 논의가 감독 아래서 이루어지는 실재 경험을 대체할 수 없다는 사실을 겸허하게 수용하고 적용해야 한다. 임상 목회 훈련이 보다 더 충분한 인간 관계 훈련의 기술과 실재를 터득시키는 신학 교육이란 존재하지 않는다.

오늘날 "교구 내에서의 임상 목회 훈련"으로 불리는 운동이 일고 있다. 차라리 "임상"이란 말을 떼어버리는 편이 나을 것이다. 다른 한 편, 그런 말의 사용은 임상 목회 훈련 운동이 발전시킨 방법들을 교구에 적용하고 있음을 가리킨다. 이것은 신학교의 지난 "목회 실습"을 좀더 의미있는 교육 경험으로 변형시키자는 좋은 의도이겠다. 교구 안에서 행하는 그와 같은 훈련에는 어느 정도 고무적인 경험이 있을 수 있겠지만 실제적으로는 특별한 문제가 있다.

임상 목회 훈련을 감행하는 신학교의 기본 문제 가운데 하나는 임상 훈련을 감독하는 감독자의 계발과 그 감독들과 교수진 사이의 관계 개발 문제이다. 감독들의 자질은 대체적으로 임상 목회 훈련에서 문제가 될 수 있다. 지난 10년 동안의 급속한 운동과 감독을 모집하고 훈련하는 과정, 그리고 신학생들이 임상 목회 훈련에 깊이 가담하지 못하는 문제들, 임상 목회 훈련을 지나칠 정도로 강조하는 정신질환적 강조들 역시 문제점으로 드러났다. 신학교의 정규 교수진들의 임상 목회 훈련 운동의 가담을 포함하여, 신학교와 지역 사회 센터 간의 긴밀한 협력은 실질적인 진보를 이룰 것이다. 임상 목회 훈련이 신학 교육의 변두리에 위치하는 한, 그것은 충분한 공헌을 하지 못할 것이다.

우리는 인간으로서 목자들의 정체성이 지닌 중요성을 언급해왔다. 목자들은 목회 관계에서 다른 사람들의 경험 안으로 들어갈 수 있는 기초로서, 인간으로서 자신들에 대한 분명하고도 확고한 의식을 지녀야 한다.

오늘날 미국 청년들의 자아 정체성을 위한 투쟁에 게재된 문제들을 열거하는 것은 본 장의 범주를 벗어나는 것이다. 수많은 신학도들이 지금 우리들의 문화에서 젊은이들이 겪고 있는 여러 종류의 정체성 갈등 문제로 고통을 받고 있다. 이런 현상은 정체성을 위한 견고한 기초를 제공해 주지 못하는 문화의 한계성 때문일 것이다. 그렇지 않으면, 문화가 제공해 주는 정체성을 젊은이들이 수용하지 못하기 때문일 것이다. 또한 그것은 개인 관계가 빈약하기 때문일 수도 있다. 최소한 우리들의 문화에 편승하고 있는 수많은 젊은이들이 자신들과 다른 사람들에 대한 그들의 의미와 가치를 경험하지 못하고 성장하고 있다. 이런 현상은 빈번히 직업에 대한 갈등과 직업을 선택하는 결단을 내리지 못하는 무능에서 표출되고 있다. 또한 동성애를 선호하는 극단적인 성적 갈등으로도 표출된다. 또한 종교에 대한 접근에서도 나타난다. 오늘 우리 세대가 지닌 종교 문제들 가운데 많은 부분들, 즉 신념, 신앙, 행위의 문제들은 다른 사람들과 하나님 앞에서 자신이 누구인지를 발견하지 못하는 젊은이들의 무능력에 뿌리를 두고 있다. 『청년 루터』라는 저서에서 마틴 루터의 정체성 갈등을 묘사한 에릭슨의 묘사는 오늘날의 수많은 신학도들의 모습과 병행한다.2) 『목자들의 갈등』(Conflicts in the Clergy)이란 저서에서 바우어스(Bowers)는 목자들이 겪고 있는 정체성 갈등의 극단적인 실례 가운데 일부를 제시하고 있다.3)

신학도들은 자신들의 정체성 문제를 가지고 학교에 들어온다.4) 그리고 의식적으로든 무의식적으로든 간에 학교 생활 경험에서 해답을 추구한다. 이 말의 뜻은 신학과 성경, 기타 그 밖의 신학 훈련이란 그들이 알고 있는 것이든 모르고 있는 것이든 깊은 인간의 욕구에 입각한 훈련을 추구한다는 것이다. 지적 문제를 해결하기 위해서, 그들은 자신들이 누구인지 그리고 자신들과 지식 사이의 관련성을 열심히 발견하려고 한다. 그러므로 하나님이나 죄책이나, 인생과 역사의 의미, 혹은 존재의 의미와 지적으로 씨름하는 것은 그들 내부에 있는 매우 중요한 어떤 것과 씨름하는 것이다. 그들은 소위 주관적인 경험을 위한 기초와 안내자가 되는 "객관적인" 지식을 추구한다. 그리고 그들은 "객관적" 지식에 대하여 그들 자신의 감정이나 갈등을 투사함으로써, 객관적인 것은 실재로 그들 자신의 내부 세계를 반영한 것으로 믿으려 한다. 그렇지 않으면 그들은 학교에서 부과하는 필수 과목들이 그들 자신의 필요에 의해 결정된 진리 추구를 방해한다는 사실도 깨닫는다. 만일 그렇다면 그들의 학업은 실패일 수 있다. 진정 그렇다면, 그들은 자신들의 인격적 가치를 희생하여 권위에 대한 의존을 수용하는 것이 된다.

그러므로 신학교는 학생들이 지닌 깊은 필요의 관점에서 학사 일정을 세우고 그들 자신의 내부 세계를 반영할 것으로 믿으려 한다. 그렇지 않으면, 그들은 학교에서 부과하는 필수 과목들이 그들 자신의 필요에 의해 결정된 진리 추구를 방해한다는 사실도 깨닫는다. 그렇다면 그들의 학업은 실패일 수 있다. 진정 그렇다면, 그들은 자신들의 인격적 가치를 희생하여 권위에 대한 의존을 수용하는 것이 된다.

그러므로 신학교는 학생들이 지닌 깊은 필요의 관점에서 학사 일정을 세우고 그들 자신의 정체성을 발견할 수 있는 과정을 마련해야 할 것이다.

만일 신학교가 진실로 "총체적 인간"에 관심을 갖는다면, 지적인 노력 방면이 아닌 다른 방면도 추구할 책임을 질 것이다. 신학 교육은 신학도들의 정서 성장에 관심을 기울여 그들이 다른 사람들의 정서 성장에 도움을 줄 수 있는 교육이 되어야 한다. 아무리 지적인 훈련은 받아도 정서적으로 미숙하거나 어린 사람이 다른 사람들의 성장에 도움을 줄 리는 만무하다.

우리가 본 장에서 말해온 내용 중 많은 부분이 두 단어 "학문"과 "성도"에 의해 상징화될 수 있다. 오늘날 신학 교육의 목표를 표현하는 상징은 "학문"이다. 이 방면에 대한 강조는 신학 교육 현장에서 체감된다. 그러나 우리는 진정으로 목자가 필요로 하는 것이 꼭 학문인가라고 질문해 보아야 한다.

"학문"이란 상징 대신에 사용할 수 있는 더 깊은 상징은 "성도"이다. 성도는 하나님과 다른 사람들을 향한 순수한 사랑 안에서 성장하고 있는 사람들, 그와 같은 사랑에 방해되는 요소가 자신들 내부에 있음을 정직하게 시인하고 그것들과 대처하는 사람들, 그리고 이 목적을 위해서라면 어떤 전문적인 도움도 불사하는 사람들이다. 그들은 형제와 자매 안에 있는 티를 제거하기 위해서라면 자신의 눈 속에 있는 들보를 과감히 뽑아낼 수 있는 사람들이다. 성도는 성령의 열매(갈 5:22)를 말한 바울의 말, 사랑 또는 고린도전서 15장에서 말한 자신의 인격 안에 성취하기 위해서 노력하는 자들이다.

오늘날의 교회, 기독교 신학, 그리고 신학 교육은 우리들의 문화가 안고 있는 큰 문제들, 즉 전쟁과 평화, 정의와 인간 복지, 건강과 질병, 결혼과 이혼 문제, 경제적 갈등같은 문제들에 대해 별 관심이 없다. 모든 목자는 문화의 테두리 안에서 자라나며, 그 문화가 지닌 질병에 어쩔 수 없이 참여한다. 교회는 반드시 사회 문제를 언급하여 세상이 어디에 와 있나를 진단할 필요가 있다. 그러나 교회는 더 큰 도전에 직면하고 있다. 총체적 인간을 다루는 신학 교육을 통해 미래의 목자들이 문화의 질병을 다루어 그 문화 속에 있는 인간을 치유할 수 있도록 하는가 하는 도전이다. 우리들의 문화가 지닌 질병 치유를 위한 최종 분석은 우리가 사람들을 도와서 신약성경이 말하는 바 그들이 총체적 인간이 되게 하는가에 달려 있다.

7

문화와 돌봄

존 힝클

의사소통은 상황 안에서 발생한다는 것이 와이즈(Wise)가 반복적으로 언급한 요지이다. 이 마지막 장은 바로 그 요지를 중심으로 삼아 본서의 개정을 시도할 것이다. 더 정확히 말한다면, 와이즈의 주장을 오늘의 상황에 적용시키는 과제는 "개정"이라기 보다는 "상황에 대한 재적용"이다. 앞으로 계속할 논의는 와이즈가 직면한 목회적 돌봄의 상황이 지닌 몇 가지 특징에 초점이 맞추어 질 것이며, 현재의 목회적 돌봄의 상황에서 일어나는 중대한 측면들과 관련하여 그의 사상 가운데 선별된 것을 상황에 맞추기 위한 제안이 될 것이다. 한 걸음 더 나아가, 상황은 불가피하게 내용에 영향을 미치기 때문에, 내용을 위한 상황의 의미들이 주목될 것이다. 최선의 인성에 대한 정의와 성(性) 역할의 변화가 영역--목회적 돌봄의 의미를 다시 상황화해야 하는 영역--의 실례로 제시될 것이다. 독자들로 하여금 그들이 기능하는 상황으로 이 중요한 사역의 "해석"을 뒷받침해 주기 위하여 자료와 방법론적인 제안도 제시될 것이다.

『영혼을 돌보는 목자』를 탄생시킨 상황은 그 시간 이후 목회적 돌봄의 상황과 일치하는 보편적인 것에서부터 구체적인 것에 이르기까지 모은 것을 소지하였다. 한 상황에서 다른 상황으로 내용을 해석하는 과정은 메시지의 중심적이면서 지속적인 특성을 보다 더 명백하게 할 수 있다. 본 장의 초점은 포괄적이라기 보다는 선택적이다. 독자들은 그들이 처해 있는 상황에 적합하도록 해석과 개정의 과정에 참여하기를 바란다.

중심 메시지

성경적/신학적 범주 내의 연구 결과를 토대로 하여, 와이즈는 목회적 돌봄을 복음의 내적 의미를 가장 깊은 욕구의 시점에 있는 사람들에게 전달하는 기술로 정의한다. 그런 뒤 그는 이 정의가 지닌 여러 측면들을 전개한다. 목회적 돌봄은 복음의 내적 의미(인간 관계를 사랑하는 상황에서 성령의 사역을 통해 해석되고 이해되는 예수의 인격)를 치료(갈등 해결과 전인성을 향한 움직임)나 성장(인간의 삶의 과정을 통한 발달과 영의 성숙을 향한 움직임)의 욕구에 처한(긴박한 것이든 궁극적인 것이든) 사람들(독특하고, 인식할 수 있고, 개인적이며 자율적인)에게 전달하는 것이다.

이런 방식으로 목회적 돌봄을 정의하면서, 와이즈는 인간이며, 그리고 관계 안에 있는 인간인 목자들에게 말한다. 목자는 신앙을 가능하게 하고 확증할 수 있는 (성육신 할 수 있는) 방식으로 다른 사람들에게 인격적으로 관계를 맺을 수 있는 종류의 사람으로 묘사된다. 이 (사람과 중재자로서의) 목회적 현존은 감정이입, 상호성, 관심, 자발성, 성숙 그리고 자신에 대한 주관적인 경험과 다른 사람들에 대한 감정이입적 경험에 기초한 이해, 그리고 인성 과학과 사회 과학에서 얻은 이론 뿐 아니라 신학적이며 신앙과 관련된 전망들에 의해 특징지어 진다. 목회적 현존이라는 이 모델에서 얻어진 관계들은 사랑이 넘치고 잠재적으로 구속적인 성격을 띤다. 이 관계에서 이루어지는 단어와 개념은 경험에서 흘러나오며 또 경험을 정확히 표현한다. 이 과정에서 단어는 경험적으로 의미있다. 목회적 돌봄의 목적은 개인이 의미를 경험할 수 있는 사랑의 관계를 제공한다. 이 의미는 특유하며 관념적인 것을 동반한다(예컨데, 의미의 종교적 문화적 공식화). 목회적 돌봄의 목표는 개인으로 하여금 충분히 그리고 자발적으로 집단과 신조의 의미에 참여하도록 하는 것이며, 참여는 개인의 경험과 그 경험이 갖는 의미가 기능적이 될 때 가능하다. 성령의 역사는 이와같은 내적/관계적 과정에 필수적이며, 그 역사가 없다면 이 내부 심리적/인격적 과정은 제한받을 수밖에 없다. 이 과정에서 성령의 사역은 하나님의 형상대로 창조된 인간들로 하여금 그 형상을 회복하게 한다. 즉, 그들이 지닌 충분한 잠재력을 성취하여 영의 완전을 향해 나아가게 한다. 바울이 말한 성령의 열매(갈 5:22)는 이러한 차원의 성장 표현을 제공한다.

이런 질문은 현재의 논의에 지침을 줄 것이다: 와이즈가 말한 목회적 돌봄의 의미에는 현재의 목회적 돌봄의 상황에도 유용한 요소가 있는가? 그 질문은 다음과 같이 언급될 수도 있다: 와이즈의 연구 가운데 어느 부분이 시간과 상황의 구속을 받으며, 따라서 개정을 필요로 하는가? 이런 질문들에 대한 최후적 답변은 주어질 수 없다. 그러나 상황에 대한 재분석을 토대로 하여 제안할 수 있고, 그의 시대에 제시한 와이즈의 모델을 오늘의 사람과 문화에 적용하려는 노력은 가능하다.

와이즈(Wise)의 상황

와이즈는 1930년대에서 1950년대 후기까지 이르는 25년 간에 걸쳐 배운 것들과 관찰한 문제들을 토대로 1960년대에 책을 썼다. 그는 최초로 출판된 책 머리에 "지난 40년 간에 나타난"이라고 썼다. 그는 이런 질문을 확인한다: "어떻게 그리고 어떤 상황 아래서 다양한 종교의 구조들이 인간에게 의미를 지니는가?" 와이즈는 목회적 돌봄을 전통적인 접근 방식, 즉 행정, 예전 및 기타의 것에서 보다는 복음의 상황에 둠으로써 그 질문에 대한 답변을 시도했다. 더욱이 그는 인간의 성장이란 상황에서, 그리고 관계를 인간 성장의 중심으로 삼으면서 그 문제를 다루었다. 마지막으로, 그는 에너지와 의미가 상징에서 시작하여 경험으로 이전하기 보다는, 경험에서 상징으로 이전하는가를 보여 주면서 "목회적 돌봄의 신학적 차원을 인간적 차원과 결부시키려고" 애썼다.

와이즈는 목회적 돌봄이 목회적 역할의 활동으로 간주될 때, 그것이 "치유와 성장의 필요를 가지고 있는 사람들"을 봉사하기보다는 목자 개인과 제도의 유익을 위하여 교인들을 조종하는 자로 끝날 수 있다는 것을 우려했다. 더 나아가서, 그는 목회적 돌봄이 교회, 전통 및 목자의 개념(신학 체계)을 개인들에게 주입시킴으로, 결과적으로 교인들의 인격적 성장을 억압할 수 있음(창조성과 자율성보다는 획일화를 통하여)을 우려했다. 그는 이런 과정과 결과를 경영상으로나 개념적으로 복음에 배치된다고 보았다. 그러므로 그는 목회적 접촉에서 기본적으로 복음 전달자로서 목자의 인격과 관계적 능력을 강조하였다.

문화적 전망에서 볼 때, 와이즈가 제시한 문제들은 오늘날의 목회 활동과 신학 훈련에 지속적으로 중요하며 어려운 논쟁점이 아닐 수 없다. 예를 들어, 최근 중요한 개신교 교단이 실시한 목회적 관심에 대한 범국가적 여론 조사에 의하면, 목자들이 경험한 주요 관심사와 지속적으로 교육을 받기 원하는 분야는 보다 나은 인격적 관계의 기술이었다.1) 이런 발견은 트로터(Trotter)가 내린 결론과 유사한데, 그는 『미국에서의 사역』이라는 저서에서 이렇게 기록한다. "...인격적 지도력과 사역의 기대에 관한 연합감리교회 응답자는 아주 높은 가치를 부여하고 있다.... 인격적 상담, 그룹의 역동성, 및 교육 심리학의 용어가 연합감리교인들의 반응을 압도하고 있다.2) 듣기보다는 말하는 (교리를 가리치는) 문제와 관련하여 후츠(Houts)는 이렇게 관찰한다. "나는 지난 10년 간 평신도 목자들을 가르치면서, 애처러울 정도의 훈련 부족, 불안 그리고 고지식한 열정이 많은 경험 부족의 목자들로 하여금 너무 말을 많이 하게 하며 경험보다는 입술의 대답을 의지하게 하는 요소임을 흔히 보았다."3) 와이즈가 언급한 핵심 문제는 오늘날까지 지속되고 있는 증거와 실례는 얼마든지 있을 수 있다. 그러나 문화적 변화와 패러다임 변동은 와이즈가 가르치고 저술할 때 보다 문제의 심각성을 깨우치는 것은 훨씬 더 광범하다. 이 패러다임 변동에 의해 더 악화된 문제는 다음의 논의에서 취급될 것이다.

그가 살던 시대의 단일 문화적 상황에서 와이즈가 말한 문제는 그리스도의 인격을 모델로 한 기독교적 목회적 돌봄이 갖는 본질적인 정신을 보존하는 것이었다. 이것은 개인으로 하여금 경험에서 상징으로, 의존과 미성숙에서 자율성과 성숙으로 나아가게 하는 인간 성장에 초점을 둔 타인에 대한 사랑과 관심의 관계를 포함하였다. 그와 같은 문제들은 패러다임 변동의 결과로 더욱 심화되고 복잡해졌다. 그 결과 오늘날 다원 문화의 상황에 필요한 새로운 방법의 필요성이 부각되었다.

오순절 패러다임

성경이 말하는 오순절 사건 경험은 다원 문화 상황 안에서 구속적 관계를 위한 패러다임을 제공해 준다. 최근 문화적으로 캡슐과 같은 미국이라는 상황은 오순절 패러다임을 알지 않으면 안 되는데, 그 이유는 성령의 "강림"이 다원 문화적, 다원 세대적, 그리고 관계라는 포괄적인 공동체에 나타났기 때문이다. 여기에서 제시된 것은 성육신적 패러다임 (incarnational paradigm)--와이즈가 제시한 단일 문화적 모델-과 오순절 패러다임(다원 문화적이며 포괄적인 공동체)를 결합시킨 것이다.

와이즈가 제안한 목회적 돌봄의 모델은 공동체 의식 안에 뿌리를 두며 또 그 의식에서 흘러나온다. 와이즈는 변화된 개인들이 공동체에 중요한 영향을 끼친다는 점을 강조한다: 그처럼 변화된 개인들은 보다 성숙하고 건전한 방법으로 그들의 관계를 재구축한다. 동시에, 와이즈는 공동체의 특성을 설명하였는데, 그 공동체는 주로 상호적 관계에서 역동적인 목회적 돌봄을 통하여 *개인적* 변화가 일어나는 상황을 마련해주는 기능을 갖는다.

그의 관심, 그가 말하려고 하는 문제들, 그가 저술하는 독자들, 그리고 그러한 문제들을 언급고 있는 시대 등을 감안할 때, 와이즈는 이런 특성을 가진 그의 저서에는 거의 하자가 없다. 그럼에도 불구하고, 최근의 목회적 돌봄의 패러다임 변동은 목회적 돌봄의 성육신적 모델 적용을 고려해야 한다. 흥미롭게도, 와이즈는 공동체의 모델을 구성하는데 오순절의 사건 경험(event-experience of Pentecost)을 생략하면서도, 그의 논의에서 성령의 사역을 등한히 여기지 않았다. 실상, 와이즈는 내부 심리적 그리고 인격적 관계에서 성령의 사역을 상당히 자세하게 다루고 있다. 그런데 와이즈는 목회적 돌봄이라는 중심 과정의 관점에서 성령의 사역를 중점적으로 다루었는데, 대부분 주어진 시대의 상황에서 그렇게 하였다.

와이즈는 목회자적 신학자로서 성령의 역사에 대한 그의 생각을 제시하는데, 개인의 삶에서 경험될 수 있는 것으로부터 시작하여 그 주제를 더 조명하는 성경적/신학적 자료로 옮겨간다. 와이즈는 내부심리적이며 인격적 차원에서 일어나는 성령의 경험에 관심을 갖는다. 그는 특히 마술적이거나 인간의 일상적 경험을 지나는 성령의 개념을 거부한다. 오순절 기사는 그런 경험, 다시 말해서 *특별한 사건 경험*을 반영할 뿐이다.

문자적으로 받아들인다면, 오순절의 성경 기사는 역사적 사건을 아주 특별히 묘사하고 있다. 성령 강림의 결과 가운데 하나는 다음과 같이 묘사된다:

> 그때에 경건한 유대인이 천하 각국으로부터 예루살렘에 우거하더니, 이 소리가 나매 큰 무리가 모여 각각 자기의 방언으로 제자들의 말하는 것을 듣고 소동하여 다 놀라 기이히 여겨 이르되, 보라, 이 말하는 사람이 다 갈릴리 사람이 아니냐, 우리가 우리 각 사람의 난 곳 방언으로 듣게 되는 것이 어찜이뇨 우리는 바대인과 메대인과 엘람인과 또 메소보다미아, 유대와 가바도기아, 본도와 아시아, 부르기아와 밤빌리아, 애굽과 및 구레네에 가까운 리비야 여러 지방에 사는 사람들과 로마로부터 온 나그네 곧 유대인과 유대교에 들어온 사람들과 그레데인과 아라비아인들이라. 우리가 다 우리의 각 방언으로 하나님의 큰 일을 말함을 듣는도다 하고

다 놀라며 의혹하여 서로 가로되 이 어찐 일이냐?(행 2:5-11).

그 뒤에 따르는 구절들에 의하면, 거기에 있던 사람들이 메시지를 듣고 또 그 메시지를 의미있는 것으로 경험하였으나, 동시에 그리스도 안에서 하나님의 목적이 들어난 계시로서 그 사건을 베드로가 해석한 것으로 믿었다. 삼천명이 회개하고 세례를 받았다.

그뿐 아니라, 선지자 요엘의 예언을 베드로가 인용한 것은 흥미롭다. 그는 부분적으로 이렇게 말한다:

...하나님이 가라사대 말세에 내가 내 영으로 모든 육체에게 부어주리니 너희의 자녀들은 예언할 것이요, 너희의 젊은이들은 환상을 보고 너희의 늙은이들은 꿈을 꾸리라. 그 때에 내가 내 영으로 내 남종과 여종들에게 부어주리니 저희가 예언할 것이요....(행 2:17-18).

"이 어찐 일이냐?"라는 질문에 대한 부분적인 대답은 이것이다: 본문의 기사는 이 최초의 그러기에 기초가 되는 사건에서 성령 사역의 여러 패러다임 국면으로서, 동질(同質)의 집단적 상황과 이질(異質)의 다원 문화적, 초세대적, 포괄적 상황을 상당히 분명하게 제시한다. 와이즈의 모델을 따라서 우리는 경험이 먼저 오고 그 경험의 의미에 대한 질문은 후에 온다는 사실을 주목할 수 있다. 그러자 베드로는 일어나서 거기 있는 모든 사람들에게 이 사건의 의미를 하나님의 목회적 관점에서 해석하였다.

현재의 논의에 흥미를 불러일으키는 이 사건의 특징은 성령의 강림이 나타나고 해석되는 상황의 다원문화적, 다원세대적, 포괄적 특징의 제시이다. 성경학자들은 이 현상의 언어적/문화적 측면들을 바벨탑 이야기와 연결시키려 할 것이다. 그리고 그렇게 연결되어야 한다. 그러나 이 상황이 지닌 의미는 과거의 사건과 연결되는 그 이상의 의미가 없는가? 나머지 사도행전은 복음이 "세상 끝까지"로, 온갖 종류의 사람들과 환경에 처한 사람들에게, 광범위한 문화 속으로, 젊은이와 늙은이에 의하여, 그리고 남녀를 통하여 남녀에게 전해진 증거이다.

오순절에, 다양한 언어의 상황에서 가진 경험적 주목할 가치가 있었다. 본문이 분명하게 제시하는 것처럼 말이다: "다 놀라 기이히 여겨 이르되 보라, 이 말하는 사람이 다 갈릴리 사람이 아니냐? 우리가 우리 각 사람의 난 곳 방언으로 듣게 되는 것이 어찜이뇨?" (행 2:7-8). 이 현상에 대한 만족할 만한 설명은 학자들의 세계에서 찾을 수 없다. 여기에서 우리는 의미뿐만 아니라 신비도 만난다. 상징적인 메시지는 분명해 보인다. 하나님은 오순절의 사건과 경험에서, 바벨탑에서 깨어진 것을 결합시키신다. 다양한 문화와 다른 언어의 사람들에게 공통적인 언어가 주어지며 따라서 그들은 같은 복음을 듣는다. 이런 식의 복음 전달은 하나의 신비이다. 무슨 일이 일어났느냐 하는 것은 추측의 문제이다. 초대 교회에 역동적이며 변화적인 어떤 것이 발생했다는 것은 추측의 문제가 아니다. 그리고 그 사건은 현 시대에 언어뿐만 아니라 관계를 통하여 한 문화의 틀에서 다른 문화의 틀로 복음을 해석해서 전달하는 과정을 예시(豫示)한 것이다.

번역과 회심

기독교 신앙은 다양한 문화와 시대를 초월하여 해석되었다. 그 신앙이 뿌리를 내린 상황에서는 기존의 지배적 문화와 신앙은 역동적 긴장으로 부딪쳤다. 신앙은 문화에 영향을 끼쳤고 문화는 신앙에 영향을 미쳤다. 이것은 매우 복잡미묘한 일이다. 어떤 면에서 신앙은 문화를 초월하고 문화에 뿌리를 둔다. 더 정확히 말해서, 신앙은 그 구체적인 문화의 언어와 형식을 통하여 각종의 문화에 속한 사람들에 의해 경험된다. 신앙의 경험은 언어를 초월하나, 그 문화 속에 있는 사람들이 알아들을 수 있는 언어(개념적이며 지각적인 체계)로 표현될 수 있어야 한다. 이것은 믿음을 통해 경험되고 문화적 형식을 통해 표현된 복음의 성육신적 국면이다. 와이즈는 나이다를 다음과 같이 인용한다:

> 이와 같은 기본적 원리(성육신)는 교회사를 통해 시행되어 왔다. 왜냐하면 하나님은 당신의 은총과 메시지와 사자를 증거하실 뿐 아니라 언어와 인간을 끊임없시 사용하기로 작정하셨기 때문이다....(63쪽을 보라).

『크리스챤 센츄리』(Christian Century)에 실린 "기독교 선교와 서구의 죄책감 문제"는 십중팔구 훨씬 더 적절할 것이다.4) 회교에서 기독교로 개종한 감비아인 저자인 라민 산느(Lamin Sanneh)는 성경을 지방 언어로 번역함으로, 첫째, 번역 선교사를 그 문화에 적응시키고, 둘째 복음을 그 문화에 뿌리박게 하는 영향을 끼쳤다고 언급한다. 번역의 과정을 수행하기 위해서 선교사는 그 문화의 사람들과 하나가 되어야 하며 그들의 관점에서 인생을 이해할 수 있어야 한다. 이 과정은 문화적 표현 (말, 이야기, 행동) 밑에 깔려 있는 *경험된 실재*에 주의를 기울여야 하며, 복음의 메시지는 실재에 근거한 언어로 전달되어 그 결과 그 문화에서 이해되어야 함을

요구한다. 산느가 다음과 같이 말한대로이다:

> ....선교사들은 다른 사람들을 회심시키기 위하여 선교지에 들어
> 갔으나, 번역의 과정에서 모든 전이해와 분파에도 불구하고 먼저
> 새로운 언어로 "회심해야 될" 사람들은 바로 그들이었다. 번역은
> 문화가 "속되다"는 것을 거부하며, 성스러운 메시지는 일상 생활
> 의 형식으로 (어떤 문화에서도) 전해져야 한다. 번역은 복음의 표
> 현에는 하나의 규범적 방법밖에 없다는 사실을 부인함으로 문화
> 를 객관화한다; 이것은 하나님이 객관화의 중심이 되는 다원주의
> 를 가져온다. 이 현상에 대한 기독교의 통찰은 심원한 윤리 의식
> 을 동반하는데, 왜냐하면 그것은 변화의 요청과 필요에 문화를 개
> 방하기 때문이다. 신성화된 그리고 절대화된 문화는 변화의 가능
> 성을 차단한다.5)

여기에서 오순절과 와이즈의 연구 결과가 서로 연결된다. 오순절
에 문화적으로 다양한 집단이 청중이 갈릴리 사람들이 전하는 메시
지를 들었다. 청중은 갈릴리 사람들이 사용하는 말이 아니라 자신
의 방언으로 들었다. 다시 말해서, 메시지가 의미를 지니기 위하여
그 메시지는 청중의 문화와 언어의 틀로 표현되어야 한다. 진정한
의미에서, 와이즈는 지배적 문화 속에 있는 사람들 (영어를 사용하
는 주요 개신교파 백인들)의 필요에 더 충실한 언어로 복음의 실재
(산느의 개념으로)를 그가 경험한대로 "번역하려고" 노력했다고 우
리는 말할 수 있다. 그렇다면, 이런 의미에서, 와이즈는 고전적 교
리와 신학적인 이론을 초월하는 신앙 경험의 역동적 실재를 다루려
고 했다. 목회적 돌봄에서 그는 믿음으로 하여금 사람의 경험을 통
하여 *사람에게 의미있는* 용어로 말하도록 추구하였다. 일단 경험이
개인에게 유용하고 관계를 통해 전달된다면, 말(문화적 상징)은 그

경험의 의미를 표현하기 위해 사용될 수 있다. 경험은 의미의 기초이며 의미의 표현보다 앞선다. 그렇다면, 다원 문화 구조와 어떤 구체적인 문화의 관계 속에 있는 사람들을 통하여 와이즈의 방법을 한 문화에서 다른 문화로 전달하는 것은 가능해 보인다. 언어와 관계는 의미를 구성한다.

와이즈가 사용하고 기록한 언어적 구조는 영어, 성경, 신학 그리고 인성 심리학으로 구성되었다. 그가 사용한 방언은 북미 영어, 영역(英譯)으로 된 바울과 요한 서신들, 목회 신학, 그리고 신(新)프로이트 내지 "역동적" 인성 심리학이었다. 이런 상황 내에서 사용된 해석 원리는 다음과 같이 한 쌍을 이루는 특징이 있다: 내부 심리적/개인 관계적, 발전적/역동적, 경험적/표현적, 자발적/상호적, 개인적/공동체적, 영적/심리적, 목회적/신학적, 사적/전달적. 이런 언어적 구조에서, 관계를 맺고 있는 사람들의 순수성과 신빙성은 최상의 목표들이다: 그 목표들의 성취는 개방과 긍휼의 정신으로 내부 심리적/개인 관계적 갈등 해결을 포함한다. 여기에 병행되어야 할 것은, 하나님의 형상을 얻고자 하는 충동이 우리를 사주하고 있고, 개인적으로나 공동적으로 그 목표를 얻고자 하는 우리의 노력을 위협하는 강한 힘이 작용하고 있다는 것이다.

이런 언어적 체계는 인격적이며 개인적인 가치를 최우선으로 삼는 구체적인 문화 풍조(cultural ethos)를 나타낸다. 동일한 우선순위에서 유사한 가치들이 구속적인 목회적 돌봄 관계를 제공해 주지는 않는지에 대해서는 질문의 여지가 많다. 다른 문제는 한 인간이 문화적으로 뿌리박고 있고 우주적으로 인간적인 (또는 다원 문화적인) 논제들을 동시에 말할 수 있겠는가 하는 것이다.

와이즈는 문화적 전망의 중요성을 인식하고 있었다. 그는 "많은 목자의 사역은 인성과 문화 사이의 관계 영역에 해당된다"고 말한다. 또한 "[성직자]는 인성과 문화의 문제에 독특하게 공헌할 수 있다."6) 와이즈가 그의 연구에서 단일 문화적 상황에서 이런 논평을 하고 있다는 데는 한치의 의심도 없다. 그럼에도 불구하고 다원문화적 상황에 대한 인식이 그의 사고에 반영되고 있다. 이 인식은 다음과 같은 말에서도 증명된다. "인성 이론의 미래는 문화에 대한 훈련과 인성 연구에 달려 있다."7) 나는 와이즈가 단일 문화적 틀 안에서 연구 활동을 했는지 아니면 다원 문화적 틀 안에서 연구를 했는지에 대한 물음을 던졌다.8)

지난 20년 간 와이즈가 언급한 것 중 독자에게 영향을 미친 패러다임 변동 가운데 다음의 것들이 와이즈가 정의한 목회적 돌봄의 결과인 것 같다.

개성에 대한 이미지

최선의 인격에 대한 견해는 문화마다 다양하다. 최선의 인격이라는 견해에·부합하는 이상적 특성은 문화에 따라 우선 순위가 다르다. 예를 들면, 전통적인 일본 남성들의 최선적 인격은 다른 사람들과 조화있는 삶을 강조하는 특성이다:

> 남자는 아주 매끈한 공동체적 활동을 통하여 안정된다. 그 다음, 그는 자신을 항상 집단의 필요에 맞추어 집단의 수렴된 의견을 수용해야 한다....그는 그가 속한 집단 내에서 안전하다. 그러나 그의 안전은 개인의 자율성을 희생하면서 유지된다.9)

필리핀에서 최선의 인격에 대한 견해는 "체면"을 유지하는 행동을 강조하는 특성에 높은 가치를 두며, 그렇게 함으로 수치의 경험을 예방한다.10) 기츠(Geertz)는 발리(Bali), 모로코(Moroco) 그리고 자바(Java)에서 인격의 견해를 연극적이며 상황적이고 동시에 정적인 것으로 규명했다. 인격에 대한 서구적 개념을 서술하면서 기츠는 다음과 같이 기록한다:

> 한계가 지어지고, 독특하고, 다소 동기유발적이며, 인식적 우주로서의 서구적 인간 개념, 인식과 감정과 판단과 행동이 조직되어 하나의 독특한 전체가 되는 역동적인 중심-그와같은 전체를 반대하며 사회적/자연적 배경을 반대하는 중심-은 비록 수정될 수 없어 보이나, 그래도 세계의 문화라는 상황에서는 상당히 특히한 개념이다.11)

흐수(Hsu)는 이런 자아에 대한 이런 견해를 "자기 의존"이라는 단 한 마디로 묘사한다.12) 와이즈가 채택한 최선의 인격에 대한 견해는 자율성, 사생활, 각성, 그리고 독특성이라는 특성에 높은 우선순위를 두며, 따라서 흐수가 묘사한 최선의 인격이라는 "자기 의존적" 모델을 반영한다.

최선의 인격이라는 이 견해는 지배적인 서구 문화의 전망에서 엄청나게 서술적이며 기능적인 의의를 지니는데, 세계 문화에서 발견되는 최선의 인격에 대한 많은 견해들 가운데 하나에 불과하다. 자아에 대한 인식과 정의 방식의 다양성은 와이즈가 한 것처럼, 목회적 돌봄을 자아 발달을 고양하는 방식으로 조직하려 할 때 특히 중요해진다.

와이즈가 주장한 것처럼, 목회적 돌봄이 자아 발달을 지향하는 것이라면 몇 가지 질문이 제기된다: 일정한 문화에서 어떤 종류의 자아가 발달되어야 하는가? 그와 같이 자아에 대한 다양한 정의들에 대하여 복음이 갖는 의미는 무엇인가? 그리고 문화적으로 정의된 자아가 복음에 대해 갖는 의미는 무엇인가? 혹은 좀 더 기본적인 차원에서 목회적 돌봄의 목표를 그와 같이 개념화하는 것이 그 문화에서 인식되고 경험된 욕구와 관련성이 있는가? 그 문화에서 정의된 목자의 역할은 "목회적 돌봄"이란 표현에 의미를 부여하는가? 그리고 만일 그렇다면, 그 의미는 어떤 것인가? 와이즈는 이런 질문들에 답하기 위해 자기 시대 풍조의 글을 썼다.

지금까지의 분석은 와이즈가 하고 있던 기본 과정들이 초문화적일 수 있다는 것을 암시하며, 그 과정의 내용은 문화와 문화에 따라 심각하게 달라야 할 필요가 있다. 최선의 인격에 대한 문화적 정의에 의해서 말이다.13)

세계관

과학적 패러다임에서 일어난 변동은 쿤(Kuhn)에 의하여 묘사된다.14) 바보어(Barbour)는 종교적/과학적 패러다임 양자의 변동을 설명하며 그 둘을 서로 연관시킨다. 그는 "신학적 교리들은… 인간의 경험에서 떨어져 나갔다. 경험적 기초 없는 종교 개념들은 추상적이며 관련성이 없다"고 말한다. 후에 바보어는 진술한다,

> 종교의 인식적 주장과 그것의 살아있는 실천 양자는 경험에 기초해야 한다. 만일 전수받은 종교적 상징들이 오늘날의 모든 사람들의 경험과 완전히 무관하다면, 종교의 경험적 기초로 돌아가는 것은 건전한 인식론 뿐만 아니라 새로이 실천에서 갱신된 활력을 위해 대단히 중요하다.15)

이런 비평은 그의 시대에 존재했던 신학 이론이 지닌 문제에 대한 와이즈의 비평과 동일하다. 와이즈는 바보어가 제시한 것처럼 종교 개념을 이해하고 해석하는 일을 위해 기본적인 인간 경험으로 되돌아간다. 그렇게 함으로써 와이즈는 기독론의 "두 본성 모델"에 "심리학적 모델"을 추가 활용한다. 바보어는 존 맥킨타이어(John McIntyre)가 제시한 개념에 따라 기독론적 모델을 논의한다.16) 그러나 바보어는 이 모델들을 긴장 관계에 있는 것으로, 그리고 맥킨타이어가 본 것처럼 상호 배타적인 것으로 보기보다는, 서로 수정하는 것으로 본다. 두 본성 신학 모델은 심리학적 모델과 긴장 관계에 있어야 함을 와이즈는 동의했다. 와이즈는 바보어가 묘사한 패러다임 변동의 일부이다.

슬레이터(Slater)는 세계관 변동의 상황에서 종교의 역동성을 언급한다. 그는 "중심적인 상징들"과 "해석적 상징들"이란 용어들을 패러다임과 모델이란 단어들보다 선호한다. 슬레이터의 견해에서, 예수 그리스도와 같은 중심 상징은 이차적인 상징들—고난받는 종, 구세주, 친구 등—의 관점에서 해석된다.17) 헌신에 대한 인식과 새로운 이해에서 변화를 의미하는 이들 해석적인 이차적 상징들의 활용을 재평가하므로써, 개인과 집단의 자기 이해에서 패러다임 변동의 종교적 국면이 드러난다.

버거(Berger)는 종교 사회학의 전망으로부터 종교적 세계관의 건설과 재가(裁可)에 관해 기록하고 있다.18)

> ...종교는 세계를 건설하는 인간의 사업에서 전략적인 역할을 했다. 종교는 성스러운 우주가 건립되는 인간 사업이다. 종교는 사회 제도에 궁극적으로 확실한 존재론적 지위를 부여하므로써, 즉 사회 제도를 성스럽고 우주적인 참고 틀 안에 둠으로써 사회 제도

를 합법화한다. 이 종교적 합법화는 실재 특수한 인간의 집합성에
서 정의된 것으로서의 실재를 유지하는데 기여한다.[19]

버거는 계속해서 종교적으로 재가된 세계관이 더 이상 신빙성이
없을 때, 즉 패러다임 변동이 진행중일 때 발생하는 과정으로서의
세속화를 논의한다.

라센(Larsen)은 이 문화 변동에서 문화가 움직이는 과정을 지
적할 수 있다. 그는 실재에 대한 신화적 (종교적) 이해를 논의함으
로써 그렇게 한다.[20] 우리가 여기에서 패러다임 변동이라고 말하
는 라센의 개념은 신화적 상징에 잡힌 "의미의 핵심"에 초점이 모아
진다. 그는 신화적 연대성 과정을 네 단계로 규명한다. 각 단계는
패러다임 변동의 국면을 제시하기 위해 취해진 것이다. (1) 의도가
안으로 집중될 때의 신화적 정체성, (2) 내외적 실재가 안정된 형
태를 통하여 서로 연관될 때의 신화적 정통주의, (3) 의도가 집중
되지 않을 때의 객관적 국면, (4) 초인격적 자아를 향한 궁극적 돌
진을 위한 내외적 상징들로부터 이완될 때의 정지된 연대성.[21] 이
런 국면들은 세계관의 차원에서 변화하고 있는 문화적 패러다임에
대한 경험을 반영하며, 그러한 변화에 본질적인 종교 경험이 갖는
기능을 인식한다.

와이즈는 교회 안의 신화적 정통주의(2단계)와 과학적 공동체에
서 일어나는 신화적 회의주의 (3단계) 시대에 글을 쓰고 있었다.
그는 인간이 4단계의 상황 안에 살도록 하는 것을 추구하면서 그
어느 편에도 동의하지 않았는데, 4단계에서의 목적은 한 개인이 다
른 사람들과 하나님과의 관련성에서 인격적/초인격적 자아를 경험
하게 하는 것이다.

현대 주요 흐름인 북미 문화에 참여하는 자들은 충분히 4단계로

이전하였다. 그리고 이 상황 안에서 와이즈의 이해는 인간들이 갖는 깊은 욕구와 열망과 계속 연관된다.

학문적, 임상적 그리고 인성적 훈련

신화적인 것에서 학문적이며 임상적으로 돌아가려 할 때, 패러다임 변동의 실례가 에드문트 설리반(Edmund Sullivan)의 사고에 의하여 제시된다. 그는 심리학을 해석적 작업으로 간주하는 사례를 만든다. 그는 그가 제시하는 "비평 심리학"을 하나의 해방 심리학으로 규정한다. 그가 의미하는 바는 이것이다, "…그것은 인간의 자유와 해방의 가능성에 대해 표현된 관심을 소지한 심리학"이다.[22] 클라인벨(Clinebell)은 목회적 돌봄의 관점에서 자유와 해방에 대한 개념을 추구한다. 그는 "모든 목회적 돌봄과 상담 (그리고 모든 목회 사역)의 긴요한 목표는 성령을 중심으로 자유케 하고, 힘을 부여하고 그리고 완전을 육성하는 것이다."[23] 와이즈가 제시하는 목회적 돌봄의 모델은 그러한 자유, 강화(強化), 그리고 성령께 중심을 둔 완전 육성을 위한 이론과 방법 모두를 제공한다. 클라인벨은 한 걸음 더 나아가 이렇게 제시한다, "목회적 돌봄은 그 자체가 지배적인 중산 계급, 백인, 남성 중심에서 벗어나서 이해, 관심, 그리고 방법에 있어서 더욱 포괄적이 되어야 한다. 목회적 돌봄은 전망에 있어서 초문화적이 되어야 하며 새로운 돌봄의 방식에 대해 문이 열려져 있어야 하고, 가난한 자와 무력한 자, 소수 인종, 여자, 그리고 비서구 문화에 처해 있는 자들에 대해 문이 열려져야 한다."[24] 클라인벨의 관점에서 보면, 독자들이 와이즈의 연구를 자유와 해방이란 관점에서 현대 상황으로 "해석"할 때 능동적인 참여를 요구한다는 사실이 분명한 것 같다.

하인쯔 코후트(Heintz Kohut)의 자아 심리학은 인성과 발달 심리학, 그리고 치료를 위한 만남에 있어서 자아에 대한 정신분석적 이해에 중대한 개정을 요구했다.25) 좀더 혁신적인 분위기로, 도날드 스펜스(Donald Spence)는 인식론적 배경위에서 정신분석적 사고가 지닌 전체적인 은유적 구조에 회의를 표했다.26) 다른 한편 어네스트 베커(Ernest Becker)는 개인 자아의 발달을 진화론적, 심리학적, 사회학적, 문화적, 그리고 종교적 틀과 연관시키려고 무던히 애썼다.27) 이 저자들은 과학 철학과 인성 과학에 있는 패러다임 변동의 충격은 기초 내지 뿌리의 은유(隱喩)에 대한 재평가라고 제안한다. 뿌리의 은유가 목회적 돌봄과 상담에서 특히 중요한 것은 자아의 문화적 개념 내지 문화적으로 인식된 "최선의 인격"에 있다.

자아에 대한 뿌리 은유는 *페르소나*(persona)--그리이스 희곡에서 배우들이 쓴 가면의 칭호--이다. 자아의 은유적 기초는『문화와 자아』라는 브르스터 스미스(Brewster Smith)의 저서에서 길게 논의되고 있다.28) 자아에 대한 와이즈의 이해는 코후트의 견해와 일치한다. 그러나 와이즈도 코후트도 자아에 대한 다른 견해들은 지금 이 문화뿐 아니라 다른 문화적인 상황에 대해서도 타당하다고 이해하는 것 같다. 와이즈와 코후트에서, 최소한의 의미상으로, 자아를 위한 해방은 이상적인 자아에 대한 북미 지배 문화의 견해가 이끄는 자기 이해 운동을 의미한다. 대조적으로, 다원문화의 전망은 자기 이해에 있어서 자유를 허용하는데, 그 자기 이해는 자아에 대한 이상적인 개념으로부터 떨어져서 다른 문화가 제시하는 이상적인 자아에 대한 견해를 지향한다.

성 역할 차이

   과거의 국수주의적/가부장적 사고 형태에 의해 왜곡된 발달 심리학 및 인성 심리학에 대한 영성 신학의 비판은 인성 심리학에 영향을 미치는 또 다른 하나의 패러다임 변동이다. 독자들은 기술적 배경을 살펴보기 위하여, 길리건(Gilligan), 밀러(Miller), 쉐프(Schaef), 울라놉(Ulanov) 등의 연구를 참조할 수 있겠다.[29] 길리건의 주요 명제는 대부분 정신분석적 전망을 기초로 삼고 있고, 특히 낸시 초도로우(Nancy Chodorow)의 연구를 근간으로 삼고 있다. 초도로우는 지속되는 이성간의 성 차이에 대하여 초기 아동을 돌보는 부인들과 여성의 사회화에 책임을 돌리고 있다. 초도로우는 말한다, "어떤 주어진 사회에서 여성의 인성은 남성의 인성보다 다른 사람들과의 관련을 가지고 있는 것으로 정의한다."[30] 정신분석적 용어로 말할 때, 여성은 남성이 개성화되고 더욱 유동적인 자아 영역을 가진 것처럼 사회화되지 못했다는 것을 의미한다. 그러므로 어머니와의 지속적인 관계에서 여성의 정체성 형성은 대립적이기 보다는 보다 상황적이다. 길리건은 다음과 같이 언급한다; 어머니와 딸은 모녀 관계로 남아 있는데, 그 까닭은 딸은 어머니와 유사하며 또 어머니와 계속적으로 함께하는 경향이 있기 때문이다. 여자는 융합과 분리의 문제에서 그리고 일차적 동질감과 동질감과 대상 선택의 융합에 의해서 특징지어진 접착에서 계속적으로 자신을 경험한다.[31]

   대조적으로, 어머니는 아들을 상대자로 경험하기 때문에, 어머니는 아들을 오이디프스 콤플렉스 이전의 관계로부터 밀어내는 경향이 있으며, 아들은 어머니와의 연결성을 단절하려는 경향이 있다. 초기의 남성 발달은 개성화와 자아 영역의 방어적 토대에 집중되는 것으로 간주된다. 초도로우는 인성 이론의 남성적 편견을 거부한다. 그녀는 개성화와 관계의 초기 경험에 게재된 성차별의 존재, 초기의 대상 관련성, 초기의 자아 정의, 개성화에 대한 초기의 위협, 가장 이른 초기의 방어 형성이 초기의 어머니-자녀 관계의 차이 때문에 남성과 여성을 위한 *다른 실재*를 창조한다고 주장한다. 소녀들은 이 시기에 그들의 자아 정의에 중심이 되는 감정이입을 위한 기초를 가지고 나타난다.[32]

이 기초적인 논지로부터 초도로우는 남성 심리학을 재정의했다:

> 소녀들은 자기 자신의 욕구와 감정처럼 (혹은 다른 사람의 욕구와 감정을 경험하고 있을 수도 있다), 다른 사람의 욕구와 감정을 위한 강력한 근거를 가지고 나타난다. 더욱이 소녀들은 소년들이 하는 것과 같은 범위에서 오이디푸스 콤플렉스 이전의 관계 양식을 부정하는 방식으로 자신들에 대해 정의하지 않는다. 그러므로 이런 양식으로 후퇴하는 것을 그들 자아에 대한 기본적인 위협으로 느끼지 않는 경향이다. 매우 초기부터 그들은 같은 성을 가진 사람에 의해 양육받기 때문에...소녀들은 자신들을 소년보다 덜 구분된 존재로서, 외적 사물-세계와 보다 관련된 존재로서, 내적 사물-세계와는 다르게 지향하는 존재로서 경험한다.[33]

스캔론(Scanlon)은 이렇게 촌평한다, "이 분석에서 남성은 분리를 통하여 정의되며 여성은 집착을 통해 정의된다. 남성의 정체성은 여성의 정체성이 개성화에 의해 위협받는 동안 친숙에 의해 위협당할 것이다." 그런데 그녀는 와이즈가 활용한 에릭슨의 모델을 비판한다:

> 에릭슨은 그가 제시한 발달 도식에서, 여성에게서 나타나는 발달

순서가 다르다는 사실을 제시한다. 친숙은 여성이 다른 사람들과 갖는 관계를 통하여 알게 된 자신의 정체성보다 앞선다. 에릭슨이 남성과 여성의 발달의 차이를 지적했으나, 그래도 남성적 모델이 그의 사고에 규범적인 것으로 남아 있었다. 에릭슨의 인생 후기 모델은 분리의 모델이다. 초기의 성인 단계를 준비할 신뢰와 불신의 첫 단계 외에는 친숙을 성취하기 위한 다른 단계가 없다. 그 모델은 발달 장애로 간주되는 접착과 함께 연속적인 분리의 차원 위에 세워진다.34)

이런 차이는 지배 문화가 성숙을 증가된 자율성, 개성화 그리고 독립으로 정의할 때 문제가 된다. 스캔론은 주목한다, "여성적 사고의 질, 관계와 사회적 교류는 발달에 어부담이 된다. 개성화에 대한 여성의 실패(남성적 모델에서 정의하는 것처럼)는 발달의 실패가 된다."35)

여성 심리학에 대한 발달적 이해를 위한 새로운 패러다임은 와이즈가 제시한 성숙의 규범적 모델에 중대한 개정의 필요성을 제기한다.36) 동시에 최상의 인격에 대한 와이즈의 생각에 대한 개정은 순서적으로 이루어져야 할 것 같고, 와이즈의 모델에 깊이 자리잡고 있는 상호성, 감정이입 그리고 타율성은 그와 같은 개정을 위한 기초를 제공할 수 있다.

단일 문화적 전망에서 다원 문화적 전망으로

단일 문화적 전망에서 다원 문화적 전망으로 나아가야 할 필요성—오순절 사건에서 증명된 바와 같이—에 대해서는 던(Dunne), 아우그스버거(Augsburger), 기츠(Geertz) 그리고 보하넌(Bohannon)에 의해서 도움이 되었다.37) 아우그스버거는 다음과 같은 글에서 단일 문화의 장벽(monocultural encapsulation)에 대해 결정적인 말을 한다:

> 하나의 문화만을 아는 사람은 문화를 모르는 사람이다....제 2 혹은 제 3의 문화를 알게되면서 사람은 비로소 지금까지 실재로 여기던 것이 부분적으로 보여지고 부분적으로 알려진 것에 불과하다는 것을 발견한다; 이제는 보편적으로 보던 많은 것들이 지역적인 것으로, 절대적이라고 여기던 것이 상대적인 것으로, 단순하다고 생각하던 것이 복잡한 것으로 이해되기 시작한다; 이제는 우리가 인식하는 것, 그리고 그것을 인식하는 방법, 그리고 어떤 인식을 유지하고 활용할 것조차 바로 문화가 형성한다는 사실을 발견한다; 이제는 문화가 가치를 정의하고 어떤 가치가 중심적인 것이며 어떤 가치가 덜 중요한가를 결정한다.38)

던은 "사람의 감정과 지각 속으로 들어가는" 과정, 자신이 속해 있는 문화나 다른 문화에서 시작하여 신선한 통찰력을 갖고 자기 자신으로 되돌아 오는 과정을 묘사한다.39) 보하넌은 여기에 내포된 한계를 말하는데, 어느 누구도 다른 문화에 속해 있는 사람들과 하나가 될 수 없고, 개인의 순결성을 침해하지 않고 그리고 자아감을 상실하지 않고 다른 문화의 완전한 일원이 될 수 없다고 주목한다. 그녀는 말한다:

> 사람이 진짜 외국 문화에 참여하고 살며 이해하는 정도가 크면 클수록, 그 사람은 개인의 순결성을 침해하지 않고 그 문화에 소속될 수 없다는 사실을 이해하는 정도가 그만큼 크다. 그가 속해 있는 문화에 대한 충성과 그가 갖는 표준은 상호적이다. 그것이 곧 관용이 지닌 의미이다: 각자는 모든 사람의 순결성을 허용한다.40)

아우그스버그는 "예전의 문화적 동일감에서 벗어나는 것은 적어도 다음과 같은 세 가지의 상황--자기 자신이 속한 문화, 제 2의 문화, 그리고 그 둘 사이의 경계선 위에서 언제나 형성되는 독특한 제3의 문화--에서 자기를 재발견하는 것이라고 지적한다. "문화 교류 속에 있는 사람은 결코 문화로부터 자유할 수 없다. 오히려 그는 문화적으로 각성한다. 자신의 문화에 대한 각성은 그 사람으로 하여금 문화적 외형(外形)으로부터 자유로와져서, 경계선 위에 살면서 경계선을 넘나들면서 갈수록 큰 자유를 누릴 수 있다."41) 이런 방식으로, 이중적인 문화적 정체서은 시간의 경과에 따라 확립될 수 있다. 사람은 문화적 캡슐에서 초문화적 이해로 넘어갈 수 있다.

문화를 넘나들면서 "그 둘 사이의 국경선에서 언제나 형성하는 제3의 문화"에서 산다는 이미지는 어떤 면에서 두 문화-성경적 문화와 목자의 교인들의 문화-사이에서 중간 역할을 하는 목자의 임무를 적절하게 묘사하고 있다.42) 더 나아가, "제 3의 문화"를 취하는 것은 각기 다른 문화적 풍토를 지닌 두 문화에서 동시에 적응하는 사람들의 경험이다. 이것은 지배 문화 속에 있는 소수 민족의 경험으로서 백인 여성에게는 별로 주어지지 않는다. 지배적인 북미 문화 안에 있는 흑인들과 여성들은 종종 그들의 경험을 "제 3의 문화"로 자각한다. 여기에서 관심을 끄는 경험은 "초문화적"인 경험이다.

나는 이미 다른 곳에서 와이즈의 이론과 방법이 초문화 과정을 가리킨다고 강변한 바 있다:

그의 이론이 인간 경험의 다차원적 초문화에 개방되어 있을 뿐 아니라, 그의 방법도 역시 인간 경험의 여러 가지 타문화에 똑같이 개방되어 있다. 그는 문화적 틀을 통하여 멀리 떨어져 있는 관망자로서 보다는 변증법적 협력자로서 문화적으로 다른 것을 대면

하려 하였다.[43]

와이즈는 다른 사람들로 하여금 그들 자신의 문화적 기원에서 문화적 인간이 되고자 하는 것을 허용하려고 했다:

> 인격적/*문화적* 문제와 이미지를 투명성의 획득까지 침투하는 것이야말로, 그리고 궁극자(the Ultimate)를 만나서 변화되는 것이야말로 와이즈에게는 목회적 돌봄과 상담 관계에 대한 근본적, 지배적, 항시적, 우선적 관심이다.[44]

그러나 그 당시 지배적인 백인 문화의 유산인 단일 문화의 모델로서, 와이즈의 모델은 더 연구되어야 한다. 여기에 아우그스버거는 도움이 된다. 그는 초문화적 목회 상담자 (영혼을 돌보는 목자)란 감정 이입을 넘어서 "감정 교류"(interpathy)에 이르러야 한다고 언급한다:

> 감정 교류는 다른 사람의 생각과 감정을 의도적으로/지적으로 생각하며 정적으로 경험하는 것이다. 물론 생각과 감정이 앎의 과정을 통해서 생기며, 감정은 추측을 근거로 일어날 수 있지만 말이다. 이런 감정 교류적인 돌봄에서, 다른 사람과 "함께 느끼고" "함께 생각하는" 과정은 다른 사람의 생각, 믿음 및 가치의 세계로 들어갈 것을 요구하며 또 그 모든 것들을 자신의 것으로 간주할 것을 요구한다. 이런 감정 교류적인 돌봄에서, 문화적으로 다른 나는 나의 의식 속에서 생소한 믿음을 배우며 충분히 즐기려고 한다. 나는 생소한 전망을 취하며, 나의 생각을 생소한 생각에 기초하며, 내가 생소한 상황에 살면서 나의 인격에서 그들의 느낌과 인식과 정서적 결과를 받아들인다.[45]

이 감정 교류적 접근에서, 관계와 의사 전달이 유지되나, 다른 사람의 견해와 다른 세계의 견해를 고려하는 과정이 추가된다. 오순절이 성육신에 추가되듯이 말이다. 한 세계관과 언어 조직에서 다른 세계관과 언어 조직으로 이동한다. 그런 과정에서, 목회적 돌봄은 제국주의적이고 억압적라기 보다는 초문화적, 상호적, 해방적이 될 수 있다. 와이즈와 아우그스버거를 통합시킨 목회적 돌봄은 초문화적 목회적 돌봄의 상황에다 방향과 본질을 제공한다.

목회 신학과 목회적 돌봄

주요한 변화가 감지되는 또 다른 영역은 목회 신학과 목회적 돌봄에서 현재 사용되고 있는 은유와 모델의 변화--에쉬브룩(Ashbrook), 저킨(Gerkin), 브라우닝(Browning), 저스츠(Justes), 윔벌리(Wimberly) 그리고 캡스(Capps)의 저서에 나타나는 변화--이다.[46] 제임스 에쉬브룩의 저서는 목회적 돌봄에 대해 탐구할 가치가 있는 많은 것들을 내포하고 있다. 뇌의 역할과 신념체계에 대한 그의 연구는 목회적 돌봄과 관련된 많은 문헌에 인용되고 있다. 에쉬브룩은 인간의 마음이 하나님의 마음을 이해하는데 유용한 분석적 은유를 제공한다고 주장한다. 뇌는 믿음에 대한 의미들을 담고 있다. 그는 기록한다:

> 나의 연구는 새로운 실재, 즉 패러다임의 변동 쪽으로 우리를 이끌었으며, 그 결과 우리를 역사의 종말에 거룩한 도시로부터 역사의 한 가운데 있는 오순절로 인도한다. 오순절 패러다임에서 나는 다원주의와 상대주의를, 보편적인 것과 구체적인 것-모든 곳에서, 모든 언어를 가지고 온 모든 사람-을 발견한다.[47]

저킨과 캡은 목회적 돌봄의 개정을 위한 발전적인 모델에 사용되는 은유로서의 해석학을 사용한다.48) 브라우닝과 윔벌리는 목회적 돌봄의 도덕적 지도 기능에 세심한 관심을 기울이는데, 이 두 사람은 다소 다른 상황에 처해 있다. 윔벌리는 구체적으로 흑인 사회를 위해 글을 쓰고 있다. 그리고 캡스는 목회적 돌봄의 도덕적 차원과 관련하여 에릭슨의 연구를 더 확대하므로 도움을 준다.49) 이들 모두는 선의 본성, 즉 선한 사람, 선한 사회, 그리고 선한 목자에 관한 가치와 도덕 그리고 혼란에 대한 다원주의 전망에서 글을 쓰고 있다. 브라우닝은 이 상황을 합의적인 도덕 상황(consensual moral context)의 상실로 설명한다. 브라우닝에 의하면, 일단 합의적으로 받아들여진, 당연하게 여겨진 도덕적 상황은 더 이상 당연한 것으로 받아들여질 수 없다. 목회적 돌봄의 영역에 종사하고 있는 다른 저자들과 더불어, 그는 가치의 단편화와 행위에 대한 도덕적 비난은 목회적 돌봄 사역을 위한 새로운 상황과 변경된 과제를 창출한다고 주장한다.

와이즈는 목회적 돌봄에 대한 접근 방식을 발전시켜 나감에 있어서 브라우닝이 쓰고 있는 내용에 동의하지 않는다. 그러나 와이즈는 캡스가 에릭슨의 후기 연구와 도덕의 역동성 사이에 만들 수 있는 관련성에 관심이 많다. 캡스는 인간의 미덕이라는 에릭슨의 목록을 조사하고 또 미덕의 반대는 교회가 지칭한대로 악이라는 것을 보여준다. 그렇게 함으로써, 캡스는 광범위한 도덕적 관심과 더불어 인성의 발전적이며 역동적인 견해를 인간 공동체에 적합한 광범한 도덕적 관심-적어도 크리스천 공동체가 적합하다고 간주하는 도덕적 관심-과 연결하는 근거를 만들어 놓았다.

캡스는 에릭슨의 인생 주기 모델의 전망에서 이 임무에 접근한다. 캡스는 발육 정지와 세상에서 더 훌륭해지려는 인간의 욕구라는 관점에거 그 문제를 본다.50) 그는 에릭슨의 모델을 활용하면서 와이즈보다 한 걸음 더 나아간다. 캡스의 생각에 이 발달 가운데는 와이즈가 저술할 당시 입수할 수 없었던 에릭슨의 연구에 기초한다. 에릭슨의 연구에서 발췌한 미덕의 목록과 도덕적 발달을 방해하는 것으로 여겨지는 악의 목록을 연결하므로써, 캡스는 그의 분석에 정체성의 발달 뿐만 아니라 도덕적 삶의 역동성을 포함시킬 수 있었다. 하나님과의 관계라는 정황에서 그리고 크리스천 정체성의 발달에서 수치(羞恥)를 다룬 그의 작업은 영성에 대한 통찰력과 인생의 악을 미덕으로 전환시키는 난제(難題)에 대한 통찰력으로 가득차 있다.

자아 위기의 적극적 해결을 방해하는 악과 함께 자아 발달 단계에 수반하는 미덕을 병행시키므로, 도덕성과 자아 발달 사이의 연결이 이루어진다. 도덕성과 다원주의가 내포하고 있는 난제 사이의 접점(接點)은 "도덕적 상담자로서의 목자"라는 제하에서 목자의 도덕적 지도 기능의 관점에서 언급되고 있다.51) 그러므로 캡스는 목회적 돌봄에 관한 그의 생각에서 다원주의적 관심을 포함시키는 방향으로 진일보하는데, 가치관의 다원주의는 부정적 영향을 끼쳐 결국 방향 감각 상실에 기여한 진일보였다. 그러나, 폴 헤서트(Paul Hessert)가 주목한대로, 이 방향 감각 상실에서 신앙에 대한 기회가 일어나는 것이다.

캡스도 방향 감각 상실은 신앙이 생길 수 있는 기회를 제공할 수 있다고 동의한다. 그러나 그는 불만족스러운 방식으로 그렇게 한다. 그는 문화적 가정(假定)의 붕괴를 하나님 역사의 패러다임으로 보지 않는다. 캡스에게는 그와 같은 사건들이란 예수님이 "시시때때"로 가르치신 종말론적 논쟁에 대한 실례에 불과했다. 캡스는 그의 논의를 예수의 이미지-지혜 교사로 결론짓는다. 여기에서 그는 예수의 가르침이 담고 있는 종말론적 진의에 대한 개념을 지혜 문학과 일치되는 것으로 삼는다. 그리고 그는 이렇게 지적한다. "이 종말론적 진의는 사람들로 하여금 하나님의 세상 침투와 세상의 충돌에 잘 적응하도록 우리가 도울 때를 의미한다."52) 이점에 관한 논의는 우리가 와이즈의 연구가 지닌 의미로 되돌아갈 때 더욱 중요해진다.

신앙을 위한 상황

헤서트는 우리가 문화적 신념 체계의 *구조보다*는 하나님에 대한 신앙을 갖게 될 수 있을 때, 다시 말해서, 삶에 대한 보편적인 가정이 무너질 *바로 그때*라고 제시한다. 그는 기록한다. "그러나 때때로 문화적 질서에 종속되지 않은 각성이 붕괴되어 삶으로 파고든다-문화적 '실재'에 대한 한계의 각성, 그 문화적 실재의 적절성과 타당성에 대한 회의, 실용적 종교와 하나님의 진리에 대한 회의."53) 그러면 실용적 종교는 그들이 세례를 받았든지 세속적이든지 상관없이 문화적인 해답을 가지고 돌진해 들어온다. 이성적인 질서가 회복된다. 더 이상 하나님을 믿어야 할 필요가 존재하지 않는다. 오히려, 사람은 문화라는 실용적인 종교를 믿게 된다.

실용적인 기독교 종교가 가르치는 것과 대조적으로, 심지어는 구체적인 도덕적 인도가 가르치는 것과 대조적으로, 헤서트는 이렇게 계속한다:

> 복음이 들려지는 상황은 상실에 의해 열려진 공백이다. 듣는 자는 확신하는 고백자가 아니라 가난한 자이다. 실망에서 죽음까지 인

도하는 모든 상실은 십자가에 달린 그리스도 안에서 사로 잡힌다: 메시야는 죽었다!...십자가 처형 너머에 있는 부활은 문화적 구조의 안전성과 확실성 안에 있지 않으며, 실용적 종교의 거룩한 지지 안에 있지도 않다....문화는 이해할 수 없다—즉, 그 범주 안으로 받아들일 수 없다. 부활은 문화의 자원에 의존하는 것이 아니라 실용적 종교의 신이 아닌 하나님의 능력에 의존한다. 사람들로 하여금 복음을 듣게 하고 복음의 실재 안에서 행동하게 하는 것이 목회적 돌봄의 핵심이다.54)

헤서트는 한정적 이미지를 위한 순진과 경험 사이를 대조한 블레이크(Blake)에게로 돌아간다. 순진은 문화라는 실용적 종교에 대한 믿음인데, 다시 말하면, 문화적인 순박이며 문화적인 캡슐이다. 경험은 다음과 같다:

...인생이 무한과 영원에 대해 언급하는 문화적 정의를 너머까지 확대되는 각성이다. 경험은 문화가 제공하는 재확신과 합법성의 영역 밖에 있는, "실천적으로 모든 사람들이 동의하는", 특히 "권세자들"과 "숙련자들"이 동의하는 질서의 안정 밖에 있는 삶의 각성이다.55)

이 맥락에서, 신앙은 문화에 속한 범주가 아니다:

믿음은 문화에 대한 실현된 신조가 아니며, 실용적 종교의 교리적 형태도 아니다. 믿음은 인생을 최악의 두려움이 상상하는 것보다 더 불확실한 것으로, 그리고 가장 큰 열망이 암시하는 것보다 더 아름다운 것으로 받아들이는 것이다. 믿음을 경험한다는 것은 인생을 문화적 신조를 넘어 하나님에게 근거를 두는 것이다....자신의 역할에 대하여 혼돈하고 있는 목회적 돌봄의 수여자는 문화의 구조를 회복하고 유지시키는데 책임있는 문화의 대리자로 정의하는 사회적 정의를 수용할 수 있다. 그러므로 목회적 돌봄은 구체적인 사례들을 위하여 문화적 자원을 개인화하는 것을 의미한다. 목회적 돌봄은 개인이 대처할 수 있는 능력, 다시 말해서, 문화적 구조 안에서 살면서 행동할 수 있는 능력의 회복을 포함한다. 많은 목자들, 교사들 그리고 평신도들은 이것을 그들의 우선적인 종교적 관심으로 이해한다.56)

영혼을 돌보는 영역에 속한 저자들은 대부분 실용적인 기독교를 이렇게 지지하는, 특히 우리 시대의 목회적 돌봄의 중심 기능으로서 도덕적 인도의 개념을 지지하는 정의(definition)에 가담하는 것 같다. 어떤 사람들은 목회적 돌봄의 수여자는 경험과 상징이 통찰력(믿음)을 통해 결합되는, 그리고 "제 삼의" 문화의 의미가 태어날 수 있는 의미의 접점에 선다고 이해한다. 상실의 경험에서, 삶에 대한 보편적인(실용적인) 가정이 와해될 때, 실용적 종교를 능가하는 믿음의 가능성이 일어난다. 이 접점에서, 목회적 돌봄의 수여자는 다른 사람들의 주관적인 세계에 들어가는 과정에 참여한다. 던이 말한 것처럼, "그 사람이 그것을 볼 때 온 세계를 세롭게 본다...." 던은 계속 말한다:

> 다른 사람의 세계로 넘어가는 기술은 개인의 감정에서 이미지를 이끌어 내며, 그 이미지에 대한 통찰력을 얻으며, 그 통찰력을 삶의 안내로 바꾸는 과정에 기초한다. 다시 말해서, 다른 사람의 세계로 넘어가는 것은 다른 사람의 감정 속으로 동정적으로 들어가서, 그 감정을 표현하는 이미지에 수용적이 되며, 그 이미지에 대한 통찰력을 얻으며, 자신이 삶의 이해-그 이해는 미래로 인도할 수 있다-에 대한 통찰력으로 부요해지려고 노력하는 것이다.57)

던은 그 논의를 계속하면서 이렇게 말한다, "다른 사람의 삶 속으로 들어가기 위한 동정적인 이해 자체가 사랑인데, 그 까닭은 그것이 감정과 이미지 및 그 이미지와 감정에 대한 통찰력을 포함하기 때문이다.58)

번역자로서 영혼을 돌보는 목자

목회적 돌봄의 수여자라는 이미지는 앞에서 제시한 번역 선교사의 이미지와 중요한 유사성을 갖는다. 산느에 의하면, 회심시키기 위해 오는 선교사(외국 문화권에서 말씀을 전하고 도덕적으로 지도하는 사람)는 번역의 과정을 통하여 먼저 변화되고, 조명받고, 갱신된 회심한 자였다. 번역의 임무는 새로운 문화를 배우게 하고 첫 문화의 가르침에 대하여 질문을 던지면서, 믿음의 가능성을 높인다. 이처럼 순진의 상실, 즉 기독교 신앙에 대한 단일 문화적 견해에 대한 질문은 통찰력, 회심 및 믿음의 가능성을 제공했다. 단일 문화의 가정(假定)이 깨지는 다원 문화적인 상황에서, 오순절의 능력이 새롭게 분출된다. 인생은 다른 관점에서 보여지고 이해될 수 있다. 절대주의라는 우상숭배는 파괴된다. 목회적 돌봄을 받는 자는 물론 목회적 돌봄의 수여자도 갱신된다. 새로운 실재가 이해된다. 그러나 이것은 쉬운 과정이 아니다. 캡스가 제시한 수치에 관한 논의는 여기에서 관련성을 갖는다. 기꺼이 노출되고, 놀라고, 보여지려는 의지가 있어야 한다.

와이즈는 경험에서 믿음으로 어렵게 옮겨가는 것을 "통찰력"이라고 부른다:

> 통찰력은 실용적 종교의 자원에 대항한다. 통찰력은 새로운 세계관을 형성하는 지적 체계가 아니라(통찰력은 설명과 혼돈될 수

없다), 감정과 이해의 독특한 통합이다. 통찰력에 도달하기 위하여 인생을 덮고 포장해야 할 필요를 넘어가야 한다. 통찰력을 얻고자 하는 이 싸움에서, 목회 상담(돌봄)은 목회의 단순한 부속물이 아니라 핵심이다.59)

목회적 돌봄의 수여자는 상실을 감수한 사람들을 그들의 필요의 현장으로 찾아가야 하며, 그들을 이해하기 위하여 그 상실의 경험 속으로 들어가기를 구해야 하며, 그 상실의 경험을 고난과 슬픔의 단어로 표현된 것(이야기)을 경청하며, 접점에서 새로운 이야기를 듣고 말하는 대화에 참여해야 한다. 성육신, 십자가의 처형, 부활, 오순절이 여기에서 드러난다.

와이즈는 캡스가 확대한 것처럼, 그리고 다원 문화적 전망이 넓힌 것처럼(아우그스버그), 목회적 돌봄의 수여자를 단일 문화적 가정과 단일 문화적 캡슐이라는 우상에서 해방시키는 근거를 제공한다. 오순절에서부터 복음은 온 세상에 전해졌고 들려졌다. 복음에 대한 의미있는 경청을 가능하게 하는 관계를 통하여 복음을 전달하는 것은 우리의 시대에 목회적 돌봄의 중심 과제로 남는다.

주(註)

1) Richard Yeager, "Continuing Education Needs Survey," Division of Ordained Ministry, Board of Higher Education and Ministry, United Methodist Church, Nashville, Tennessee, 1987, 미출판 자료.

2) F. Thomas Trotter, "United Methodist Church," in *Ministry in America*, ed. David S. Schuller, Merton P. Strommen, and Milo L. Brekke (San Francisco: Harper & Row, 1980), pp. 446, 449.

3) Donald C. Houts, "Parish Pastoral Practice: Undermining or Underlining?" in *At the Point of Need: Living Human Experience*, ed. James B. Ashbrook and John E. Hinkle, Jr. (Lanham, Md.: University Press of America, 1988), p. 95.

4) Lamin Sanneh, "Christian Missions and the Western Guilt Complex," *Christian Century*, April 8, 1987, pp. 330-334.

5) Ibid., p. 332.

6) Carroll A. Wise, *Religion in Illness and Health* (New York: Harper & Row, 1942), p. 257.

7) Cited in John E. Hinkle, Jr., "The Living Human Experience across Cultures," in *At the Point of Need: Living Human Experience*, p. 185.

8) Ibid., 16장.

9) Chie Nakene, *Japanese Society* (Tokyo: Charles E. Tuttle Co., Publishers, 1973), p. 126.

10) Benoni Reyes Silva-Netto, "Culture, Personality, and Mental Health: An Ethnographic Study of Filipino Immigrant Families," 미출판 논문, Northwestern University, p. 137.

11) Clifford Geertz, "From the Native's Point of View," in *Symbolic Anthropology: A Reader in the Study of Symbols and Meanings*, ed. Janet L. Dolgin, David S. Kemnitzer, and David M. Schneider (New York: Columbia University Press, 1977), pp. 483-491.

12) Francis L. K. Hsu, "American Core Character," in *Psychological Anthropology: Approaches to Culture and Personality*, ed. F. L. K. Hsu (Homewood, Ill.: Dorsey Press, 1961), pp. 216-220.

13) Paul J. Bohannon, *Social Anthropology* (New York: Holt, Rinehart and Winston, 1963), pp. 26-31, 146, 148, 154ff.; Francis L. K. Hsu, *Clan, Caste and Club: A Comparative Study of Chinese, Hindu and American Ways of Life* (Princeton: Van Nostrand and Co., 1961); G. P. Murdock, *Social Structure* (New York: Macmillan, 1949).

14) Thomas S. Kuhn, *The Structure of Scientific Revolutions* (Chicago: University of Chicago Press, 1962).

15) Ian G. Barbour, *Myths, Models and Paradigms: A Comparative Study in Science and Religion* (New York: Harper & Row, 1974), pp. 1, 8.

16) Ibid., p. 153. John McIntyre, *The Shape of Christology* (London: SCM Press, and Philadelphia: Westminster Press, 1966)를 보라.

17) Peter Slater, *The Dynamics of Religion* (New York: Harper & Row), p. 91.

18) Peter Berger, *The Sacred Canopy* (New York: Anchor Books, Doubleday Co., 1969), 1-2장.

19) Ibid., p. 35.

20) Steven Larsen, *The Shaman's Doorway* (New York: Harper Colophon Books, Harper & Row, Publishers, 1976), 1장.

21) Ibid., p. 42.

22) Edmund Sullivan, *A Critical Psychology: Interpretation of the Personal World* (New York: Plenum Press, 1984), p. 125.

23) Howard J. Clinebell, *Basic Types of Pastoral Care and Counseling* (Nashville: Abingdon Press, 1984), p. 26.

24) Ibid., p. 25.

25) Heintz Kohut, *Analysis of the Self* (New York: International Universities Press, 1971).

26) Donald P. Spence, *The Freudian Metaphor: Toward Paradigm Change in Psychoanalysis* (New York: W. W. Norton, 1987), p. 212.

27) Ernest Becker, *The Birth and Death of Meaning* (New York: The Free Press, 1971).

28) Brewster M. Smith, "The Metaphorical Basis of Selfhood," in *Culture and Self: Asian and Western Perspectives*, ed. Anthony J. Marsella, George Devos, and Francis L. K. Hsu (New York: Tavistock Publications, 1985).

29) Carol Gilligan, *In a Different Voice: Psychological Theory and Women's Development* (Cambridge: Harvard University Press, 1982); Jean Baker Miller, *Towards a New Psychology of Women's Reality: An Emerging Female System in the White Male's Society* (Minneapolis: Winston Press, 1981); Ann Belford Ulanov, *Receiving Women: Studies in the Psychology and Theology of the Feminine* (Philadelphia: Westminster Press, 1981).

30) Nancy Chodorow, *Reproduction of Mothering: Psychoanalysis and Sociology of Gender* (Berkeley: University of California Press, 1978), p. 44.

31) Gilligan, *In a Different Voice: Psychological Theory and Women's Deveopment*, p. 433.

32) Chodorv, *Reproduction of Mothering*, p. 167.

33) Ibid.

34) Joan Scanlon, "Research Proposal for Life Themes in the Wives of Roman Catholic Deacons," Northwestern University, unpublished dissertation, 1985, p. 11.

35) Ibid.

36) Emma Justes, "The Pastoral Care of Women," 미출판 원고.

37) John S. Dunne, *The Way of All the Earth: Experiments in Truth and Religion* (New York: Macmillan Publishing Co., 1972); David W. Augsburger, *Pastoral Counseling across Cultures* (Philadelphia: Westminster Press, 1986); Clifford Geertz, *The Interpretation of Cultures* (New York: Basic Books, 1973); Laura Bohannon (pseudonym, Eleanor Bowen Smith), *Return to Laughter: An Anthropological Novel* (Garden City, N. Y.: Doubleday, 1954).

38) Augsburger, *Pastoral Counseling across Cultures*, p. 17.

39) Dunne, *The Way of All the Earth*, p. 53.

40) Eleanor Bowen Smith, *Return to Laughter*, p. 291.

41) Augsburger, *Pastoral Counseling across Cultures*, p. 13.

42) Urban T. Holmes, *The Priest in Community* (New York: Seabury Press, 1978); Wise, *Religion in Illness and Health*, 3장, p. 42.

43) Hinkle, "The Living Human Experience across Cultures," in *At the Point of Need: Living Human Experience*, p. 188.

44) Ibid., p. 188.

45) Augsburger, *Pastoral Counseling across Cultures*, p. 30.

46) James B. Ashbrook, *The Human Mind and the Mind of God: Theological Promise in Brain Research* (Lanham, Md.: University Press of America, 1984); Charles V. Gerkin, *The Living Human Document: Revisioning Pastoral Counseling in a Hermeneutical Mode* (Nashville: Abingdon Press, 1984); Don S. Browning, *The Moral Context of Pastoral Care* (Philadelphia: Westminster Press, 1976); Justes, "The Pastoral Care of Women"; Edward P. Wimberly, *Pastoral Counseling and Spiritual Values: A Black Point of View* (Nashville: Abingdon Press, 1982); Donald Capps, *Pastoral Care and Hermeneutics* (Philadelphia; Fortress Press, 1984).

47) Ashbrook, *The Human Mind and the Mind of God*, p. 332.

48) Charles V. Gerkin, *Wildening the Horizens* (Philadelphia: Westminster Press, 1986); Capps, *Pastoral Care and Hermeneutics*.

49) Donald Capps, *Life Cycle Theory and Pastoral Care* (Philadelphia: Fortress Press, 1983).

50) Ibid., pp. 13, 33.

51) Ibid., p. 48.

52) Ibid., p. 120.

53) Paul Hessert, "Innocence and Experience: Towards a Theology of Pastoral Care," in *At the Point of Need: Living Human Experience*, p. 138.

54) Ibid., p. 140.

55) Ibid.

56) Ibid., pp. 140-141.

57) Dunne, *The Way of All the Earth: Experiments in Truth and Religion*, p. 53.

58) Ibid., p. 54.

59) Wise, *Religion in Illness and Health*, p. 142.

색   인

도서출판 세복의 발간도서

나는 어떻게 예수님을 만났는가?

홍성철 편집 / 신국판 / 328쪽 / 7,000원

각계 각층에서 그리스도의 향기를 진하게 풍기고 있는 21명의 신앙 고백을 담은 책으로 예수님을 만나 어떻게 갈등과 어려움을 극복하고 진정한 신앙에 이르렀는지 고백한다. 또한 각자의 분야에서 어떻게 살아가고 있는지를 말해준다. 우리는 이 책을 통하여 인생의 의미를 다시 한 번 깊이 조명해 보는 계기가 될 것이다.

성령의 충만을 받으라

존 T. 시먼즈 지음 / 홍성철 옮김 / 신국판 / 152쪽 / 4,000원

성령의 충만과 능력을 갈구하는 모든 기독인에게 그 방법을 단계적으로 제시한 명저이다. 성경에 근거하면서도 신학적으로 그리고 경험적으로 잘 정립하여 읽기 쉽고 알기 쉽게 기록된 이 저술은 성령 충만을 체험하며 또 그 체험을 다른 기독인에게 제시하기를 원하는 모든 기독인의 필독서이다.

성령 안에서 설교하라

데니스 F. 킨로 지음 / 홍성철 옮김 / 신국판 / 176쪽 / 4,500원

브랜다이스대학교에서 구약학(Ph.D.)을 전공하고 애스베리신학교에서 교수와 총장을 역임한 데니스 킨로 박사는 방법과 기교를 강조하는 현대 설교에서 성령의 임재를 다시 회복할 수 있는 설교의 원리와 방법을 분명하게 제시한다.

성령과 동행하라

스티븐 하퍼 지음 / 홍성철 옮김 / 신국판 / 224쪽 / 5,500원

기독교 영성의 대가인 스티븐 하퍼 박사는 기독교 영성이 무엇이며 또 어떻게 그 영성을 체험하고 유지할 수 있는지에 대하여 단계적으로 그리고 알기 쉽게 알려 주고 있다. 따라서 모든 기독인의 필독 도서가 될 것이다.

회심: 거듭남의 원리와 적용

홍성철 편집 / 신국판 / 224쪽 / 6,000원

기독교에서 가장 핵심적 교리인 "회심"의 문제점을 세 측면 곧 1)신학적, 2)경험적, 3)적용적으로 다루었다. 특히 이 분야의 권위자들이 다룬 총 9편의 글은 "회심"에 관심이 있는 기독인에게 새롭고도 깊은 안목을 제시할 것이다.

타문화권 복음 전달의 원리와 적용

존 T. 시먼즈 지음 / 홍성철 옮김 / 신국판 / 352쪽 / 7,000원

인도와 애스베리신학교에서 오랫동안 선교 사역과 교수를 역임한 존 T. 시먼즈 박사의 명저이다. 이 책은 복음과 타종교와의 관계를 다루면서도 복음 전달의 원리와 방법을 깊게 다루어 복음 전달의 이론적 길잡이가 될 것이다.

잃어버린 퍼스날리티를 찾아서

최병전 지음 / 신국판 / 206쪽 / 5,000원

우리의 구원은 완성되었지만 인격은 아직 미완성이다. 구원은 받았지만 인격의 상처는 당신과 가정을 무너뜨리고, 교회에 문제를 일으키며, 또 사회를 황폐하게 한다. 이 저서는 이러한 문제를 진단하고 또 성경적으로 해결의 실마리를 제시하는 저서이다.

고난 중에도 기뻐하라

홍성철 지음 / 신국판 / 506쪽 / 10,000원

감옥이라는 어두운 정황 속에서 밝은 기쁨을 만끽한 바울 사도는 고난 중에도 기뻐할 수 있는 비결을 빌립보서에서 명쾌하게 제시하고 있다. 서울신학대학교 실천신학 교수인 홍성철 박사가 성경적으로 파헤치고 목회적으로 제시한 41편의 설교는 강해설교의 또 다른 이정표(里程標)가 될 것이다.

현대인을 위한 존 웨슬리의 메시지

스티븐 하퍼 지음 / 김석천 옮김 / 신국판 / 168쪽 / 5,000원

부정과 부패로 곪을대로 곪은 18세기의 영국을 변화시킨 존 웨슬리의 가르침은, 미국의 석학이자 영성의 대가인 스티븐 하퍼의 재해석을 통하여, 무기력과 어두움이 짙게 깔려 있는 현대의 한국 기독인들에게 다시 한 번 빛과 방향을 제시할 귀중한 저서이다.

영혼을 돌보는 목자

캐롤 와이즈, 존 힝클 지음 / 이기승 옮김 / 신국판 / 248쪽 / 6,500원

방향 감각을 잃고 영적으로 허우적거리는, 그러나 어마어마한 잠재력을 가지고 있는 영혼들을 돌보고 성숙시키는 일만큼 귀한 사역은 없을 것이다. 이 저서는 이런 사역을 감당하고자 하는 목사, 전도사, 평신도 지도자, 구역장에게 그 내용과 방법을 제시한 알찬 길잡이 노릇을 할 것이다.

　　세계복음화문제연구소는 빌리 그래험 센터에서 출판한 기독교 고전 시리즈(전 16권)를 번역하여 출판하게 되었는데, 이 고전이 주는 영적 가르침은 시간을 초월하여 모든 독자에게 참된 경건과 거룩을 알려줄 것이다. 이 고전은 경건한 성자들의 글을 축소한 소책자로 그들의 삶과 사역은 우리로 하여금 예수 그리스도와 더 깊이 동행하게 도와주며, 그 결과 복음을 꼭 필요로 하는 이 세상에 전하도록 도전할 것이다.

기독교 고전 시리즈 (1-16권, 권당 1,500원)

1. 왜 하나님은 무디를 사용하셨는가
R. A.. 토레이 지음 / 홍성철 옮김

　　독자는 세계에서 가장 저명한 전도자 중 한 사람인 드와이트 무디의 생애를 통하여 감동을 받아 마음이 뜨거워질 것이다.

2. 보다 깊은 삶
로버트 머레이 맥체인 지음 / 구교환 옮김

　　독자는 로버트 머레이 맥체인의 그리스도를 높이는 생활, 편지 및 사역에 대하여 읽으면서 강권하시는 그리스도의 사랑에 감동받을 것이며 하나님을 더욱 사랑하게 될 것이다.

3. 하나님의 임재를 연습하라
로렌스 형제 지음 / 이소연 옮김

　　독자는 로렌스 형제가 하나님 앞에서 소박하게, 겸손하게, 믿음으로 그리고 사랑으로 행한 것처럼 행하는 비결을 배우며 하나님의 임재의 기쁨을 경험하게 될 것이다.

4. 성결
J. C. 라일 지음 / 서대인 옮김

　　100여년 전에 저술된 이 저서를 통하여 라일 감독은 우리를 둘러싸고 있는 세상에서 성별된 삶을 영위하라는 타당한 요구를 오늘도 우리에게 하며 독자는 성결한 삶을 추구하게 될 것이다.

5. 예수님을 위하여 선하게 증거하자
존 왓슨 지음 / 이대규 옮김

　　담겨져 있는 감동적인 스코틀랜드의 이야기들은 독자의 사역을 그리스도와 그분의 구속적 은총에 초점을 맞추게 하며 독자로 하여금 복음의 핵심을 선포하게 할 것이다.

6. 공격적인 기독교
캐더린 부스 지음 / 염동팔 옮김

독자는 구세군의 공동 창시자인 캐더린 부스의 그리스도에 대한 헌신과 그리스도의 복음을 다른 사람들에게 전하고자 하는 열정을 읽으며 감동을 받을 것이다.

7. 구령자를 위한 권면
호레시우스 보너 지음 / 최석원 옮김

호레시우스 보너는 독자에게 답답한 무기력을 떠나서 하나님의 능력을 드러내는 활력있는 삶으로 돌아오고 사역을 부흥시키라고 호소한다.

8. 불타는 사랑
블레즈 빠스칼 지음 / 곽춘희 옮김

독자는 세계적으로 갈채를 받은 과학자, 발명가, 심리학자, 철학자, 기독교 변증가인 블레즈 빠스칼의 글을 통하여 영감을 얻으며 더욱 더 헌신하게 될 것이다.

9. 행동하는 믿음
조지 뮬러 지음 / 송철웅 옮김

믿음과 응답된 기도로 특징지어진 조지 뮬러의 삶은 독자를 도전하며 격려할 것이다.

10. 하늘가는 마부
존 번연 지음 / 문정일 옮김

독자는 천국을 향하여 가는 순례자로서 존 번연의 글을 통하여 독자의 순례의 길을 바로 정할 수 있을 것이며, 영원토록 변치 않는 구원의 복음을 깊이 생각하게 될 것이다.

11. 성도다운 학자의 결단
조나단 에드워즈 지음 / 홍순우 옮김

독자는 미국의 지성과 신앙을 형성한 위대한 신앙인 조나단 에드워즈를 음미하면서 영적으로 감동을 받으며 더 깊은 경건 생활을 하게 될 것이다.

12. 설교자와 기도
E. M. 바운즈 지음 / 이혜숙 옮김

독자는 E. M. 바운즈의 높은 기도관을 읽으면서 그리고 기도로 하나님으로부터 능력을 얻어야 한다는 간청을 들으면서 기도 생활의 변화를 경험하게 될 것이다.

13. 성도의 영원한 안식

리차드 백스터 지음 / 이기승 옮김

하늘에 시민권을 둔 독자는 지상에서는 나그네이지만 리차드 백스터의 책을 통해 현재의 삶 속에서 천국의 삶을 영위하지 못한 것을 책망받으며 새로운 변화를 향한 도전을 받을 것이다.

14. 부흥의 법칙

제임스 번스 지음 / 문정선 옮김

부흥의 필요성과 긴박성이 무르익은 오늘에 제임스 번스는 하나님의 부흥의 법칙들을 예리하게 제시하며 독자도 지금 부흥을 체험하기를 갈망하도록 도전한다.

15. 성경적 구원의 길

존 웨슬리 지음 / 박홍운 옮김

영국과 미국의 많은 영혼을 주님께로 돌아오게 한 존 웨슬리의 설교들을 통해 독자는 회개, 믿음 및 성결을 명확히 깨닫고 믿는 자에게 구원을 주시는 복음의 능력을 전할 수 있을 것이다.

16. 친구여 들어보지 않겠소?

찰스 스펄전 지음 / 홍성철 옮김

독자가 기독교에 저항적이며 믿기를 주저하는 사람들에게 복음을 전할 때 어떠한 상황에서도 그리스도만을 의지하여 복음을 전하라고 찰스 스펄전은 도전한다.

영혼을 돌보는 목자

초판 1쇄 펴낸 날 · 1998년 1월 15일
지은이 · 캐롤 A. 와이즈, 존 E. 힝클
옮긴이 · 이기승
발행인 · 홍성철
발행처 · 도서출판 세복
주소 · 서울특별시 종로구 낙원동 284-6 낙원빌딩 340호
       T. (02) 659-5822, 747-3991
       F. (02) 659-9669
등록번호 · 제1-1800호 (1994. 10. 29)

총판처 · 예영커뮤니케이션
       T. 323-7971, F.325-7970

ISBN 89-86424-26-6

값 6,500원

ⓒ 도서출판 세 복

■ 잘못 만들어진 책은 언제든지 교환해 드립니다.